JN062756

岩手県の教員採用試験過去問シリーズ❸

2025年度版

岩手県の国語科

過去問

協同教育研究会 編

協同出版

本書には，岩手県の教員採用試験の過去問題を収録しています。各問題ごとに，以下のように5段階表記で，難易度，頻出度を示しています。

難　易　度

非常に難しい　☆☆☆☆☆
やや難しい　☆☆☆☆
普通の難易度　☆☆☆
やや易しい　☆☆
非常に易しい　☆

頻　出　度

◎　ほとんど出題されない
◎◎　あまり出題されない
◎◎◎　普通の頻出度
◎◎◎◎　よく出題される
◎◎◎◎◎　非常によく出題される

※本書の過去問題における資料，法令文等の取り扱いについて

本書の過去問題で使用されている資料や法令文の表記や基準は，出題された当時の内容に準拠しているため，解答・解説も当時のものを使用しています。ご了承ください。

はじめに～「過去問」シリーズ利用に際して～

教育を取り巻く環境は変化しつつあり、日本の公教育そのものも、教員免許更新制の廃止やＧＩＧＡスクール構想の実現などの改革が進められています。また、現行の学習指導要領では「主体的・対話的で深い学び」を実現するため、指導方法や指導体制の工夫改善により、「個に応じた指導」の充実を図るとともに、コンピュータや情報通信ネットワーク等の情報手段を活用するために必要な環境を整えることが示されています。

一方で、いじめや体罰、不登校、暴力行為など、教育現場の問題もあいかわらず取り沙汰されており、教員に求められるスキルは、今後さらに高いものになっていくことが予想されます。

本書の基本構成としては、出題傾向と対策、過去5年間の出題傾向分析表、過去問題、解答および解説を掲載しています。各自治体や教科によって掲載年数をはじめ、「チェックテスト」や「問題演習」を掲載するなど、内容が異なります。

また原則的には一般受験を対象としております。特別選考等については対応していない場合があります。なお、実際に配布された問題の順番や構成を、編集の都合上、変更している場合があります。あらかじめご了承ください。

最後に、この「過去問」シリーズは、「参考書」シリーズとの併用を前提に編集されております。参考書で要点整理を行い、過去問で実力試しを行う、セットでの活用をおすすめいたします。

みなさまが、この書籍を徹底的に活用し、教員採用試験の合格を勝ち取って、教壇に立っていただければ、それはわたくしたちにとって最上の喜びです。

協同教育研究会

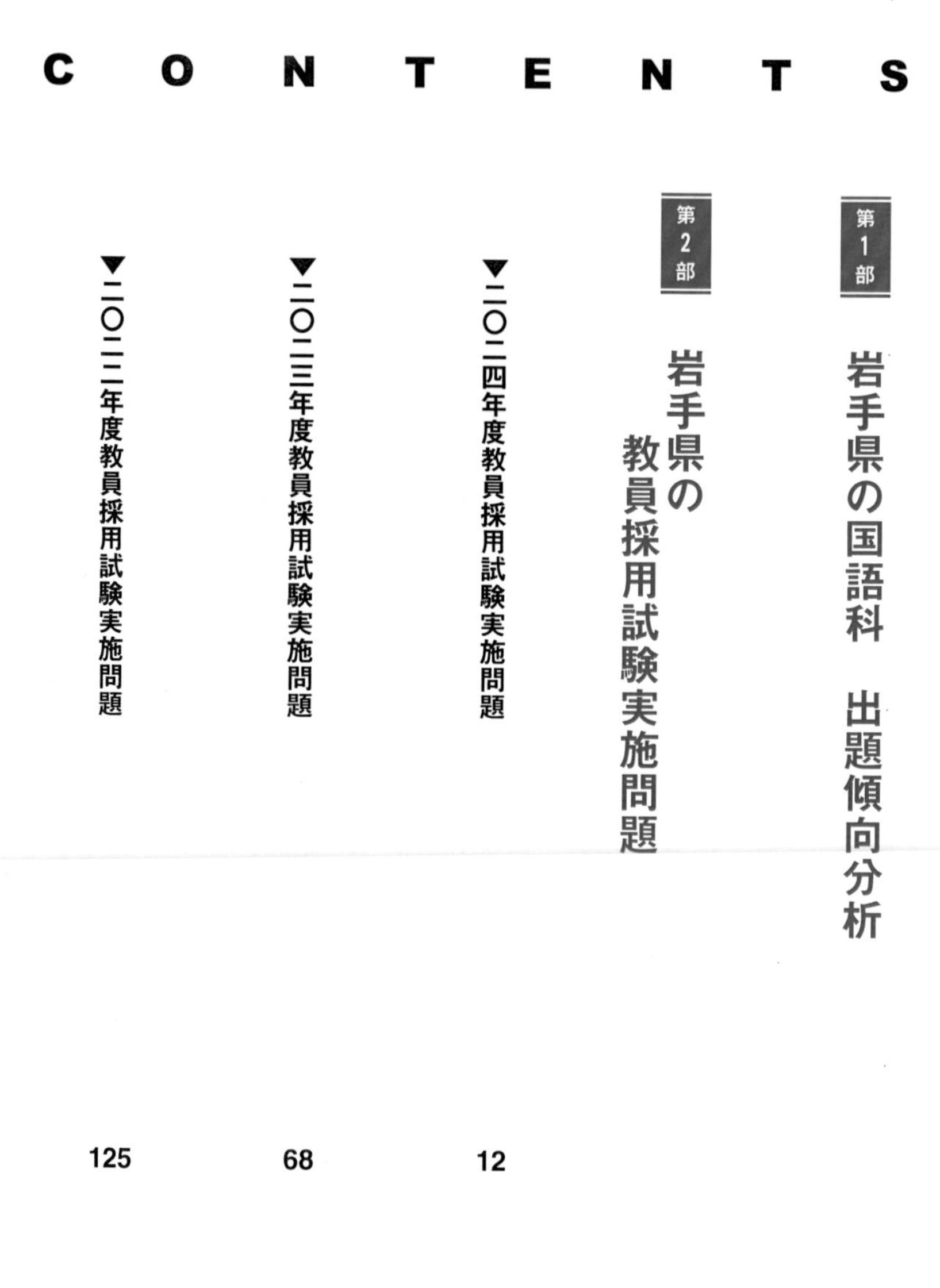

CONTENTS

第１部

岩手県の
国語科
出題傾向分析

岩手県の国語科　傾向と対策

出題事項・問題は、中学校・高等学校で異なる。特別支援学校は高等学校の一部と共通問題である。中学校の問題は、評論、小説、古文、俳句と短歌、学習指導要領、学習指導法の六つの大問からなる。高等学校の問題は、評論、小説、古文、漢文、学習指導法の五つの大問からなる。中学校でのみ俳句が出題され、高等学校でのみ漢文が出題される点に注意が必要である。また、解答は記述式中心である。

中学校の評論は千野栄一『言語学を学ぶ』からの出題。漢字の書き取り、空欄補充、内容説明(七十字以上九十字以内)、理由説明(百字程度)などが出題された。難易度は標準以上。高等学校は岡嶋裕史『メタバースとは何か』からの出題。漢字の読み書き、傍線部の説明(七十字以内)、傍線部の内容に該当する具体例、空欄補充(文中から三十五字以内の抜き出し)、傍線部の内容説明(百二十字以内)などが出題された。難易度は標準。

評論では、筆者の主張を把握するため、抽象性の高い用語を理解するには、本文中での言い換えを追っていくことも重要である。

中学校の小説は志賀直哉『真鶴』からの出題。漢字の読み書き、傍線部の説明(五十字以上六十字以内・八十字以上九十字以内)二問、表現の特徴などが出題された。高等学校は三浦哲郎『化粧』からの出題。漢字の読み書き、傍線部の意味、心情説明(選択式・二点説明)二問、心情説明(一二十字以内)、授業後の三人の生徒による話し合いの空欄補充などが出題された。記述問題が多いので、要約して記述する力を身につける学習が必要である。いずれも難易度は標準程度。

小説は文芸的文章であるために、語句の用い方は一般的な意味よりも、場面や人物の行動、感情に対応した要素を含んでいる。登場人物の発言と行動、場面の変化と、それに対応する心情の変化を追うことが大切である。また、人物の関係にも注意する。

中学校の古文は『今昔物語集』からの出題。係り結び、主語、内容説明(六十字以上七十字以内)、理由説明(選択式・四十字以上五十字以内)二問などが出題された。難易度は標準。高等学校は『撰集抄』からの出題。古語の意味、敬語の文法的意味と用法、傍線部の現代語訳、傍線部の内容説明、資料を参照した語句の意味と理由説明(三十字以内)、古典文学史などが出題された。難易度は標準。

古文では、基礎的な知識から、内容説明・理由説明まで幅広く問われている。まずは、歴史的仮名遣い、古語の意味、文法、敬語などの基礎的な知識について確実に押さえておくことが大切である。また、古典文学史に関しては、便覧などを用いつつ、教科書に採録される作品については時代・ジャンル・作者などの概略について整理しておく必要がある。

漢文は高等学校のみで『淮南子』からの出題であった。漢字の読み、単語と同じ意味の熟語、傍線部説明(二十五字以内)、書き下し文、現代語訳と内容説明(七十字以内)などが出題された。難易度は標準。

漢文の学習でも、古文の学習と同じく、基礎的な知識が重要になる。漢字の読み・意味、句形、訓点、書き下し文などの知識が大切である。漢詩については、詩形式、押韻、その他教科書や便覧に載っている程度の知識は頭に入れておきたい。

俳句と短歌は中学校のみの出題である。鑑賞文、解説文の空欄補充、表現方法、短歌の鑑賞が出題された。難易度は標準。

俳句や短歌は短詩的の韻文である。一句の俳句、一首の短歌として完結性があり、韻文のような説明が省略されている。そのため、ことばの奥の作者の心を共有しなければならない。まず、独特のきまりである季語、その他の表現技法などの基本的な知識から確実に押さえる。その上で、俳句や短歌を鑑賞する力を養うことが大切である。

今回出題された鑑賞文などを通覧しておくとよい。

　学習指導要領は中学校のみの出題であった。形式は全て選択式で、空欄補充である。「第2章　第1節　国語」における各学年の目標・各学年の内容についての出題であるが、該当箇所の内容理解を深め、要点となる語句を正しく選択することが大切である。

　学習指導法に関しては、中学校は学習指導要領解説の第一学年の「C　読むこと」の指導事項エの指導、高等学校では学習指導要領「言語文化」の「B　読むこと」についての授業計画が出題されている。設問の条件に従った上で、科目の目標内容や指導事項を踏まえ、実際の授業の場面を想定した具体性のある解答をすることが大切である。

　基礎知識の習得を徹底し過去問を解くことで、岩手県の出題傾向を把握し傾向に添った学習計画を図ることを勧める。

過去5年間の出題傾向分析

◎：中学　○：高校

分類	主な出題事項	2020年度	2021年度	2022年度	2023年度	2024年度
現代文	評論・論説	◎ ○	◎ ○	◎ ○	◎ ○	◎ ○
	小説	◎ ○	◎ ○	◎ ○	◎ ○	◎ ○
	随筆					
	韻文（詩・俳句・短歌）	◎	◎	◎	◎	◎ ○
	近代・文学史					
古文	物語		○		○	○
	説話	○		◎	◎	◎
	随筆		◎			
	日記			○		
	和歌・俳句					
	俳論					
	歌論					
	能楽論	◎				
	古典文学史	○	○	○	○	○
漢文	思想・政治			○		○
	漢詩文				○	
	漢詩					
	歴史	○				
	説話					
	中国古典文学史					
	学習指導要領	◎	◎	◎	◎	◎
	学習指導法	◎ ○	◎ ○	◎ ○	◎ ○	◎ ○
	その他					

第2部

岩手県の
教員採用試験
実施問題

二〇二四年度 実施問題

【中学校】

【一】次の文章を読んで、以下の問いに答えなさい。

言語の基本的な機能は伝達である。伝達のための最も基本的な手段は空気の波を素材として分節され記号化された音形を伝えることにある。この音形は相手の聴覚器官によって捕えられなければならない。人間は長い間この手段により伝達を行ってきたが、この手段にはいくつもの長所がある。例えば、伝達の素材が空気の波なのでその材料はａムジンゾウにあり、そして無料である。しかも非常に速く多くのことを伝達することが可能である。また、われわれはこの手段による発音の器官をｂタえず身に備えている。

しかし、一方でまた空気の波を素材にすることには欠点もある。発音された音が相手の耳に達するためには、空間的にも限られているし、時間的にはより一層限られている。そこであるとき歴史上最大の言語学的発明をした無名の一言語学者が現れることになる。彼は感覚の一つである聴覚で捕えられていたものを、他の感覚である視覚で捕えられるような工夫を行った。すなわち、文字を発明したのである。この間の事情はあまりよく分かってはいないが、およそ七つあるといわれる古代表語文字のうち、シュメル文字だけに文字が成立するまでの長い前史があり、その他の文字の場合はごくｃオオザッパにいってその前史がないか、知られていないので、ポーランド生まれのアメリカの研究者イグネース・J・ゲルプは、シュメル文字以外の古代表語文字は、直接に文字そのものを借用していないにせよ、一つの感覚で捕えていたものを、他の感覚で捕えられるようにしたという原理が伝わったのではないかと推測している。これは考え得る推論である。

文字が成立し、人間は空間と時間の枠を超えた伝達が可能になり、文明の発展に大きくｄキヨすることになる。この文字の発明は言語そのものの研究にも大きな貢献をする。すなわち、これまで［A］という形で捕えられていたにせよ、実際には連続していた空気の流れを一つ一つ区分されたものとして扱わねばならなくなったからである。ここで事実上、言語学の基礎の一つである［B］の記述がスタートする。

文字のうち一番古いといわれるシュメル文字の成立から今日までには約五千年の時間が横たわっている。この五千年の間に人類はいくつもの文字を作り出して今日に至っている。しかし、現在この地球上にあるという、一万とも八千ともいわれている言語の数と比べて、文字の数は数百、あるいはかなり低い千の単位でしかないのは驚くべきことといわねばならない。そして依然として多くの言語が文字を持っていないというのは、さらに一層驚くべきことである。そしてまた現存の言語でかつて文字を持っていたが、現在では文字を持っていないというケースはごく稀にしかない。従って民族や言語そのものが亡んでしまったケース、他の文字へと移行したケースを除けば、文字を持つ言語の数は増え続けているわけである。それにも拘らず文字を持つ言語の数が少ないのは、とりも直さず一無名言語学者の発明がいかに優れたものであったかを証明するものに他ならない。

言語研究の歴史において、音を研究対象とする言語学と文字を研究する言語学とは、言語を研究対象とするという共通の基盤の上に立ちながらも、お互いにかなり異なっている。これにはいろいろな理由がある。まず研究の素材となる音と文字の違いがある。一般に文字とは音を表現するものと考えられているが、この関係はそんな簡単なものではない。フランスの言語学者アンドレ・マルティネによるとすべての言語には意味を単位の基礎とする第一次分析と、その単位をさらに分析する音のレベルの第二次分析の二つのレベルが考えられるが、音を対象とする言語学の分野は第二次分析のレベルだけを取り扱うのに対して、文字を対象とする場合は第一次分析のレベルから第二次分析のレベルまでを取り扱わねばならない。すなわち、文字には単音を表すもの(p、t、あ、い)から、音節を表すもの(か、き、く)、形態素を表すもの(「高さ」のさ、「books」のs)、語を表すもの(「木」、「山」、「川」)などがある。この事実は見かけ以上に大切な意味を持っている。言語単位としての音を研究する場合、その音を習得してしまえば、すべての言語の研究に利用できる。すなわち①「音」はユニバーサルな基盤の上に立っている。このことは音に関する言語研究を自然科学に近い精密なものとしている。

一方、文字に関する言語研究は、ある種の文字がローマ字やアラビア文字のように一連の言語に適応されることがあるのは事実とはいえ、一つ一つの言語に固有の文字があっても(例えば、アルメニア文字)、何らさしつかえない。ここではすべての文字に共通な単位というものは考えられない。これは文字が個々の言語のあり方に大きく依存しているからである。

文字の研究が音の研究より出遅れたもう一つの事情に、実際上科学としての言語学が成立したヨーロッパには、厳密な意味ではないにせよアルファベット方式以外の文字がなかったということをあげることができる。ヨーロッパでは長いこと文字が音であって、音と文字との区別がつかなかったのである。これは漢字文化圏に属する諸国とは事情が大きく異なっている。ましてや日本のように複雑な文字体系を持った国では文字に対する関心が高くなるのは当然である。

日本における文字の関心がまず漢字に向けられたのは自然な歩みで、まず手近な漢字についての研究が、その他の古代表語文字より先に進められた。ところがここで注目されたのは、どんな文字が存在するか、そしてそれはどのように変わっていったかという面で、文字のこのような側面の研究は文字学といって、今ここで問題としている文字論とは異なるものである。

文字論が研究の対象としているのは、文字がどのように言語の構造と関連しているかの考察である。いわば文字学が文字の形式を扱う言語学の分野であるとすれば、文字論は文字の機能を扱うものといえないことはない。欧米の言語学では、文字はごく稀に研究対象としてとりあげられることがあっても、それは書かれた言語と話された言語とはどう違うかとか、古文書学以来の伝統を持つ、どのような文字があるかといった文字学的なもので、文字と言語構造との関係という視点が欠けていたのはアルファベット形式の文字――すなわち一音に対して一字をあてる――を使っていた国ではあり得ることであったといえよう。

アルファベット以外の文字を使う言語といっても、表語文字といわれる文字を使う言語の大部分は死語となった古代語で、現在も生きている言語としては中国語があるだけである。これは日本語の仮名が日本語の構造と深く関連しているからこそ可能であったのと同様に、現在においてもなお依然として単音節語が有力である中国語だからこそ可能なのである。

従って②<u>文字論を研究しようとしたらまず漢字について知らねばならない。</u>ここには長い伝統の文字学があり、漢字を対象とした文字論の基礎になるような研究もある。例えば、六書（りくしょ）と名付けられる漢字の構成と使用にわたる伝統的な分類法がそれで、後漢の許慎（きょしん）の『説文（せつもん）解字』はまさにその一つである。ここでは四つの漢字構成の原理と、二つの使用法が説かれているが、この漢字で得られた認識がその他の文字にも適用され、その分類法が他の文字の研究にも役立つ広い基盤を持ち、一般的な原理として認められたとき文字論が成立したのである。

（千野　栄一『言語学を学ぶ』による）

問一　傍線部a～dのカタカナを漢字に直して書きなさい。
問二　本文中の空欄 A 、 B にあてはまる二字の言葉を、文中から抜き出して、それぞれ書きなさい。
問三　傍線部①について明らかにしながら、音と文字との違いについて七十字以上九十字以内で説明しなさい。
問四　傍線部②とありますが、なぜですか。百字程度で説明しなさい。

（☆☆☆◎◎◎）

【二】次の文章を読んで、以下の問いに答えなさい。


真鶴の漁師の子で、彼は色の黒い、頭の大きい子供であった。

そして彼は今、その大きい頭に凡そ不釣合な小さい水兵帽を兜巾のように戴いているのだ。咽はそのゴム紐で〆上げられていた。この様子は恋に思い悩んでいる者としては如何にも不調和で可笑しかった。然し彼にとっては不調和でも、可笑しくても、又滑稽でも、この水兵帽はそう軽々しく考えられるべき物ではなかったのである。

その日彼は父から歳暮の金を貰うと、小田原まで、弟と二人の下駄を買う為に出掛けた。ところが下駄屋へ来るまでに彼は不図、或唐物屋のショーウインドウでその小さい水兵帽を見つけた。彼は急にそれが欲しくなった。其処で後先の考もなく、彼は彼の財布をはたいて了ったのである。

彼の叔父に、元根府川の石切人足で、今、海軍の兵曹長になっている男がある。それから彼はよく海軍の話を聴いた。そして、自分も大きくなったら水兵になろうと決心していた。

「どうだ、このボイラーの小せえ事、恰でへっついだな」とこんな風に、或時叔父が a エントツの上に丸いオーヴンでも乗せたような熱海行きの軌道機関車を笑った事があった。これ以外に汽車を知らぬ彼にはこの言葉だけでも叔父を尊敬するに充分だった。そして彼は彼の水兵熱を益々高めて行ったのである。

それ故水兵帽を手に入れた事は彼にとってこの上ない喜びであった。が、同時に彼は後悔もしていた。折角下駄を楽しみに従いて来た弟が可哀想だった。二人が貰った金で自分だけの物を買った事を短気な父がどんなに怒る事かと考えるとさすがに気が沈んで来た。

然し松飾りの出来た賑かな町を歩いている内に彼は何時かそんな事を忘れて、そして前から聞かされていた二宮尊徳の社へ詣でるつもりで、その方へ歩いて行くと、或町角で、騒々しく流して来た法界節の一行に出会った。

一行は三人だった。四十位の眼の悪い男が琴をならしている。それからその女房らしい女が顔から手から真白に塗り立てて、変に甲高い声を張り上げ張り上げ月琴を弾いていた。もう一人は彼と同年位の女の児で、これも b ヒンソウな顔に所斑らな厚化粧をして、小さい拍子木を打ち鳴らしながら、泣き叫ぶように唄っていた。

彼はその月琴を弾いている女に魅せられて了った。女は後鉢巻の為に釣り上っている眼を一層釣り上がらすように眼尻と眼頭とに紅をさしていた。そして、薄よごれた白縮緬の男帯を背中で房々と襷に結んでいた。彼は嘗てこれ程美しい、これ程に色の白い女を知らなかった。彼はすっかり有頂天になって了った。それから彼は一行の行く所を何処までも従いて行った。

一行が或裏町の飯屋に入った時には彼は忠実な尨犬のように弟の手を引いてその店先に立っていた。

——沖へ沖へ低く延びている三浦半島が遠く薄暮の中に光った水平線から宙へ浮んで見られた。そして影になっている近くは却って暗く、岸から五六間綱を延ばした一艘の漁船が穏かなうねりに揺られながら舳に赤々と火を焚いていた。岸を洗う静かな波音が下の方から聴えて来る。それが彼には先刻から法界節の琴や月琴の音に聞えて仕方なかった。波の音と聞こうと思えば一寸の間それは波の音になる。が、丁度睡い時に覚めていようとしながら、不知夢へ引き込まれて行くように波の音は直ぐ又琴や月琴の音に変って行った。彼は又その奥にありありと女の肉声を聴いた。何々して「梅―の―は―な」こう云う文句までが聴き取られるのだ。「奴さんだよう」こんな事をいって下で両手の指先を合せ、中腰で c リョウヒザを開き首を振りながら、二三度足を前へ挙げた形とか、捨児の剣舞で真白く塗った腕をあげて泣く様子、所はげな人形にする頬ずり、それを思い浮べると彼の胸は変に悩ましくなった。

遥か小田原の岸が夕靄の中に見返られる。彼は今更に女と自分との隔りを感じた。今頃はどうしている事か。彼にはあの泣き叫ぶような声を張り上げていた少女の身の上がこの上なく羨ましく思われた。然し彼はその少女にいい感じを持たなかった。彼が飯屋の前に立ち尽していた時に少女は時々悪意を含んだ嶮しい眼つきを彼の方へ向けていたが、仕舞に男と代る代る酌をしていた女に何か此方を見い見い告口をした。彼はヒヤリとした。然し女は何の興味もなさそうに一寸此方を見て、直ぐ又男と話し続けたので、彼はほっとした。

夜が迫って来た。沖には漁火が点々と見え始めた。高く掛っていた半かけの白っぽい月が何時か光を増して来た。が、真鶴までは未だ一里あった。丁度熱海行きの小さい軌道列車が大粒な火の粉を散らしながら、息せき彼等を追い抜いて行った。二台連結した客車の窓からさす d ニブいランプの光がチラチラと二人の横顔を照して行った。

少時すると、手を引かれながら一足遅れに歩いていた弟が、

「今日の法界節が乗っていた」とこんな事を云った。彼は自分の胸の動悸を聞いた。そして自分もそれをチラリと見たような気がした。汽車は何時か先の出鼻を廻って、今は響きも聴えて来なかった。

①彼は今更に弟の疲れ切った様子に気がついた。急に可哀想になった。そして、「くたびれたか」と訊いてみたが、弟は返事をしなかった。彼は又、「おぶってやるかネ？」と優しく云った。弟は返事をする代りに顔を反向けて遠く沖の方へ眼をやって了った。弟は何か口を利けば今にも泣き出しそうな気がしたのである。優しく云われると、尚であった。「さあ、おんぶしな」彼はこういって手を離し、弟の前に蹲んだ。弟は無言のまま倒れるようにおぶさった。そして泣き出しそうなのを我慢しながら、兄の項に片頬を押し当てると眼をつぶった。

「寒くないか？」

弟はかすかに首を振っていた。

彼は又女の事を考え始めた。今の汽車に乗っていたのかと思うと彼の空想は生々して来た。この先の出鼻の曲り角で汽車が脱線する。そして崖から転げ落ちて、女が下の岩角に頭を打ちつけて倒れている有様を彼はまざまざと想い浮べた。彼は又、不意に道傍からその女の立ち上って来る事を繰り返し繰り返し想像した。彼は実際に女が何処かで自分を待っていそうな気がしていた。

弟は何時か背中で眠って了った。急に重くなった弟の身体を彼は揺り上げ揺り上げして歩いた。段々に苦しくなる。腕が抜けそうになるのを彼は我慢して歩いた。彼はこれを我慢し通さなければ駄目だと云う気がした。何が駄目なのか自分でも明瞭しなかった。然しとにかく彼は首を亀の子のように延ばして、エンサエンサと云う気持で歩いて行った。

やがて、その出鼻へ来たが、其処には何事も起っていなかった。そして、それを曲ると彼は突然直ぐ間近に、提灯をつけて来る或女の姿を見た。彼ははっとした。同時にその女から声をかけられた。それは余りに彼等の帰りの遅いのを心配して、迎いに来た母親であった。

すっかり寝込んで了った弟を、彼の背から母親の背へ移そうとすると、弟は眼を覚した。そして、それが母親だと知ると、今まで圧(おさ)え圧えて来た我儘(わがまま)を一時に爆発さして、何かわけの解らぬ事を云って暴れ出した。母親が叱(しか)ると尚暴れた。二人は持て余した。彼は不図憶(おも)い出して、自分のかぶっていた水兵帽を取って弟にかぶせてやった。

「ええ、穏順(おとな)しくしろな。これをお前にくれてやるから」こう云った。

②今はその水兵帽を彼はそれ程に惜(おし)く思わなかった。

（志賀　直哉『真鶴』による）

問一　傍線部a～dのカタカナを漢字に直して書きなさい。

問二　傍線部①の時の「彼」の心情について、五十字以上六十字以内で説明しなさい。

問三　傍線部②の理由について、八十字以上九十字以内で説明しなさい。

問四　この文章の表現の仕方として、最もあてはまるものを、次のア～エから一つ選び、その記号を書きなさい。

ア　登場人物の表情を色鮮やかに描写することにより、主人公の心情の変化を、場面の展開に沿って写実的に捉えることができるように表現している。

イ　話者を一人称の視点で設定することにより、登場人物の相関関係を、連続した時の流れに沿って分析的に捉えることができるように表現している。

ウ　場面を細かく切り替える構造にすることにより、主人公の心情の変化を、様々な出来事を通して俯瞰的に捉えることができるように表現している。

エ　会話文を中心とした構成にすることにより、登場人物の相関関係を、様々な人との対話を通して印象的に捉えることができるように表現している。

（☆☆☆◎◎◎）

【三】次の文章を読んで、以下の問いに答えなさい。

今は昔、小野宮の大き大臣、左大臣にて御座しける時、三月の中旬の比、公事に依りて内に参り給ひて、陣の座に御座しけるに、上達部二三人計参り会ひて候はれけるに、南殿の御前の桜の、器の大きに神さびて艶ぬが、枝も庭まで差し覆ひて譏く栄きて、庭に隙無く散り積みて、風に吹き立てられつつ水の浪などの様に見えたるを、大臣、「艶ず譏き物かな。例は極じく栄けど、糸此かる年は無き者を、土御門の中納言の参られよかし、此れを見せばや」と宣ふ程に、遥かに上達部の前を追ふ音有り。

官人を召して、「此の前は、誰が参らるるぞ」と①問ひ給ひければ、「土御門の権中納言の参らせ給ふなり」と申しければ、大臣、②「極じく興有る事かな」と喜び給ふ程に、中納言参りて座に居るや遅きと、大臣、「此の花の庭に散りたる様は、何が見給ふ」と有りければ、中納言、「現に譏う候ふ」と申し給ふに、大臣、「然ては遅くこそ侍れ」と有りければ、中納言心に思ひ給ひける様、「此の大臣は、只今の和歌に極めたる人に御座す。其れに墓々しくも無からむ事を面無く打出でたらむは、有らむよりは極じく弊かるべし。然りとて止事無き人の此く責め給ふ事を、冷じくて止まむも、便無かるべし」と③思ひて、袖を掻疏ひて、此くなむ申し上げ［Ａ］、

とのもりのとものみやつこ心あらば

この春ばかりあさぎよめすな

と。大臣此れを聞き給ひて、極じく讃(ほ)め給ひて、「此の返(かへし)更に否為(えせ)じ。劣りたらむに、長き名なるべし。然り

とて、増(ま)さらむ事は有るべき事にも非(あら)ず」とて、④只旧歌(ふるうた)ぞ思え益さむと思ひ給ひて、忠房が唐(もろこし)へ行くとて

読みたりける歌をなむ、語り給ひ［B］。

（『今昔物語集』による）

問一　本文中の空欄［A］、［B］には同じ語句があてはまります。次のア～エから一つ選び、その記号を書きなさい。

ア　けら　　イ　けり　　ウ　ける　　エ　けれ

問二　傍線部①の主語を文章中から三字以内で抜き出して書きなさい。

問三　傍線部②のように喜んだのはなぜですか。四十字以上五十字以内で口語で書きなさい。

問四　傍線部③とありますが、どのようなことを思いましたか。六十字以上七十字以内で口語で書きなさい。

問五　傍線部④のように思ったのはなぜですか。最も適切なものを、次のア～エから一つ選び、その記号を書きなさい。

ア　中納言の歌は素晴らしく、これ以上の歌を詠んで返すことはできないから。

イ　中納言の歌は素晴らしく、神聖な歌を詠むことで謝意を伝えたかったから。

ウ　左大臣の歌は素晴らしく、これ以上の歌を詠んで後世に名を残したいから。

エ　左大臣の歌は素晴らしく、返歌をするのは長く汚名を残すことになるから。

（☆☆☆◎◎◎）

【四】次のA〜Cの俳句、D〜Fの短歌について、あとの問いに答えなさい。

A　白げしに羽もぐ蝶の形見哉(かな)　　芭蕉

B　百舌鳥(もず)なくや入日(いりひ)さし込女松原(こむめまつばら)　　凡兆

C　蝶墜ちて大音響の結氷期　　富沢赤黄男

D　暗道のわれの歩みにまつはれる蛍ありわれはいかなる河か　　前登志夫

E　青嵐の只なかにゐて豊かなり吾に子のあり子に妻のある　　佐佐木由幾

F　春さむき梅の疎林(そりん)をゆく鶴のたかくあゆみて枝をくぐらず　　中村憲吉

【Aの鑑賞文】

「杜国(とこく)に贈る」と前書がある。『野ざらし紀行』の旅で立ち寄った名古屋で、芭蕉は米問屋を営む俳人・杜国と出会う。芭蕉の新風に感じ入った杜国はすぐに門下に入り、芭蕉もこの若き弟子を深く愛した。

別れに際して、この句を贈っている。蝶が白芥子の花をたつときに、はらりと落ちたひとひら――それは花びらにあらず、（　①　）、というのだ。杜国を白芥子に、自分を蝶に見立てたロマンティックな句で、「芭蕉のさびをよろこばず」（「人を恋ふる歌」）などと言ってのけた与謝野鉄幹(よさのてっかん)は、おそらくこの句を知らなかったに違いない。

この句が、「羽もぐ」という、蝶の死を前提にしていることに注目したい。死を思うほどに相手を求めているのは、みずからの生を豊かなものにしたいという渇きがあるからだ。

（高柳克弘「究極の俳句」より）

【Bの鑑賞文】

女松は赤松。女松原というやさしい言葉の韻き(ひびき)が、ことさらに赤松の松原の明るさを強調している。そんな明るく静かな景色の中に鵙(もず)の鋭声(とごえ)が響いたのである。上五の「や」の働きも的確に、(②)、(③)の組み合わせに成功している。秋の夕暮れの澄んだ空気の感じられる句だ。

(後藤比奈夫「憧れの名句」より)

【Cの鑑賞文】

「俳句は詩である」とする新興俳句の旗手の一人。時代背景を根拠に「蝶」を飛行機、「結氷期」を戦争や弾圧の象徴として解釈する向きもあるが、句の価値はこの詩性そのものにあると思う。

軽やかなはずの蝶が墜(お)ちる。墜落する。大音響を上げる。(④)が詩の火花を飛び散らせる。墜ちた蝶の波動によって結氷期が始まるのか。「大音響」は、他の言葉のイメージを繋げつつ、結氷期という永遠の時間の中に、その音を凍りつかせていく。

(夏井いつき「夏井いつき、俳句を旅する」より)

問一　Aの鑑賞文中の空欄(①)にあてはまるものを、次のア～エから一つ選び、その記号を書きなさい。

ア　悲しみに暮れる花を慰めようと秘かに渡した蝶の形見である

イ　死をもって花と別れる絶望感を世間に伝えた蝶の形見である

ウ　いずれ訪れる再会と豊かな人生を信じ込んだ蝶の形見である

エ　羽をもがれるばかりに花との別れを悲しんだ蝶の形見である

問二　Bの鑑賞文中の空欄(②)(③)にあてはまる語句の組み合わせを、次のア～エから一つ選び、その記号を書きなさい。

ア　②　聴覚と視覚　③　生と死の景色
イ　②　聴覚と視覚　③　動と静の景色
ウ　②　情景と心情　③　音と光の景色
エ　②　情景と心情　③　天と地の景色

問三　Cの鑑賞文中の空欄（　④　）にあてはまる語句を、次のア～エから一つ選び、その記号を書きなさい。

ア　情景の明暗の違和感
イ　情景の魅力の存在感
ウ　言葉の質量の違和感
エ　言葉の意味の存在感

問四　DとEの短歌について、同じ表現技法を用いている短歌を次のア～エからそれぞれ一つずつ選び、その記号を書きなさい。

ア　早起はどん百姓の得意技午前三時をともえ投げする　（高辻郷子）
イ　硝子戸に見ゆるかなたの冬ざれの東京湾の高き帆ばしら　（金子薫園）
ウ　春ここに生るる朝の日をうけて山河草木（さんかそうもく）みな光あり　（佐佐木信綱）
エ　穂すすきが穂が濡れて居り鈴虫が鈴虫の声が濡れて居るなり　（佐佐木幸綱）

問五　Fの短歌は、どのような情景を取り上げ、どのような感動を伝えていますか。次の【例】を参考にして説明しなさい。

【例】　夕焼空焦げきはまれる下にして氷らんとする湖の静けさ　　島木　赤彦

真っ赤に燃える冬の夕焼け空の下で凍り始めようとしている水面静かな湖の情景を取り上げている。

まるで炎で焦げるかのように赤色の最大限に極まった夕焼け空の華やかさと、その下で夜に向けて凍り始めようとする湖の静寂さを対比することで、鮮烈な印象を与えるこの二つの雄大な自然の力強い荘厳な趣に対する感動を伝えている。

（☆☆☆◎◎◎）

【五】　中学校学習指導要領（平成二十九年三月）第2章「第1節　国語」及び中学校学習指導要領解説国語編（平成二十九年七月）を基に、中学校第一学年の〔思考力、判断力、表現力等〕における「C　読むこと」において、「小説や随筆などを読み、考えたことなどを記録したり伝え合ったりする」言語活動を通して、指導事項エ「文章の構成や展開、表現の効果について、根拠を明確にして考えること。」を指導することとします。

　そのため、次のような〈単元の評価規準〉と〈単元構想表〉で授業をすることとしました。〈単元の評価規準〉と〈単元構想表〉を見て、あとの問いに答えなさい。

〈単元の評価規準〉

思考・判断・表現
「読むこと」において、文章の構成や展開、表現の効果について、根拠を明確にして考えている。

〈単元構想表〉

時間	学習活動
一時間目	・学習の見通しをもつ。 ・小説『少年の日の思い出』を読む。
二時間目	・登場人物、語り手、時に着目し、場面の設定を把握する。
三時間目(本時)～四時間目	・文章の構成や展開、表現の効果について自分の考えをもちながら内容を読む。 ・考えたことを、根拠を明確にして伝え合う。
五時間目	・文章の構成や展開、表現の効果について考えたことを踏まえて感想をまとめ、伝え合う。
六時間目	・『少年の日の思い出』での学習を活かして、どのような読書活動につなげるかについて考えをもつ。 ・学習を振り返る。

問一　ある生徒が、三時間目(本時)に、自分の考えをまとめています。次の【自分の考えをまとめたノート】の記述について、〈単元の評価規準〉と照らし合わせ、生徒にどのような助言をしますか。以下の【生徒が

取り上げた『少年の日の思い出』の場面一】を参考にしながら、【自分の考えをまとめたノート】の第二段落、第三段落それぞれについて、具体的な箇所を取り上げて書きなさい。

【自分の考えをまとめたノート】

1 場面一で特徴的だと思った表現の効果は二つあります。
2 一つ目は、情景描写が多彩なことです。例えば「昼間の明るさは消え失せようとしていた」と書かれています。
3 二つ目は、暗示的な表現を使っていることです。「私のちょうは、明るいランプの光を受けて、箱の中から、きらびやかに光り輝いた」という描写を使うことで、「客」の思い出が暗いものであると読者に暗示させる効果があります。
※1 2 3は段落番号を示す。

【生徒が取り上げた『少年の日の思い出』の場面一】

客は、夕方の散歩から帰って、私の書斎で私のそばに腰掛けていた。昼間の明るさは消えうせようとしていた。窓の外には、色あせた湖が、丘の多い岸にするどく縁取られて、遠くかなたまで広がっていた。ちょうど、私の末の男の子が、おやすみを言ったところだったので、私たちは、子供の幼い日の思い出について話し合った。
「子供ができてから、自分の幼年時代のいろいろの習慣や楽しみ事が、またよみがえってきたよ。それどころか、一年前から、僕はまた、ちょう集めをやっているよ。お目にかけようか。」

と、私は言った。

彼が見せてほしいと言ったので、私は、収集の入っている軽い厚紙の箱を取りに行った。最初の箱を開けてみて、初めて、もうすっかり暗くなっているのに気づき、私は、ランプを取ってマッチを擦った。すると、たちまち外の景色は闇にしずんでしまい、窓全体が不透明な青い夜の色に閉ざされてしまった。

私のちょうは、明るいランプの光を受けて、箱の中から、きらびやかに光り輝いた。私たちは、その上に体をかがめて、美しい形や、こい見事な色を眺め、ちょうの名前を言った。

「これは、ワモンキシタバで、ラテン名はフルミネア。ここらではごく珍しいやつだ。」

と、私は言った。

友人は、一つのちょうを、ピンの付いたまま箱の中から用心深く取り出し、羽の裏側を見た。

「妙なものだ。ちょうを見るくらい、幼年時代の思い出を強くそそられるものはない。僕は、小さい少年の頃、熱情的な収集家だったものだ。」

と、彼は言った。

そして、ちょうをまた元の場所に刺し、箱のふたを閉じて、

「もう、結構。」

と言った。

その思い出が不愉快ででもあるかのように、彼は口早にそう言った。その直後、私が箱をしまって戻ってくると、彼は微笑して、巻きたばこを私に求めた。

「悪く思わないでくれたまえ。」と、それから彼は言った。「君の収集をよく見なかったけれど。僕も

子供のとき、むろん収集していたのだが、残念ながら自分でその思い出をけがしてしまった。実際、話すのも恥ずかしいことだが、ひとつ聞いてもらおう。」
　彼は、ランプのほやの上でたばこに火をつけ、緑色のかさをランプにのせた。すると、私たちの顔は、快い薄暗がりの中にしずんだ。彼が開いた窓の縁に腰掛けると、彼の姿は、外の闇からほとんど見分けがつかなかった。私は葉巻は吸った。外では、かえるが、遠くから甲高く、闇一面に鳴いていた。友人は、その間に次のように語った。

（光村図書「国語1」による）

問二　本単元では、中学校第一学年の〔知識及び技能〕の(3)我が国の言語文化に関する事項における指導事項オ「読書が、知識や情報を得たり、自分の考えを広げたりすることに役立つことを理解すること。」も指導します。『少年の日の思い出』での学習を活かして、六時間目に、読書につなげる指導を行うことにしました。どのような学習活動を設定するか、書きなさい。

（☆☆☆◎◎◎）

【六】次の各問いに答えなさい。
問一　次の各文は、中学校学習指導要領(平成二十九年三月)第2章「第1節　国語」における各学年の目標〔第2学年〕です。
次の［ ① ］〜［ ⑤ ］に入る言葉を、以下のア〜ソから一つずつ選び、その記号を書きなさい。

(1) 社会生活に必要な国語の知識や技能を身に付けるとともに、我が国の［　①　］に親しんだり理解したりすることができるようにする。
(2) 論理的に考える力や［　②　］したり想像したりする力を養い、社会生活における［　③　］の中で伝え合う力を高め、自分の思いや考えを広げたり深めたりすることができるようにする。
(3) ［　④　］がもつ価値を認識するとともに、読書を［　⑤　］に役立て、我が国の［　①　］を大切にして、思いや考えを伝え合おうとする態度を養う。

ア　伝統文化　イ　協調　ウ　歴史　エ　人との関わり　オ　生涯　カ　言語文化
キ　文章　ク　学習　ケ　生活　コ　文化との関わり　サ　共感　シ　読書文化
ス　国語との関わり　セ　感動　ソ　言葉

問二　次の各文は、中学校学習指導要領（平成二十九年三月）第2章「第1節　国語」における各学年の内容のうち〔知識及び技能〕の(2)情報の扱い方に関する事項について抜粋して示しているものです。次の［　①　］～［　④　］に入る言葉を、以下のア～シから一つずつ選び、その記号を書きなさい。

〔第1学年〕
イ　比較や［　①　］、関係付けなどの情報の整理の仕方、［　②　］の仕方や出典の示し方について理解を深め、それらを使うこと。
〔第2学年〕
イ　情報と情報との関係の様々な［　③　］を理解し使うこと。
〔第3学年〕

ア［ ④ ］など情報と情報との関係について理解を深めること。

ア 類推　イ 表し方　ウ 引用　エ 推敲　オ 参照　カ 原因と結果
キ 調べ方　ク 意見と根拠　ケ 分類　コ 例示　サ 具体と抽象　シ 整え方

問三　次の表は、中学校学習指導要領(平成二十九年三月)第2章「第1節　国語」における各学年の内容のうち〔思考力、判断力、表現力等〕について抜粋して示しているものです。表中の［ ① ］～［ ⑥ ］に入る言葉を、以下のア～ツから一つずつ選び、その記号を書きなさい。

第1学年	第2学年	第3学年
B　書くこと (1)　書くことに関する次の事項を身に付けることができるよう指導する。 イ　書く内容の［ ① ］が明確になるように、［ ② ］の役割などを意識して文章の構成や展開を考えること。	A　話すこと・聞くこと (1)　話すこと・聞くことに関する次の事項を身に付けることができるよう指導する。 ウ　資料や［ ③ ］を用いるなどして、自分の考えが分かりやすく伝わるように［ ④ ］を工夫すること。	C　読むこと (1)　読むことに関する次の事項を身に付けることができるよう指導する。 ウ　文章の構成や［ ⑤ ］の展開、［ ④ ］の仕方について［ ⑥ ］すること。

ア　概要　イ　表現　ウ　文節　エ　内容　オ　批判　カ　口調　キ　機器　ク　段落
ケ　図表　コ　中心　サ　物語　シ　映像　ス　題名　セ　意見　ソ　論理　タ　説明
チ　評価　ツ　順序

問四　次の各文は、中学校学習指導要領(平成二十九年三月)第2章「第1節　国語」における「指導計画の作成と内容の取扱い」について抜粋して示しているものです。次の［　①　］～［　③　］に入る言葉を、以下のア～エから一つずつ選び、その記号を書きなさい。

> 1　指導計画の作成に当たっては、次の事項に配慮するものとする。
> (5)　第2の各学年の内容の〔思考力、判断力、表現力等〕の「B書くこと」に関する指導については、第1学年及び第2学年では年間30～40単位時間程度、第3学年では年間20～30単位時間程度を配当すること。その際、［　①　］に文章を書く活動を重視すること。
> 2　第2の内容の取扱いについては、次の事項に配慮するものとする。
> (3)　第2の内容の指導に当たっては、学校図書館などを目的をもって［　②　］的に利用しその機能の活用を図るようにすること。
> 3　教材については、次の事項に留意するものとする。
> (2)　教材は、次のような観点に配慮して取り上げること。
> ク　広い視野から国際理解を深め、日本人としての自覚をもち、国際［　③　］の精神を養うのに役立つこと。

［　①　］の選択肢

ア　丁寧　イ　正確　ウ　実際　エ　詳細
［　②　］の選択肢
ア　積極　イ　効果　ウ　実用　エ　計画
［　③　］の選択肢
ア　協調　イ　連携　ウ　平和　エ　秩序

【高等学校】

【一】次の文章を読んで、以下の問いに答えなさい。　　　　（☆☆☆◎◎◎）

　自分の生活圏がリアルでなくても構わない人が増えた、いやむしろ、リアルでないほうがいい人が増えたと言うべきか。

　リアルな世の中が、生きにくくなっていることは、ここまでにも述べてきた。基本的な路線は、①個人の自由の拡大である。それ自体はよいことだと思うのである。私も不自由よりは自由のほうがよほどよい。

　すごく個人的な思い出だが、私は児童、生徒時代に校則で五分刈りにされたのがとてもいやだった。たかが髪形程度のことが、②大きな物語的な社会では自分のaサイリョウで決められなかった。

　それが少しずつ、自由になってきたのである。普通科だけでなくフリースクールへ、正社員だけでなくフリーターへ、結婚は必須ではなくお一人様老後へ進む道も開かれた。自由には責任が伴う。フリーターへ進んだ結果、生活が不安定になったとき、就学や就業を拒んで引きこもりになったとき、その責任は自分がかぶる。

　フリーターで食い詰めたことは自分の責任ではなく、フリーターに資源が再配分されない社会が悪い。引きこもりを選んだのではなく、選ばされたのだ。あるいは、引きこもりでも食っていけるような社会構造があるべきなのだ、と反論することはできるだろう。しかし、実態として自由を享受した結果起こりうるすべてのことにセーフティネットを張り巡らせることは現実的でなく、自分で責任を負う羽目になることがほとんどだ。そういうのはしんどいから、自由じゃなくてもいいのに、と考える人も多いが、それは社会を後退させる因子になるので、なかなか許してもらえない。人間は自由であるべきなのだ、多様性を認めるべきなのだ、という訴えはそれが正論であるだけに強い圧力で個人の行動を制約する。

不自由なくらいがいいのに……と考える多様性や、もうちょっとみんなの考えがまとまっていたらいいのに……と思う多様性は、そこでは認めてもらえない。

するとリアルな社会は自由を謳歌できる少数の強い人には居心地よく、そうでない多くの人には怖くて息苦しいものになる。ひょっとしたら、自由という博打は失敗したのかもしれない。

これは人間の根源的な欲求である、コミュニケーションと承認にも大きな影を落とす。人はコミュニケーションが大好きだ。人の長い歩みの中で何か新しい技術が現れる度に、それをコミュニケーションに使えないか試行してきたほどである。コンピュータなどという、単純計算を大量にこなすための機械がこれほどコミュニケーションに使われるなど、バベッジ[*1]もノイマン[*2]も思わなかっただろう。

ところが、個人の自由拡大と権利強化は、コミュニケーションを難しくする。多様化した価値観の中では、自分はよかれと思って発言したことが相手の逆鱗に触れるケースが激増する。それを調停してくれる権力も不調である。「どっちもどっちだろ」などと、その場を手打ちに導いてくれる青年団の頭だの、村長だのはもういない。どちらも前時代的で抑圧的な権力の象徴である。

であれば、コミュニケーションで生じたトラブルは当事者同士で解決せねばならず、しかしまったく価値観の異なる者同士の直接調停などうまく転がるはずもなく、泥沼化した罵り合いが延々と続く。cショウモウ戦になる。

このとき、③謝って調停から降りる選択肢は取りづらいのだ。

大きな物語のように皆が同じように依拠している価値観が存在するなら、その価値観に照らし合わせて正しかった、間違っていたと自らの行動を振り返ることができる。間違っていれば、謝ることも正すことも難しくない。でも、「みんな違ってみんないい」社会は、正解が多数ある社会だ。どちらにも理はあるのである。しかも、自分なりの正解を見つけて「好きなように」生きていくことが推奨される世の中なので、間違いの修正は自分の生き方の否定へと直結する。

社会のどこかに正解があって、それに対する回答が間違っていたのではなく、社会のどこにも正解はなく、自分なりの正解を作っていい、作らねばならないはずなのに、その正解が否定されるのである。この差は大きい。だから、些細なことでも、争いから降りることができない。間違いの修正ではなく、自分の生き方の再構築をしなければならないからだ。そんなしんどいことを、そうそうやりたくはない。

多様性と包摂の精神に則ってお互いの異なる生き方を認めればいいのだ、という物言いは、現実のトラブルに直面した当事者にとってうつろな綺麗事にしか聞こえないだろう。調停者もない中で、自分が先に寛容さを示せば、相手は容赦なく利得を奪っていく。それはこの社会において負けを意味する。コミュニケーションのコストとリスクはとても高いのである。

承認に対する欲求もそうだ。今どき、小学生でも承認欲求という言葉を使いこなす。［ Ⅰ ］な、とても強い欲求である。だが、価値観が多様化した社会で、これほど得にくいものもない。

みんなが同じ価値観を持っている社会であれば、たとえば「お金持ちが偉い」社会であればお金を稼げばいいし、少なくともお金を稼ぐ努力をしていれば褒めてもらえる。絶対的な、1位の金持ちになれなくても、ある水準を超えるように頑張ることもできる。

でも、奉仕活動をする人が偉い、自分の意見を言える人が偉い、シンプルな生活をする人が偉い社会では、お金を稼ぐ活動に対する評価はよくて無関心、悪くすれば反発を買うだろう。構造的に、承認欲求はとても満たされにくい。

「人の承認なんて得なくていい。自由な社会なんだから。自分さえ納得していればいい」

これは正論である。しかし、誰も幸せにしない類の正論だろう。誰にも評価されずに生きていけるほど強い人は少ない。誰かに褒めて欲しいが、そのために自分の活動をアピールすれば、褒められるよりは叩かれる機会のほうが多いのが現状である。

そうした、フリクションばかりが大きい社会に目をつけたのがSNSである。SNSは友だちとつながるサービスではない。合わない人を切り捨てるサービスである。その割には、ツイッターにはそういう機能が乏しいと思われるかもしれないが、私はツイッターはSNSの定義を外れるサービスだと考える。ツイッター社自身もそう述べている。

大きな母集団の中から、軋轢を生まない人だけを抽出して、快適な閉じた空間を演出することにこそ、SNSの価値がある。だから、小さなSNSには、あまり意味がない。誰かにとって快適なメンバーを構成するのが難しいからだ。

SNSは居心地がいい。しかし、現時点ではその心地よさには限界がある。あくまでコミュニケーションのためのサービスに留まっているので、どんなに居心地がよくても、仕事をするとき、食事をするとき、排泄をするときには、そのサービスを離れなければならない。

人間はまだリアルに軸足をおいた生活を営んでおり、そこを疎かにしすぎると学業や仕事が立ちゆかなくなる。スマホなどのスクリーンを隔てて提供されるサービスは、「ここはリアルではない」と自覚させるほどにはリアルと切り離されている。

でも、高度な技術でリアルと同等の質量を持った世界が展開され、仕事も学校も恋愛もそこで完結するサービスが提供されると話が変わってくる。少なくとも、リアルで疲弊し、dキヒ感を持った人々は、そこで多くの時間を過ごしてもよいと考えるだろう。そして、その実数は年々大きくなっている。

大きな物語がe潰えた今、誰もが自分の物語を欲し、また持つことを求められてもいる。なのにリアルでは自分の物語を構築し、自信を持って快適に生きることがますます難しくなっているのである。仮想現実がそれに応えてくれるならば、すべての人とは言わないが、それなりの割合の人々が④「もう一つの世界」に移住したいと願うことは不思議ではない。

（岡嶋裕史『メタバースとは何か』による）

＊1　バベッジ……イギリスの数学者。コンピュータの原型を構想した。（1791～1871）
＊2　ノイマン……アメリカの数学者。計算機科学において第一級の仕事をした。（1903～1957）

問一　波線部a～eについて、漢字のものは本文中での読みをひらがなで答え、カタカナのものは漢字に直しなさい。

a　サイリョウ　　b　博打　　c　ショウモウ　　d　キヒ　　e　潰（えた）

問二　傍線部①「個人の自由の拡大」とあるが、これは多くの人にどのような事態をもたらしているか。「多様性」という語を用いて七十字以内で説明しなさい。

問三　傍線部②「大きな物語」とあるが、次の会話ア～オの中で「大きな物語」的ではないものを一つ選び、記号で答えなさい。

ア「校則を破ってスカートを短くしようよ」「いいね、私もそうする」

イ「自由研究より工作が得意だ」「じゃ、夏休みは工作をすればいいよ」

ウ「進路どうしよう」「いい大学に入って、いい会社に行くのがいいよ」

エ「日本のGDPが伸び悩んでいるね」「国力が落ちるから困った事態だ」

オ「親の言うとおりにすれば安心だ」「それ、おじいちゃんも言ってるよ」

問四　傍線部③「謝って調停から降りる選択肢は取りづらい」とあるが、どうしてか。次のように説明するとき、空欄に当てはまる言葉を次の形式に合わせて、三十五字以内で抜き出して書きなさい。

謝ることにより【　　】から。

問五　空欄［Ⅰ］に当てはまる語句として適当なものを次のア～オの中から一つ選び、記号で答えなさい。

ア　独善的　　イ　現代的　　ウ　開放的　　エ　普遍的　　オ　後天的

問六　傍線部④「『もう一つの世界』に移住したいと願うことは不思議ではない」とあるが、筆者がこのように考えるのはなぜか。「もう一つの世界」について触れつつ、百二十字以内で説明しなさい。

(☆☆☆◎◎◎)

【二】次の文章を読んで、以下の問いに答えなさい。

ある晩、都会に暮らす「私」のもとに、寒波（しばれ）に見舞われた郷里の「姉」から電話がかかってくる。もうすぐ八十四になる「おふくろ」の眠りすぎを気にかけてのことだったが、「私」は不意に、「姉」がひとりになったら自分の化粧をどうする気なのか、心配になった。

姉は、生まれつきの色素欠乏症だが、それでも女だから化粧をする。髪は染粉で漆黒に染め、眉には眉墨を丹念に引く。睫毛はどうすることもできないから、出かけるときは薄墨色の眼鏡をかける。それに、時々は生え際あたりの白い産毛も剃らねばならない。

姉の化粧といっても、これだけのことだが、眉を描くぐらいなら鏡に向えば自分でできるからいいとして、髪を染めることと産毛を剃ることとは、とてもひとりの手に負えない。髪はともかく、産毛の方は、鏡とa剃刀があればひとりでもできそうだが、あいにく、姉は肌や毛が白いばかりではなく、目も青味を帯びた灰色で、弱視だから、物をよく見ようとすると顔がこまかく左右に揺れ動く。顔を小刻みに振りながらでは、危くて、とても生え際など剃れるものではない。髪も、産毛も、毎朝のことでないのが幸いだが、それでも月にいちどや二度は、誰か気心の知れた人の手を借りなければならないのである。

勿論、これまでは、どちらもおふくろがしてやっていた。天気のいい日の昼近く、

「台所、使うわえ。」

おふくろは家族にさりげなくそう告げて、姉と一緒に閉じ籠る。家族は素知らぬ顔をしているが、①誰も台所には近づかない。小一時間ほどの間、台所はひっそりとして、時々水音だけがきこえている。

やがて、不意に戸が開いて、黒すぎるほどの洗い髪をタオルで包んだ姉が出てくる。諸肌（もろはだ）脱ぎになっていたので、着物の襟が弛んでいる。姉は眉墨の落ちた顔をうつむけるようにして、小走りに廊下を通り抜けていく。それきり、髪がすっかり乾いてしまうまで、どこかにひそんでいて人前に姿をあらわさない。

私は、子供のころからもう何度となく、そんな姉の化粧の日の不思議な静けさを味わってきたが、いちど、

おふくろが老境に入りかけたころの一時期を、おふくろにもしものことがあれば姉もあとを追うことになるかもしれないと思って、暗い気持で過ごしたことがある。いまはもう、五十を過ぎてしまった姉が化粧のことぐらいでA世をはかなむとは思わないが、それでもやはり、おふくろがこのまま寝たきりになってしまうかもしれないと思うと、姉がこの先、化粧をどうするつもりか気掛かりであった。

——大抵のことは自分でできるから、大丈夫よ。

姉はそういったが、私にはその大抵のことのなかに化粧も入っているとは思えなくて、いずれ都合をつけて様子を見に帰るつもりだが、困ったことがあったらなんでも相談してくれるようにといった。

——うん。ありがとう。

姉は、ちょっとはにかんだようにそういった。それから、妻に買物をすこし頼みたいというので、私は受話器を妻に渡した。

その後、一週間ほどしてから、私はちょうど試験休みに入っていた高校一年の長女を連れて郷里へ帰った。おふくろは、茶の間の隣の十畳間を病室にして、大事にしている古鉄瓶に湯を滾(たぎ)らせていた。厚ぼったい冬布団のせいか、顔はひとまわりちいさく見えたが、いつものように、「きたがえ。」と迎える声には張りがあり、顔の色艶も悪くなかった。

私が都落ちをしてきて、無一文のとき、この家で生まれた初孫の長女を見ると、嬉しそうに笑っているうちに下唇が突き出てきて、べそをかいたような顔になった。

具合はどうかと尋ねると、一と言、

「こわくてなんね。」

といった。

こわいというのは、くたびれたという意味の田舎言葉で、それで八十年も生き延びてきてすっかりくたびれたということかと思ったら、こうして寝てばかりいるのもくたびれて叶わぬものだという意味であった。若いころのお産のときを除いて、三日とつづけて寝たことがないから、躯があちこち痛くてならないといった。そろそろ起きる稽古をはじめて、二、三日前から布団の上に坐れるようになったという。坐るといっても、腰は折れたままだから、うずくまるといった方がいいような坐り方だが、それでも座布団を二つに折って膝の上にのせると、それに両肘を突いてひとりで食事をすることができる。

「思ったより元気でしょう。寝ていていろいろ指図をするから、うるさくって。」

そういう姉も思いのほか元気そうで、むしろ稽古場へ出ているときよりも生き生きと見えた。まだ化粧の時機ではないのか、頭は黒髪のように斑がなく艶やかで、眉も程よい濃さでいい形に描けていた。姉の虫の居処は、その日の眉を見ればすぐわかるのだ。

私たちは、夕方までおふくろの部屋の炬燵で話していたが、おふくろは、うつらうつらしたり目醒めたりしながら、Bとりとめもないことを思い出しているらしく、時折、唐突なことをいって私たちの話を中断させた。おふくろは、私の長女のことを、

「貞子の女学生のころとそっくりになった。」

といった。

貞子というのは、あるいは偶然だったかもしれないが、私にすればまるでその日を狙っていたとしか思えないように、私の六つの誕生日に入水してしまった二番目の姉である。けれども、私はその姉を写真でしか知らないから、そうかなあと長女の顔を見ると、

「貞子って、誰？」

中学のころ、その姉のことはいちど話して聞かせたはずだが、長女はもう忘れていた。

「伯母ちゃんの上の姉さん。」
②私はそういっただけで、また元の話に戻った。
おふくろはまた、私が炬燵でビールを飲んでいたせいか、死んだ私たちの父親のことを、酒でも飲めたらもうすこし楽に世渡りができたろうにといった。それから、雉や山鳥をだしにした蕎麦がなによりも好きだったといった。東京へ出て力士になるといい出したときは動顚したという話もして、これは長女を面白がらせた。

「お祖父ちゃん、そんなに軀が大きかったの？」

「軀ばかりな。気はちいさいひとだった。」

おふくろはそういうと、また目を閉じて、眠ってしまった。

「……なるほどよく眠るね。」

「眠るでしょう。眠り病じゃないかと思ったんだから。」

「だけど、眠り病なんかのことをよく思い出したもんだね。僕も憶えてるけど、あんたにそういわれるまでは思い出したこともなかった。」

私がそういって笑うと、

「こっちもすっかり忘れてたけど、去年、いちど眠り病のことでちょっとした騒ぎがあったのよ、藤井先生の社中で。」

と姉がいって、師事していた藤井という琴の師匠が去年病気で亡くなったとき、最後まで献身的な看病をしたお宇多さんというたった一人の内弟子が、葬儀のあと、深い昏睡状態に陥ったという話をした。

そのお宇多さんというひとは、初めはただの女中で、十いくつかのときに奉公にきて、何年かすると縁談があって嫁いでいったが、たった三日でまた師匠のところへ逃げ帰ってきた。それ以来、師匠とお宇多さんとは五十年近くも女同士の二人暮らしをつづけてきて、師匠は去年七十半ばで亡くなったが、お宇多さんの方ももう六十を越していた。

師匠は、数年前から胃が悪かった。癌の疑いもあったが、医者嫌いで、お宇多さんが煎じてくれる薬草だけで自宅療養をつづけているうちに、去年になって、急に病状が悪化した。師匠は、寝たきりになってから三ヵ月間苦しんだあげくに亡くなったが、その三ヵ月間のお宇多さんの献身ぶりはただならなくて、市内に住む重立った弟子たちがbキトクの知らせで駈けつけたとき、疲れ果てたお宇多さんは玄関へ這って出てきたという。

「お宇多さんが離れなかったのか、先生が放さなかったのかわからないけど」と姉はいった。「とにかくお宇多さん、病床に付きっきりだったというから、碌に眠ったりも食べたりもしてなかったのね、きっと。お葬式を済ませた晩から、びっくりするような鼾をかきはじめて、それからはもう何日も何日も眠ってばかし。みんなは、初めのうちは無理もないと思ってたけど、だんだん心配になってきて、これは眠り病じゃないかしらって騒ぎ出したの。でも、医者に診せたら、過労と栄養失調だったんですって。」

それで忘れていた眠り病を思い出したわけだが、姉の話はまだおしまいにはならない。

社中の世話役たちは、しばらく順番にお宇多さんの面倒を見ていたが、長引くとそれも苦労の種になってきて、結局、完全看護の病院に入院させようということになった。ところが、訪ねる病院は、どこもベッドが空いてないという。さいわい社中のひとりが市民病院の副院長と知り合いだというので、それに頼んで掛け合って貰うと、救急車で運ばれてきてくれるなら、なんとかしましょうという返事であった。そこで、世話役たちは日時をきめて、お宇多さんにいい含め、その日の時間前にお宇多さんに電話で念を押してから、一人暮らしの老人が急病だからと救急車を頼んだ。

「救急車が、サイレンを鳴らしてやってきて」と姉はいった。「先生の家の玄関から担架を運び込んだの。そしたら、お宇多さん、鏡台の前に坐って、お化粧してたんですって。」

「……お化粧をねえ。」

「どういうつもりなのか、よそゆきを着て、鏡に向ってお化粧してたの、急病人が。」

と姉はいった。

私と長女とは、郷里の家に四日いて、夜は二階の部屋に布団を並べて寝た。私は、まだ学生のころ、初めて妻を連れて帰郷したときも、家族だけでc祝言の真似事をしてから、この二階の部屋におなじように布団を並べて眠ったが、そのことは長女には黙っていた。長女は、もう何年か後にはあのときの妻とおなじ齢になろうとしている。

何日目かの晩、部屋の明りを消してから、

「伯母ちゃんがねえ」と、長女が笑いを含んだ声でいった。「私たちが帰るっていうんで、緊張しちゃって、前の日に町の美容院へいってきたんだって。」

「美容院？　伯母ちゃんがそういったのか。」

「うん、髪のことを話してたとき。」

③私は、胸がひやりとした。

「……どうしてそんな話になったんだ。」

「ほら、うちのお母さんなんか、なかなか美容院へいけないでいると、生え際のあたりに白髪（しらが）が目立ってくるでしょう。ところが、伯母ちゃんは、お母さんより十いくつも年上なのに、白髪が一本もないのよね。だから、やっぱり染めてるのかなあと思って、訊いてみたら、染めてるんだって、美容院で。」

私には、長女の明るい口調が慰めであった。そうか、姉はひとりで町の美容院へ出かけるようになったのか、と私は暗がりに目を開けていた。

「それはちっとも構わないんだけどね」と長女はいった。「なにも私たちが帰るからって、美容院へいくことないでしょう?」

私は、自分たちの厄介な血筋について子供と語らなければならない日が、もうすぐ間近に迫っているのを感じながら、

「④そりゃあ、そうだ。ごく普通にしているのがいい。家族は、それがいちばんいい。」

といった。

郷里を引き揚げてくる日の朝、すこし早目に起きて階下へ降りてみると、おふくろがちょうど枕許に洗面器で湯を運ばせて、顔を洗うところであった。

毎朝そうして洗うのかと訊くと、そうだという。おふくろは、長いことかかって、うずくまるように坐った。

「一日中、寝てるのに。」

と笑っていうと、

「寝てても、朝は朝だすけにな。」

と、当り前のことをいうように、おふくろはいった。

私は、隣の茶の間の炬燵の上に朝刊をひろげたが、そこから見えるおふくろのなんでもない仕草に、つい目を惹かれがちだった。

おふくろは、顔を洗い終ると、黄楊(つげ)の櫛を湯で濡らしながら、薄くなった髪の毛を大事そうに何度も梳いた。それが済むと、どこからともなく手品のように取り出したクリームを指先でごく少量ずつ手のひらに取って、丹念に顔や手の甲にすり込んだ。それから、亀のように首をもたげて、朝の一と時を楽しむように、dコダチの間を通り抜けてきた陽がまだらに溜まっている縁側の方へ、しばらく目を細めていた。

（三浦哲郎『化粧』による）

問一　波線部a～dについて、漢字のものは本文中での読みをひらがなで答え、カタカナのものは漢字に直しなさい。

a　剃刀　　b　キトク　　c　祝言　　d　コダチ

問二　二重傍線部A「世をはかなむ」、B「とりとめもない」について、本文中での意味として適当なものを、それぞれ次のア～オの中から一つ選び、記号で答えなさい。

A　「世をはかなむ」

ア　世の中の全てがつまらないと感じ、馬鹿馬鹿しく思う
イ　世の中の事象について考えることを、厭わしいと思う
ウ　世の中の出来事を虚しいと感じ、死に急ぎたいと思う
エ　世の中の生業をわずらわしいものと捉え、悲しく思う
オ　世の中の物事と深刻に向き合って、やるせないと思う

B　「とりとめもない」

ア　特別な事がない　　イ　際限がない　　ウ　脈絡がない

エ　つながりがない　　オ　目的がない

問三　傍線部①「誰も台所に近づかない」とあるが、それはなぜだと考えられるか。三十字以内で説明しなさい。

問四　傍線部②「私はそういっただけで、また元の話に戻った」とあるが、その理由として適当なものを次のア～オの中から一つ選び、記号で答えなさい。

ア　おふくろの思い出話によって姉の入水という幼少時の忌まわしい記憶が甦ったことを、誰にも気づかれないようにするため。

イ　私の六歳の誕生日をあえて狙って実行したかのような姉の入水は、長い間家族にとって忌まわしい記憶でしかなかったため。

ウ　中学の頃話して聞かせたはずの姉の死にまつわる家族の忌まわしい記憶を、長女が忘れてしまっていたことに落胆したため。

エ　眠ってばかりいるおふくろの話す唐突なことは信憑性に乏しく、姉が入水したという忌まわしい記憶もあやふやであるため。

オ　姉と長女が瓜二つだというおふくろの思い出話の裏に隠された家族の忌まわしい記憶を、長女に悟られないようにするため。

問五　傍線部③「私は、胸がひやりとした」のはなぜか。二点説明しなさい。

問六　傍線部④「『そりゃあ、そうだ。ごく普通にしているのがいい。家族は、それがいちばんいい。』」とあるが、この時の「私」の心情を百二十字以内で説明しなさい。

問七　この文章を授業で学んだAさんたちは、本文中における「化粧」の意味や、それが果たす役割について話し合った。次に示すのは話し合いの様子である。空欄Ⅰ・Ⅱに当てはまる語句をそれぞれ本文中から抜き出して書きなさい。また、Ⅲに当てはまる内容を十字以内で書きなさい。

Aさん　この作品のタイトルは「化粧」ですが、登場人物によってその意味合いが異なるように思います。皆さんはどう考えますか。

Bさん　辞書を引いてみると、『広辞苑』では「紅や白粉などをつけて顔をよそおい飾ること。美しく見えるよう、表面を磨いたり飾ったりすること」とあります。また『新明解国語辞典』では「ファンデーション・口紅などを付けて、顔を美しく見せるようにすること。装いを新たにすること」とありました。更に「仮粧」という表記もありました。外部に対して顔をよそおう、というのが一般的且つシンプルな意味だと捉えると、登場人物の「姉」・「おふくろ」・「お宇多さん」の三者の中では「［Ⅰ］」の行為が一番それに近いと思います。

Cさん　改めて本文を読むと、Bさんの指摘のように、それぞれの「化粧」の意味があることに気づかされます。人前に出る際のたしなみとして非常時でも鏡に向かう「お宇多さん」、具合が悪くとも長年の習慣として身だしなみを整える「おふくろ」。そう考えると、姉の「化粧」は、顔をよそおう以上の意味があると言えませんか。

Aさん　そうですね。私は、本文冒頭で「女だから化粧をする」とある点に着目しました。化粧は、手始めに白粉やファンデーションといった下地作りで「白く塗る」といったイメージがありますが、姉は［Ⅱ］であるため、染髪や眉墨といった「黒く塗る」、つまり着色・染色の方を大事にしている点が独特だと感じました。また、一般的には他者を意識し、外向きに化粧をすると思うのですが、姉は家族に対してこだわっている点が印象的です。

Bさん　Aさんが着目した家族の中でも、特に主人公の「私」は、姉の化粧、ここでは着色や染色に強い思いを持っている点が指摘できると思います。更に『新明解』を読み込むと、古来の用字が「気装」である、との記載がありました。私はこの点に興味を引かれます。最初は「姉が髪を染めるのも化粧の一環なのか」という思いで読んでいましたが、改めて読むと、生まれつき色素が薄い「姉」にとっては、染髪も眉墨を引くことも、一般的な「化粧」とは趣を異にする大切な「気装」なのかも知れませんね。

Cさん　なるほど。気の装いをする、言い換えると［Ⅲ］、ということですね。そうするとBさんが述べていたように「私」が姉の化粧に対してひとかたならぬ思いを抱いてきたことがよく分かります。「姉」にとっての化粧は、「家族や他者との関係の中を生きていくために必要不可欠な行為」という役割を果たしていると言えるのではないでしょうか。

（☆☆☆◎◎◎）

【三】次の文章は鎌倉時代に書かれた『撰集抄』の一節である。読んで、以下の問いに答えなさい。

西行は、高野の奥に住むうちに人恋しくなった。そのようなときに、思いがけず、人間の作り方を、信用できる人から聞いた。広野に打ち捨てられた死体を集めて試してみたところ、それは人間の姿に似ていても、色艶が悪く、心もなく、声は人の声ではなかった。

さて、①是をばいかゞせん、破らんとすれば、殺業にや侍らん。心のなければ、ただ草木と同じかるべしと思へば、人の姿也。しかじ破らざらんにはと思ひて、高野の奥に人もかよはぬ所に置きぬ。もし、②おのづからも人の見るよし侍らば、化物なりとやおぢ恐れん。

　さても、此事不審に覚えて花洛[*1]に出侍りし時、教へさせおはしし徳大寺[*2]へ参り侍りしかば、御参内の折節にて侍りしかば、空しくかへりて、伏見の前の中納言師仲(もろなか)の卿[*3]のみもとに参りて、此事を問ひ奉り侍りしかば、「なにとしけるぞ」と仰せられし時に、「その事に侍り。広野に出て、人も見ぬ所にて、死人の骨をとり集めて、頭より足手の骨をaたがへでつゞけ置きて、砒霜[*4]と云薬を骨に塗り、いちごとはこべとの葉を揉みあはせて後、藤もしは絲なんどにて骨をかゝげて、水にてたび〱洗ひ侍りて、頭とて髪の生ゆべき所にはさいかいの葉とむくげの葉を灰に焼きてつけ侍り。土のうへに畳をしきて、かの骨を伏せて、おもく風もすかぬやうにしたゝめて、二七日置いて後、その所に行きて、沈[*5]と香[*6]とを焚きて、反魂[*7]の秘術を行ひ侍りき」と申侍りしかば、「③おほかたはしかなん。反魂の術猶日あさく侍るにこそ。我は、思はざるに四條[*8]の大納言の流をうけて、人をつくり侍りき。いま卿相[*9]にて侍れど、それとあかしぬれば、つくりたる人もつくられたる物もbとけ失せぬれば、口より外には出ださぬ也。それ程まで知られたらんには教へ申さむ。香をばたかぬなり。その故は、香は魔縁[*10]をさけて聖衆[*11]をあつむる徳侍り。しかるに、聖衆生死を深くいみ給ふほどに、心の出でくる事難き也。沈と乳[*12]とを焚くべきにや侍らん。又、反魂の秘術をおこなふ人も、七日物をば食ふまじき也。しかうしてつくり給へ。すこしもあひたがはじ」とぞ仰せられ侍り。しかれども、よしなしと思ひかへして、④其後はつくらずなりぬ。

（『撰集抄』による）

（注）

＊1　花洛…都。　＊2　徳大寺…徳大寺家のこと。藤原実能を始祖とする公家。

＊3　伏見の前の中納言師仲の卿…源師仲。　＊4　砒霜…猛毒のヒ素が含まれているもの。

＊5　沈…沈香。ジンチョウゲ科の常緑高木。　＊6　香…麝香や白檀などの香木から採取した香料。
＊7　反魂の秘術…死者の魂を呼び寄せたり、死者を蘇らせるための術。
＊8　四條の大納言…藤原公任。　＊9　卿相…公卿のこと。
＊10　魔縁…魔王が人をまどわし、仏道修行、往生など妨害すること。あるいはその悪魔。
＊11　聖衆…極楽浄土の阿弥陀仏と菩薩たち聖者のこと。
＊12　乳…乳香のこと。アフリカ東端のソマリア沿岸産地原産、カンラン科の常緑高木から採る香。

問一　波線部a「たがへで」、b「とけ失せぬれば」の本文中での意味を答えなさい。
問二　二重傍線部「申さ」について、
　1　敬語の種類を答えなさい。
　2　誰から誰への敬意か。次のア～キの中から一つずつ選び、記号で答えなさい。
　　ア　作者　イ　西行　ウ　徳大寺家の人　エ　源師仲　オ　卿相　カ　魔縁　キ　聖衆
問三　傍線部①「是をばいかゞせん」とあるが、その理由を五十五字以内で説明しなさい。
問四　傍線部②「おのづからも人の見るよし侍らば、化物なりとやおぢ恐れん」を現代語訳しなさい。
問五　傍線部③「おほかたはしかなん」とあるが、どのようにすれば反魂の秘術が成功すると言っているか。適当でないものを、次のア～オの中から一つ選び、記号で答えなさい。
ア　反魂の秘術に、十分な日数をかける。
イ　反魂の秘術をする人は、七日間何も食べない。
ウ　反魂の秘術のことを、誰にも話さない。

エ　反魂の秘術をするときは、香を焚かない。
オ　反魂の秘術をするときは、沈と乳を焚く。

問六　傍線部④「其後はつくらずなりぬ」となった理由を、本文と資料を関連付けて、生徒に考えさせる授業をしたい。次のようなワークシートを作成した場合の、適切な解答例を答えなさい。ただし、Q1は記号で答え、Q2は「人間の尊厳」という語を用いて、「[　　　]に気づく。」の形式に合わせて、三十字以内で答えること。

【資料】
米井輝圭「生命倫理と民俗宗教的世界観」から抜粋

現代のわれわれの世界から見れば、中世の社会は、犬が人間の死体の一部をくわえてそこらを走り回っているような「異常な」世界であった。しかし、そうした生者と死体との身体的な近さとあいまうようにして、生者と死者との精神的な近さ、言い換えれば人間が常に「死」を内面的に直視する態度が、相互に微妙なバランスを保っていたのが、日本の中世のあり方だということが言えるのではないだろうか。そうであるからこそ、当時の人々はちまたに死体があふれていることに対して、特に「異常な事態」という感覚を持たなくても暮らしていけたのだと考える。

要するに、中世では死はあまりにも周辺にみちあふれていた。しかし人々は決して人間の生命というものを粗末には考えていなかった。それは、常に人間が「死」というものと間近に対向して生きていたからであり、死に対する身体的な距離と心の内面における距離とがうまく均衡を保っていたからである。しかし、その中世においても、無理にその均衡を破ろうとするならば、非常に恐ろしい心理状態にさらされざるを得なかった。「人造人間」の話こそは、そのことを証するものである。西行のような人物でさえも、保っておくべき死者との間の距離に無理に踏みこんだために、世界に関するバランスを失って苦境に立たされたのである。そして、「西行のジレンマ」は、人間の尊厳の確立が、生と死に関する望ましい認識にかかっているということを、現代のわれわれに教えるものであろう。

Q1 「其後はつくらずなりぬ」となったのは、「よしなし」と思ったから！
では、ここでの「よしなし」の意味は？ 次のア～エの中から、最も近い意味のものを選ぼう！

ア 志太の浦を朝漕ぐ船はよしなしに漕ぐらめかもよ (万葉集)

イ 男、血の涙を流せども、とどむるよしなし。(伊勢物語)

ウ はかなき疵も打ちつけられなばよしなし。(今昔物語集)

エ 人出だして問はするにあらぬよしなき者の名乗りして来たるも、(枕草子)

〔　〕

Q2 資料「生命倫理と民俗宗教的世界観」と本文を関連付けて、左記の流れに沿って、西行が「よしなし」と思った理由を考えてみよう！ ただし「人間の尊厳」という言葉を必ず使って、「に気づく」に続くように、三十字以内で書くこと！

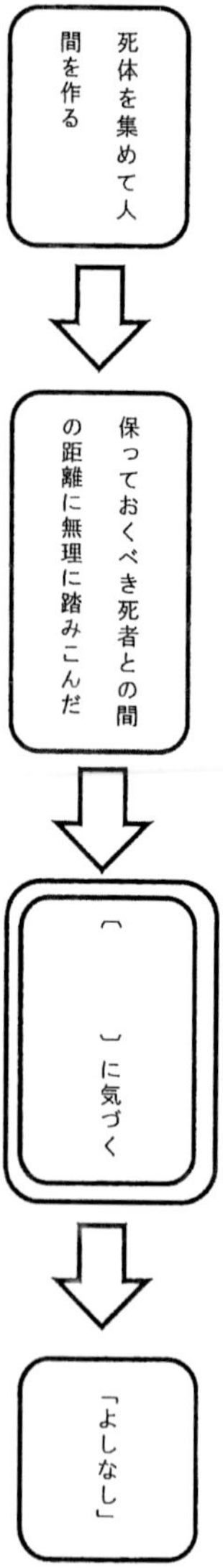

死体を集めて人間を作る

↓

保っておくべき死者との間の距離に無理に踏みこんだ

↓

〔　　　〕に気づく

↓

「よしなし」

問七　この文章の出典について説明した次の枠内の空欄（　1　）〜（　3　）に適当な語句を漢字で補い、説明文を完成させなさい。

> 『撰集抄』は西行に仮託して書かれた、鎌倉時代に成立した（　1　）である。（　1　）には、『日本霊異記』や『沙石集』、『方丈記』の作者（　2　）が記した『（　3　）』などがある。

（☆☆☆◎◎◎）

【四】次の文章を読んで、以下の問いに答えなさい。（設問の都合上、一部訓点を省いたところがある。）

昔晋文公*1、①将三与レ楚戦二城濮*2一、問二於咎犯*3一曰、「為レ之奈何。」咎犯曰、「仁義之事、不レ厭二忠信一、戦陣之事、不レ厭二詐偽一。②君其詐レ之而已矣。」③辞二咎犯一問二雍季*4一。雍季対a曰、「焚レ林而猟、愈多得レ獣、後必無レ獣。以二詐偽一遇レ人、b雖二愈利一、後無レ復。君其正レ之而已矣。」c於レ是④不レ聴二雍季之計一、而用二咎犯之謀一、与二楚人一戦大破レ之。還帰賞二有レ功者一、先二雍季一而後二咎犯一。左右曰、「城濮之戦、咎犯之謀

也。君行(フニ)レ賞(ヲ)、先(ニスルハ)二雍季(ヲ)一何(ソ)也(ト)。」文公曰(ク)、「咎犯之言(ハ)、一時之権[*5]也、雍季之言(ハ)、

万世之利也。⑤吾豈可下以先二一時之権一、而後中万世之利上也哉。」

(『淮南子』による)

(注)

＊1　文公…中国春秋時代の晋の君主。　＊2　城濮…現在の河南省北部。

＊3　咎犯…文公の臣下。　＊4　雍季…文公の臣下。　＊5　権…ここでは権謀の意。

問一　二重傍線部a「対」、b「雖」、c「於是」の読みを送り仮名も含め、ひらがなで答えなさい。ただし、現代仮名遣いも可とする。

問二　傍線部①「将与楚戦城濮」を再読文字に注意して書き下し文に直しなさい。ただし、現代仮名遣いも可とする。

問三　傍線部②「君其詐之而已矣」の解釈として適当なものを、次のア～オの中から一つ選び、記号で答えなさい。

ア　文公が戦果を手にするためには、蛇の如き陣形によって敵を惑わすしかない。
イ　文公が楚国を出し抜くためには、手練手管の限りを尽くして攻めるしかない。
ウ　文公が戦局を立て直すためには、味方をも欺く戦術を採用して戦うしかない。
エ　文公が城濮を掌握するためには、仁義を貫き通して民の信用を得るしかない。
オ　文公が理想を実現するためには、敵国に騙されぬよう用心し続けるしかない。

問四　傍線部③「辞」とはどのような意味か。本文と同じ意味で用いられている「辞」を含む熟語を、次のア～オの中から一つ選び、記号で答えなさい。
ア　辞退　イ　辞典　ウ　辞譲　エ　辞謝　オ　辞去
問五　傍線部④「雍季之計」とはどのようなものか。二十五字以内で説明しなさい。
問六　傍線部⑤「吾豈可以先一時之権、而後万世之利也哉」について、
1　現代語訳しなさい。
2　文公がこのように言ったのはなぜか。文公のねらいを明らかにして、七十字以内で説明しなさい。
（☆☆☆◎◎◎）

【五】次の枠内の文章は、高等学校学習指導要領(平成三十年三月告示)『国語』の「言語文化」からの抜粋である。

> 1　目標(略)
> 2　内容
> B　読むこと
> (1)　読むことに関する次の事項を身に付けることができるよう指導する。
> ア　文章の種類を踏まえて、内容や構成、展開などについて叙述を基に的確に捉えること。
> イ　作品や文章に表れているものの見方、感じ方、考え方を捉え、内容を解釈すること。
> ウ　文章の構成や展開、表現の仕方、表現の特色について評価すること。
> エ　作品や文章の成立した背景や他の作品などとの関係を踏まえ、内容の解釈を深めること。

オ　作品の内容や解釈を踏まえ、自分のものの見方、感じ方、考え方を深め、我が国の言語文化について自分の考えをもつこと。

(2)　(1)に示す事項については、例えば、次のような言語活動を通して指導するものとする。

ア　我が国の伝統や文化について書かれた解説や評論、随筆などを読み、我が国の言語文化について論述したり発表したりする活動。

イ　作品の内容や形式について、批評したり討論したりする活動。

ウ　異なる時代に成立した随筆や小説、物語などを読み比べ、それらを比較して論じたり批評したりする活動。

エ　和歌や俳句などを読み、書き換えたり外国語に訳したりすることなどを通して互いの解釈の違いについて話し合ったり、テーマを立ててまとめたりする活動。

オ　古典から受け継がれてきた詩歌や芸能の題材、内容、表現の技法などについて調べ、その成果を発表したり文章にまとめたりする活動。

指導事項(1)　エについて、(2)　ウのような言語活動を通して指導する場合、あなたはどのような授業を行いますか。評価規準を明らかにして二〇〇字以上二二〇字以内で具体的に説明しなさい。(文頭の一字下げ及び段落分けは不要)

(☆☆☆◎◎◎)

解答・解説

【中学校】

【一】問一 a 無尽蔵 b 絶(えず) c 大雑把 d 寄与 問二 A 音形 B 言語

問三 音は、どの言語であっても単位が共通しているため、他の言語の研究に利用できるのに対して、文字は個々の言語のあり方が違うため、すべての文字に共通の単位はないという違い。(八十二字) 問四 アルファベット形式の文字では、文字と言語構造との関係が把握しづらいが、表語文字である漢字においては、構成原理や使用法がその他の文字にも適用され、他の文字の研究にも役立つ広い基盤を持ち、一般的な原理として認められたから。(一〇九字)

〈解説〉問一 漢字の書き取りでは一～二字の場合が多いが、本問ように三字の問題にも注意したい。特に無尽蔵や大雑把は新聞等ではあまり出ない漢字なので、問題集や書籍等で知識を増やすようにしておこう。

問二 空欄前の内容、つまり音→文字の流れを踏まえて考える。 A 後文「という形で捕らえていた」から考える。空気の波を形として捉えることから「音形」が適切と考えられる。 B 「文字」と迷うかもしれないが、前半のテーマが「言語」であること、形式段落第四段落で必ずしも文字を持っていない言語もあると述べられていることから、「言語」が該当すると予測できる。 問三 傍線部①を含む段落を中心にまとめるとよい。すべての言語には第一次分析と第二次分析があり、文字を研究するには第一次分析と第二次分析の双方を、音を研究する場合は第二次分析のみ行えばよいとされている。そして、第二次分析の特徴として対象となる音を修得してしまえばよく、かつその研究はすべての言語に利用できるとしている。そして、「すべての言語に利用できる」ことを筆者は「ユニバーサル」と表現しているのである。 問四 形式段落第九段落以降の内容をまとめればよい。漢字以外の文字との比較として「アルファベット形式の文字では、文字と言語構造との関係が把握しづらい」点と、「欧米の言語学では、文字と言語構造との関係という要素が欠けていた」点を捉える。また、漢字の特徴として「表語文字であること」、さらに、漢字を通して文字論が成立したことについては、「漢字で得られた認識がその他の文字にも適用され、その分類法が他の文字の研究にも役だつ広い基盤を持ち、一般的な原理として認められた」点をおさえながら説明する。

【二】問一 a 煙突 b 貧相 c 両膝 d 鈍(い) 問二 ・法界節の女のことばかり考えていたため、弟のことを全く気にかけることもなく歩いてきてしまい、申し訳ない気持ち。(五十四字) ・自分が女に夢中になって、法界節の一行にどこまでもついて行ってしまい、弟を連れまわしたことへの情けない気持ち。(五十四字) 問三 ・大きくなったら水兵になろうと決心していた彼にとって水兵帽は憧れの象徴であり、手に入れたことはこの上ない喜びであったが、今は水兵への憧れよりも恋愛の方に気持ちが向いてきているから。(八十九字) ・法界節の女と出会ったことを通して、女性への魅力を感じ始め、恋愛に対する思いが強くなり、水兵になることへの憧れや水兵帽を手に入れた喜びが小さくなってしまったから。(八十字)
問四 ウ

〈解説〉問一 解答参照。 問二 ここでは「今更に」が何を指すのか、後文にある「急に可哀想になった」理由を明確にしながらまとめること。 問三 文章全体の内容を把握することが求められる。形式段落第六段落で「水兵帽を手に入れたことは彼にとってこの上ない喜び」だったのが、水兵帽が「それほど惜しく思わなかった」のか。法界節の一行にいた女に魅せられてついて行ったことを踏まえて、まとめるとよい。 問四 アは「表情を色鮮やかに」、イは「一人称の視点」、エは「会話文を中心とした構成」が誤りである。

【三】問一　ウ　問二　大臣(左大臣)　問三　桜が咲く庭の美しい眺めを中納言に見せたいと思っていたちょうどその時に、中納言が来たから。(四十四字)　問四　和歌の達人の大臣の前でつまらぬ歌を詠んだらまずいことになり、高貴な大臣が歌を詠むことを求めているのに詠まないのも不都合になるということ。(六十八字)　問五　ア

〈解説〉問一　いずれも係り結びで「なむ」を受けて、「なむ…ける」と連体形で結ぶ。　問二「官人を召し」たのは、冒頭に記述されている「大き大臣、左大臣にて」である。　問三「興あること」と喜んだのは、官人が「中納言が来た」と言っていたからであることを踏まえて考えるとよい。形式段落第一段落で「例は極じく栄けど…」とあることを的確に整理すること。　問四　前にあるカギカッコの内容をまとめる。「大臣が和歌の達人であるため、つまらない歌を詠んだらまずいことになること」、「位の高い大臣が中納言に和歌を詠むことを求めているのに応じないのも都合が悪いこと」の二つあることに注意。　問五「此の返…非ず」に理由が述べられている。中納言が詠んだ歌に対して大臣は「増さらむ事は有るべき事にも非ず」と思ったことから考える。

【四】問一　エ　問二　イ　問三　ウ　問四　D　ア　E　エ　問五　春もまだ浅い、風の寒い梅の疎林を、鶴が首を伸ばし、枝の下をくぐらずに高い姿勢で悠然と歩いている情景を取り上げている。梅と鶴という組み合わせが日本画の世界を思わせるようであるが、静まり返って物音ひとつしないかのような梅林の「静の世界」の中で、唯一動いている鶴の歩みを的確に描写することで、鶴の気品漂う姿に対する感動を伝えている。

〈解説〉問一「羽もぐ」とあるので、白芥子に見立てた杜国との別れを、羽をもぐほどに辛いという見立てとな

る。　問二　鵙の声と赤松の明るさが「聴覚と視覚」、静かな景色と鵙の鋭い声が「静と動」となる。　問三「蝶」の軽やかさと「大音響」の大きさは言語の質量の差異を強調しているといえる。　問四　Dは他のものへの置換え、Eは対句表現が使われている。　問五　情景については、梅の疎林の中を鶴が枝の下をくぐらずに、高い姿勢のままで歩いていること、感動については、鶴の気品(品格・気高さ・美しさ)を伝えていることを踏まえ、その対比を結び付けることを考えるとよい。

【五】問一　第二段落について…根拠となる描写に着目できていますね。その描写からどのような効果が考えられますか。　第三段落について…根拠となる描写に着目して、自分の考えをもてていますね。描写と効果のつながりを教えてください。　問二　・過去の読書記録から一冊選んで、文章の構成や展開、表現の効果に着目した再読の活動を設定する。　・同じ作者の異なる作品を紹介し、『少年の日の思い出』との共通点や相違点を考えながら読む活動を設定する。　・学校図書館で小説などを選び、文章の構成や展開、表現の効果に着目して読む活動を設定する。

〈解説〉問一　第二段落については特徴と根拠となる描写はあるが、効果について記述していないことを助言する。第三段落については根拠となる描写とその効果にどのようなつながりがあるかを記述することを助言するとよい。　問二　指導事項〔思考力、判断力、表現力〕C(1)エ、並びに〔知識及び技能〕(3)オについて関連させて指導内容について記述すること。読書では同じ本を何度も読む、新しい本を次々と読むといった方法が考えられるが、内容や文章を味わうといった視点から考えると、同じ文章を何度も読むことも効果的であろう。

【六】問一　①カ　②サ　③エ　④ソ　⑤ケ　問二①ケ　②ウ　③イ　④サ

問三　①コ　②ク　③キ　④イ　⑤ソ　⑥チ　問四　①ウ　②エ　③ア

〈解説〉問一では学年目標、問二では同一の内容における各学年での取扱いを比較させる問題、問三では各学年の学習内容、問四では指導計画の作成と内容の取扱いから出題されている。出題はすべて学習指導要領であるが、学習する際は文言の意味や具体的学習内容、また問二のような同一の内容における学習内容などの把握は必要であることから、学習指導要領解説とあわせての学習をおすすめする。

【高等学校】

【一】問一　a　裁量　b　ばくち　c　消耗　d　忌避　e　つい(えた)　問二　社会を前進させるための自由と多様性を求める強い圧力によって、かえって自由に伴う責任を回避する多様性は認めてもらえず苦しさを感じる事態。(六十七字)　問三　イ　問四　(謝ることにより)間違いの修正ではなく、自分の生き方の再構築をしなければならない(から。)(三十一字)　問五　エ　問六　高度な技術により、そこでの生活が可能であるようなリアルと同質な仮想現実内ならば、コミュニケーションをとる際のリスクは少なく、同じ価値観を持つ者同士で承認欲求が満たされ、自分の物語を構築し自信を持って快適に過ごすことができるようになるから。(一一九字)

〈解説〉問一　漢字の書き取りでは同音異義の漢字に注意したい。例えば、「裁」は「衣」があるので布に関するもの、転じて「裁判」など「さばく」意味で使われている。一方、「栽」は「木」があるので「栽培」など植物に関するものに使われる。　問二　形式段落第五～第七段落を中心にまとめる。「自由と多様性を求めることは、かえって責任を負う羽目になる」こと、社会を前進させるため「多くの人にとっては息苦しいものになる」ことに着目するとよい。　問三　後文で「大きな物語のように皆が同じように依拠する価値観が存在するなら…」とある。少なくとも複数の人数が共有している認識がある場合は「大きな物語」に該当すると考えると、最も不適なのはイとなる。　問四　傍線部③の一つ後の段落で、「争いから降りることができない」理由を「間違いの修正ではなく…からだ」と述べている。その内容をまとめればよい。　問五　後文で「誰にも評価されずに生きていけるほど強い人は少ない」とあることから、誰もが少なからず持つ性質といえる。したがって「普遍的」が適当である。　問六　傍線④の前段落で、「もう一つの世界」は、「高度な技術でリアルと同等の質量を持った世界」、「リアルで疲弊し、忌避感を持った人々はそこで多くの時間を過ごしてもよいと考えるだろう」と述べている。さらに、最後の段落で「だれもが自分の物語を欲し…難しくなっているのである」とある。その点を中心にしてまとめる。

【二】問一　a　かみそり　b　危篤　c　しゅうげん　d　木立　問二　A　ウ　B　イ
問三　髪を染めることを気にする姉に対して家族が配慮しているから。(二十八字)　問四　オ　問五　・長女が不用意な質問をして姉のことを傷つけたのではないかと恐れたから。　・姉が生まれつき白髪であることを長女に知られたのではないかと恐れたから。　問六　長女の発言により、図らずも自分が最も懸念してきた姉の染髪について他者の手を借りていることを知った安堵と、苦悩し続けてきた家族の複雑な事情を長女に打ち明けられるような、あるがままを見せ合える家族が理想だと自分自身を納得させようとする心情。(一一八字)　問七　Ⅰ　お宇多さん　Ⅱ　色素欠乏症　Ⅲ　自己の内面を整える(九字)
〈解説〉問一　解答参照。　問二　A　姉は持病を患い老境に入って「おふくろにもしものことがあれば姉もあとを追うことになるかもしれない」という危惧が述べられていることから考えればよい。　B　「とりとめもない」は、まとまりがない、要領を得ない、といった意味がある。ここではうつらうつらしたり目覚めたりという状況でいつまでも留まることがない様子から、イと判断する。　問三　解答に産毛のことも書こうとしいた受験生もいるだろうが、この場面では産毛に関する記述がない。一方、髪の毛については「黒すぎるほどの洗い髪」と表現しているので、髪の毛に絞ったほうが適切と考えられる。　問四　傍線部のぶっきらぼうな態度から長女が瓜二つと言われた姉に関する話題から離れたかったことがうかがえる。それは、自殺したという忌まわしい記憶であり、長女から隠したかったことがうかがえる。　問五　長女は姉が生まれつきの色素欠乏症であることを知らないため、そのことが明るみに出ること、長女が聞いたことで姉が傷ついたのではないかという危惧が考えられる。　問六　私は姉がおふくろの手を借りないと髪染めができないことを心配していたが、長女の話からその懸念がなくなったこと、そして「厄介な血筋について子供と語らなければならない」という思いについて、具体的にまとめればよい。　問七　Ⅰ　救急車に乗る前に化粧をしたお宇多さんが、女性としての身嗜みの意味での「化粧」に該当する。　Ⅱ　冒頭で「生まれつきの色素欠乏症」とある。Ⅲ「気」は自分の気持ち、内面を意味し、「粧い」は調整する、整える、という意味となる。

【三】問一　a　間違えないで　b　溶けてなくなってしまうので　問二　1　謙譲　2　エ(から)イ
問三　心がないので草木と同じだろうと思っても、姿が人間なので、殺生をすることになるかもしれないと迷っていたから。(五十三字)　問四　たまたま人がこれをみることがございますなら、化け物だ、とこわがり恐れるだろう。　問五　ウ　問六　Q1　ウ　Q2　生や死を意のままにすることが、人間の尊厳を侵すこと(に気づく。)(二十五字)　問七　1　仏教説話集　2　鴨長明　3　発心集
〈解説〉問一　a　たがへは「違え」であり、「で」は打消を意味する接続助詞である。　b「ぬれ」は完了の助動詞「ぬ」の已然形、「ば」は活用語の已然形に付く接続助詞で「ので」の意味がある。　問二　1　解答参照。　2　西行が伏見の師仲のもとを訪れて会話している。　問三　後文の内容をまとめればよい。「破ら

んとすれば…人の姿也」がその理由に当たる。　問四「おのずから」はここでは偶然に、たまたま、「おぢ恐れん」はひどく恐れるだろう、という意味で使われている。　問五「二七日置いて」「香をばたかぬなり」「沈と乳を焚く」「七日物をば食ふまじき」とあるが、ウの記述はない。　問六　Q1　それぞれの意味について、アは「志太の浦を朝漕ぐ船はわけもなく漕いでいるだろうか。きっとわけがあるのだろう」。イは「男性は、血の涙を流しますが、(女性が出て行くのを)引き止めるすべがありません」。ウは「ほんの少しの傷も負ってしまったらつまらない」。エは「人を出して尋ねさせると、(思っていた人とは)別の関係がない者が名乗って来たのも」となる。ここではウの「つまらない、無意味だ」が該当する。　Q2　問題文の「聖衆生死を深くいみ給ふ」(聖衆は生死を深く忌む)、そして資料にある中世における生と死に対する人々の向き合い方に着目する。資料によると「人間の尊厳の確立が…」とあり、生死を操ることはそこまで突き詰めて行うに値するかどうかを考えた上で「よしなし」と判断したと考えられる。　問七　日本の仏教説話集は『日本霊異記』に始まり、『三宝絵詞』、『宝物集』などがある。西行や鴨長明も古文では重要なので、経歴や代表作などをおさえておきたい。

【四】問一　a　こたへ(え)て　b　いへ(え)ども　c　ここにおいて　問二　将に楚と城濮に戦は(わ)んとし(て)　問三　イ　問四　オ　問五　戦争の利益を考慮して、正攻法で戦うというもの。(十三字)　問六　1　私はどうして一時の権謀による利益を優先し、万世にわたる利益を後回しにしてよいものか。いや、そのようなことはしてはならない。　2　この先楚を統治していく上では、長期的な視点で国益を考えることのできる雍季を上位にしたほうが、人心の掌握に都合が良いと考えたから。(六十四字)

<解説>問一　解答参照。　問二「将」の再読文字であり、一回目読むときは訓点に左右されないことに注意。

問三　直前に「不厭詐偽」とあるので、咎犯は偽ってでも攻めることを推奨している。ここでは「偽計を使う」ことではなく、「偽計を使ってでも」というたとえであることに注意する。　問四　文公は咎犯のもとを去って雍季を訪れていることから、「辞去」（挨拶をして立ち去ること）の意味で使われている。　問五　「之」は「君其正之而已矣」を指す。「正」はここでは正攻法のことを指す。　問六　1　「豈」は「どうして…か、いや…ない」という反語表現であることに注意。　2　咎犯が答えたのは戦いに勝つという視点で述べたもの、雍季が答えたのは戦争後の人心掌握まで見越して述べたものである。よって、文公が雍季を重んじることは臣下や民の人心掌握につながると考えたと思われる。

【五】近現代の小説を教材とし、元となった古典作品と合わせて読むことで解釈を深める授業を実施する。初めに小説を読み、初発の感想を書く。その後、元となった古典作品を提示して、小説の作者が内容を変更した意図についてグループで討議し、討議を踏まえてそれぞれの考えを文章にまとめるよう指導する。評価については、初発の感想と最終的に書いた文章とを比べ、小説の内容解釈について討議等を通じて解釈が深まったと認められたならば、「おおむね満足できる」とする。（二一七字）
〈解説〉「言語文化」では、近現代の文学教材と古典・漢文の文学教材との読み比べを推奨しており、題材として『羅生門』や『山月記』などが想定される。読み比べの具体例を述べるとともに、その評価規準を授業実践の手順に沿って明らかにすること。

二〇二三年度 実施問題

【中学校】

【一】次の文章を読んで、以下の問いに答えなさい。

ガリレオによってその方法的基盤を与えられ、ニュートンの主著『自然哲学の数学的原理』(一六八七)によって地上の運動と天体の運動とを包括する体系的統一性を獲得した古典物理学は、いわば近代科学の主砲として、その後の自然科学の「進歩」に強大な威力を発揮した。近代科学の影響力は、アリストテレス的自然像の a クチクという世界観の次元においてのみならず、十八世紀の産業革命を経て技術と結合することにより、人間生活の具体的細部にまで及ぶこととなる。いわば近代科学は単なる理論としてだけでなく、「眼に見える形で」人間生活全般に浸透していったわけである。むろん当時の人々はそこに「近代科学の勝利」を見、「人間性の進歩」を謳歌(おうか)したのであったが、フッサールはかかる「科学万能主義」の瀰漫(びまん)の中にヨーロッパ近代科学ひいてはヨーロッパ的人間性そのものの〈危機〉を見たのであった。彼によれば、「十九世紀の後半には、近代人の全世界観は、もっぱら実証科学によって徹底的に規定され、また実証科学に負う「繁栄」によって徹底的に眩惑されていた」のであり、その〈繁栄〉や〈進歩〉は、むしろ実証科学が人間生活あるいは人間の生存に対してもつ意義を反省することを閑却(かんきゃく)せしめたのである。すなわち「その徹底性とは、真の人間性にとって決定的な意味をもつ問題から無関心に眼をそらす、ということを意味していた」と言わねばならない。このような近代 [A] 科学の没 [B] 的性格は、フッサールの考えでは、そもそもガリレオが近代科学のパラダイムとしての「数学的自然科学」の方法を確立した時期にまで遡ることができる。ガリレオの採用した「方法」の中にこそ、近代科学の原罪は胚胎(はいたい)していた、というわけである。

　ガリレオの踏み出した決定的な一歩は「自然の数学化」ということに要約される。あるいはそれを「自然自体が数学的多様体になる」と言い換えてもよい。いわばそれは、日常的感性的経験において単なる相対的妥当性しかもたない〈現われ〉としての自然の背後あるいは内部には厳然たる数学的秩序が存在するとする確信であり、その秩序あるいは構造を定量的に法則化することを科学の本分と見る方法論的態度にほかならない。同時にこうした科学の方法は、経験的直観的bハアクにつきまとう主観的相対性を克服し、真に普遍妥当的な認識を獲得する唯一の途であると考えられていた。そのことは、主観的相対的であると見なされる感性的諸性質を一切捨象(しゃしょう)し、いわゆる第一性質のみを科学的探究の対象、すなわち物理量として認めるというガリレオの態度の中に端的に表明されている。だが、こうした数学的自然科学の方法が次第に「精密化」の度合を高め、それが科学上の「進歩」と同一視されるとき、方法によって抽出された数学的構造こそが「真なる存在」と見なされ、われわれの感性的経験に与えられる具体的自然は逆に「仮象」の位置に退く。フッサールの言葉を借りれば、「理念化された自然を学以前の直観的自然にすりかえることは、ガリレオと同時にはじまる」というわけである。彼はまたこの事態を、理念の衣(Ideenkleid)あるいは数学的シンボルの衣による〈生活世界〉の隠(いん)蔽(ぺい)として捉えている。①その意味でガリレオは「発見する天才であると同時に隠蔽する天才」にほかならないのである。

　それゆえフッサールは晩年の労作『危機』論稿の中で、近代科学が自らの真理性の根拠である生活世界を忘却し、逆に自己の方法によって操作可能な諸対象(物理量)のみを唯一のリアリティとして承認するその姿勢をこそ批判したのである。その批判を支えているのは、むろん「自然科学の明証の究極的根拠が生活世界の明証にあるという現象学的科学論のテーゼ」にほかならない。それでは、科学的営為の究極の基盤とされる〈生活世界〉とはそもそもいかなるものであろうか。フッサールの叙述に従えば、生活世界とは「あらゆる理念化にさいして前提されている現実として直接に与えられているもの」あるいは「われわれの全生活が実際にそこで営まれているところの、現実に直観され、現実に経験され、また経験されうるこの世界」として規定される概念である。

この叙述からも窺(うかが)えるように、フッサールにおいて生活世界の概念は常に二義性をもっている。一つは、一切の科学的先入見を排去(はいきょ)することによって得られる、すべての科学的認識の究極の意味基盤としての生活世界であり、いわば近代科学的世界像を一つの特殊世界(Sonderwelt)として相対化しうる基軸を与える「方法論的概念」あるいは「指標」としての生活世界のことである。だが、このような生活世界は「理念化にさいして前提されている現実」ではあっても、「われわれの全生活が実際にそこで営まれているところの」世界ではありえない。われわれが生活を営む具体的経験の世界とは、科学技術の諸成果をその一部として含むさまざまな文化的歴史的所産に否応なく囲繞(いじょう)された日常世界であろう。そこでは、一切の先入見を取り c ハラった後に現われる原初的自然なるものは一つの方法的抽象にすぎまい。すなわち、今一つは「事実的・歴史的概念」あるいは「所与(しょよ)」としての生活世界だと言える。ここで便宜的にこれら二つの生活世界概念を、それぞれ生活世界ⅠおよびⅡと名づけておこう。問われねばならないのはこれら両者の関係、およびそれらと科学理論とのつながりである。

『危機』論稿の英訳者D・カーはこれら両者の関係を次のように解釈する。彼はまず、前記の生活世界ⅠおよびⅡを、それぞれ「直接的経験の世界」（あるいは「直観的に与えられた周囲世界」）および「文化的世界」として特徴づける。ここで後者の成立は前者に依存してはいるが、前者に d カンゲンできるわけではない。すなわち両者は「基づけ」という関係を通して互いに〈層〉をなしているのである。具体例を挙げれば、「ある文を読んだり理解したりすることは、単語を頁の上の物理的配列物として単に知覚することよりも高次のレベルを表わす」と言う場合、前者は後者に「基づけ」られているのである。そして、従来科学理論は生活世界Ⅱすなわち文化世界の一部を形作ると考えられてきたが、カーによればこれは再考を要する。なぜなら、フッサール最晩年の遺稿「幾何学の起源」が指摘するように、「理論科学はその可能性を直接的経験の世界すなわち知覚世界のみならず文化的言語的共同体およびその世界にも依存する」からである。それゆえ、カーはこう結論する。

文化的世界と直接的経験の世界とは、したがってそれらの違いにもかかわらず、ともに科学が存在する前提条件を構成する……科学のレベルは第二あるいは文化的レベルの上に建てられた第三の層を構成するのである。

彼はここで科学理論の文化的言語的共同体への依存性を重視し、直接的経験の世界→文化的世界→理論科学という階層構造あるいは基づけ関係を考えている。生活世界のこのような解釈は、方法論的概念および事実的・歴史的概念という生活世界の二義性を「基づけ」関係に媒介された〈層〉構造として捉え直し、それらをともに②理論化学の「意味基底」として位置づけた点において、フッサールの意図を生かしたものと言えよう。

（野家　啓一『科学の解釈学』による）

問一　傍線部ａ～ｄのカタカナを漢字に直して書きなさい。

問二　本文中の空欄［A］、［B］にあてはまる二字の言葉を、文中から抜き出して、それぞれ書きなさい。
問三　傍線部①とはどういうことですか。六十字以上八十字以内で説明しなさい。
問四　傍線部②とはどういうことですか。D・カーの解釈を明らかにして、百字程度で説明しなさい。

（☆☆☆◎◎◎）

【二】次の文章を読んで、以下の問いに答えなさい。


妻がある日、大きな風呂敷(ふろしき)包みを片手にぶらさげながら病院にやってきた。

それは開沢君や古川さんが愈々(いよいよ)、退院するという日だった。

午前中から二人の病室は何時(いつ)もと違って何か浮きだっていた。朝飯がすんだあと、開沢君はもう学生服に着かえて、トランクの整理をはじめていた。

主治医たちがやっと退院許可書をかきあげると二人はもう、晴れて自由の身になったのだった。

今まで洗いざらしたパジャマ姿か、丹前を着た恰好(かっこう)しか見たことのない古川さんが、開沢君を伴って背広姿で、明石の病室にあらわれると、

「色々、お世話になりました」

丁寧に頭をさげた。

「おめでとう」

明石も丹前をはおると、古川さんたちを玄関まで送ろうと廊下に出た。

玄関には既に三、四人の患者や看護婦たちが集まって、二人があらわれるのを待っていた。そして嬉(うれ)しそうな顔をした彼等を見ると、いっせいに拍手を送った。

「もう、二度と、こんな所に戻ってくるなよ」

「お大事にね。退院したからって、無茶をしちゃあ、駄目よ」

二人を乗せたタクシーが門から娑婆（しゃば）に（患者たちは門の外をみな、こう呼んでいた）消えてしまうと、皆は急に黙りこんだ。

「とうとう、去（い）ってしまったか」
①病棟は平日とはそう変りはないのに、こういう日には妙に空虚に、うすぎたなく見えるのである。午後の弱い日が、リノリウムの剝（は）げかかった廊下に差している。
「さようなら」

明石は自分の病室に戻ると寝台の上に仰向（あおむ）けになって本間さんのことを考えていた。今の見送人の中に本間さんはいなかった。あの人は長い間、生活を共にした開沢君や古川さんが今、この病院から訣別（けつべつ）していくうしろ姿を見送ることはとても耐えられなかったに違いないのだ。今頃このクレゾールの臭（にお）いのする建物の中に一人ぽっちでとり残される心細さに、本間さんは、布団を頭からかむって、じっとしているのだろう。（その気持はよくわかるが……）明石は自分に言いきかせるように呟（つぶや）いた。（しかし、俺はこの生活をどこまでも辛抱してみせるぞ）

その時、妻がいつものようにそっと扉をあけて病室に入ってきた。手に碁盤縞（ごばんじま）の風呂敷に何かを包んでぶらさげていた。

「開沢さんは、もう、退院しちゃったの」

「さっきね。送って戻ってきたばかりだ」

「やはりそうだったのね、ふしぎなものねえ。いつもと病棟の雰囲気がちがうわ。何かガランとして歯がぬけたみたい」

「君もそう思うか。俺もそれを感じたな」

そう、うなずきながら明石は開沢君や古川さんがこの病棟から抜き去っていったもの――それは病気によって患者のお互いが結ばれていた連帯意識だったのだなと思った。本間さんが今、喪(うしな)ったものは、同じ不安、同じ治ろうとする希望によってしっかりと結びあわさっていた連帯感なのだ。その連帯感は外部の者や健康な者たちには決してわからないような人間関係を大部屋の人たちの間に作っているようなのである。

「あなたも寂しいでしょうね」

「いや、それほどじゃないよ。部屋がすぐ個室に変ったから、あの人たちとそう生活を一緒にしなかったろ」

「お友だちの代りにはならないけど、これが何かの役に立つかも知れないわ」

妻は、ベッドの[a]ハシに風呂敷包みをおいて、

「何か、わかる」

「わからない」

風呂敷包みを解くと、四角い鳥籠(とりかご)が出てきた。

「おや」明石は思わず起きあがって嬉しそうに叫んだ。「九官鳥じゃないか。誰に、もらったんだ」

「もらったんじゃないの。今日、買ってきたのよ」

「買ってきた？　随分、高かったろう」

「ええ。でも、あなたの気分が晴れるかも知れないと思って……」

止り木に怯えたように片脚をあげてしがみつきながら、小さな烏(からす)のように真黒な鳥は胸毛を震わせていた。その胸毛の部分だけに鮮やかな黄色い色彩があった。

「何か、言えるのか」

「まだですって。だから、あなた、これに言葉を憶えさせなさいよ。デパートの人は、この九官鳥は頭が悪くないでしょうと笑っていたわよ。九官鳥にも頭のいいのと、頭の悪いのと、二種類があるんですって」

明石は鳥籠の前にじっとしゃがみこんで、鳥の眼をじっと眺めた。午後の光のなかで鳥は孤独で、どこか寂しそうである。

「オハヨウ、オハヨウ、オハヨウと言ってごらん」

妻も彼の横にならんで、指を鳥籠の中に少し入れながら、鳥に話しかけた。

「根気よく、教えこまなければ、駄目なのよ」

「そうだろう。しかし世話が大変だろうな」

「この餌(えさ)を水に溶かして、お団子にしてやって下さいって――そう教えられてきたわ」

その日はこれまで、沈みがちな夫婦の話がやっと少しだけ陽気になった。

「俺が手術をうけて治るまで、こいつが色々な言葉をしゃべれるようになってほしいね」

「そうこなくちゃ、駄目よ」

妻は久しぶりに元気をとり戻した明石を見てホッとしたようにうなずいた。

その妻が夕刻に帰り、晩飯をくったあと、九官鳥は温和(おとな)しく一本の止り木にしっかりと脚をかけたまま、ほとんど動かない。

消燈(しょうとう)近く、明石は水を飲み、顔と歯とを洗うと、

「さあ、ねるか」

鳥籠にむかってそう話しかけて灯を消した。

真夜中、いつものように眼がさめた。眼がさめるのは何も今夜だけではなかった。ひょっとすると自分はやがて、手術台で死ぬかもしれぬという不安は昼間は無理矢理に抑えつけていても、意志や気力のゆるんだ真夜中、不意に彼の眠りをさまさせ、声をあげたいようなbショウドウにかられる時があった。明石はそのたびに、cイクジのない自分を恥じて、寝台の上に起きあがり、灯をつけてじっと坐(すわ)っていた。

彼はその夜も眼をさまして、手ぬぐいで首すじの汗をぬぐった。寝台の下においた鳥籠の中で九官鳥がじっとこちらを見つめていた。

この真夜中、手術死の不安に怯える一人の中年男と　羽の孤独な鳥とが向きあっている――その想像が、明石を思わず苦笑させる。

「おい」

彼は九官鳥に言った。

「気の毒な鳥だな。お前も。その鳥籠だけがお前の世界だ」

まるでこの鳥は病院から出られぬ俺とそっくりじゃないか。

「どんな言葉を教えてやろうか」

明石は突然、ある一つの空想を思いついた。

自分が万一、手術台の上で死んだ日、この九官鳥が、病室に集ってきた人々の前で、自分とそっくりな声で何かしゃべりはじめたら、どうだろう。

「ナゼ、ケムリハ、マッスグ、ユウグレノソラニ、ノボルノカ」

だが明石はその思いつきは妻にたいして残酷な仕打ちのような気がした。

「おは、よう、おは、よう、おは、よう」

鳥籠の前にしゃがんで、彼はイクドも繰りかえした。鳥は首を少し斜めにかしげたまま、彼の顔をみつめていた。

「辛いなあ。辛いよ」

思わず——いや、この病院に来て始めて明石はこの言葉を呟いた。それは彼が今日まで決して言うまいと決心していた言葉、妻にさえも——いや妻には特に口には出さなかった言葉だった。

「俺は、疲れたよ」

たとえこの鳥が人語を理解したとしても、他人に洩らすことはないと言う安心感が、明石の気をゆるませた。

「生きるのは、辛いなあ」

鳥は頭をあげ、じっと彼を見た。その眼はうるんで、哀しく光っているように明石には思われた。

今日まで明石は鳥にたいしてほとんど関心はなかった。鳥だけではなく、どんな動物にも興味はなかった。だが、今、自分を凝視している九官鳥の眼は、突然、理由もなく彼の心をゆさぶった。声をあげて、明石は泣いた。

（遠藤　周作『満潮の時刻』による）

問一　傍線部a～dのカタカナを漢字に直して書きなさい。

問二　傍線部①のように見えた理由を、三十字以上四十字以内で説明しなさい。

問三　傍線部②の時の明石の心情について、九官鳥の存在に触れながら百字程度で説明しなさい。

問四　この文章の表現の仕方として、最もあてはまるものを、次のア～エから一つ選び、その記号を書きなさい。

ア　主人公が九官鳥に語る場面では、三人称視点を主人公の内面に近づけることで、主人公の心情の変化を丁寧に表現している。

イ　主人公と妻が会話を交わす場面では、対照的な表現を用いることで、二人の関係やそれぞれの人生観を巧みに描写している。

ウ　主人公が九官鳥と対峙する場面では、象徴的な語と直喩、擬人法を多用することで、主人公の心情を暗示的に描写している。

エ　主人公が二人を見送る場面では、色彩豊かな情景描写を用いることで、登場人物の繊細な心の動きを写実的に表現している。

（☆☆☆◎◎◎）

【三】次の文章を読んで、以下の問いに答えなさい。

また、賢人のもとにも、不覚なるものもありけり。九条民部卿顕頼(くでうみんぶきやうあきより)のもとに、あるなま公達(きんだち)、年は高くて、近衛司(このゑづかさ)を心がけ給ひて、あるものして、「よきさまに奏し給へ」など、いひ入れ給へるを、主(あるじ)うち聞きて、「年は高く、今はあるらむ。なんでふ、近衛司、望まるるやらむ。出家うちして、かたかたに居(ゐ)給ひたれかし」と、うちつぶやきながら、「細(こま)かに承りぬ。ついで侍るに、奏し侍るべし。このほど、いたはることありてなむ、かくて聞き侍る。いと便(びん)なく侍り、と聞えよ」とあるを、この侍(さぶらひ)、Aさし出づるままに、「申せと候ふ。年高くなり給ひぬらむ。なんでふ、近衛司、望み給ふ。①かたかたに出家うちして、居給ひたれかし。さりながら、細かに承りぬ。ついで侍るに奏すべし、と候ふ」といふ。

この人、「しかしかさま侍り。思ひ知らぬにはなけれども、前世(ぜんせ)の宿執(しゆくしふ)にや、②このことさりがたく心にかかり侍れば、本意遂げてのちは、やがて出家して、籠り侍るべきなり。隔てなく仰せ給ふ、いとど本意に侍り」とあるを、そのままにまた聞ゆ。主、手をはたとうち、「いかに聞えつるぞ」といへば、「しかしか、仰せのままになむ」といふに、すべていふばかりなし。

この使にて、「いかなる国王、大臣の御事をも、内々おろかなる心の及ぶところ、さこそうち申すことなれ。それを、③この不覚人、ことごとくに申し侍りける。あさましと聞ゆるもおろかに侍り。すみやかに参りて、御所望のこと申して聞かせ奉らむ」とて、そののち、*1少将になり給ひにけり。まことに、いはれけるやうに、出家して B いまそかりける。

古人いへることあり。

人を使ふことは、工の木を用ふるがごとし

といへり。「④かれはこのことに堪へたり。これはこのことによし」と見はからひて、その得失を知りて使ふなり。しかれば、民部卿、「えせたくみ」にておはしけるやらむ。申次ぎすべくもなかりける侍なりしか。

(『十訓抄』による)

(注) *1 近衛少将

問一　傍線部A・Bの動詞の活用の種類と活用形をそれぞれ書きなさい。

問二　傍線部①「かたかたに出家うちして、居給ひたれかし」を口語訳しなさい。

問三　傍線部②「このこと」とありますが、どのようなことですか。十字以内で口語で書きなさい。

問四　傍線部③「この不覚人」とありますが、誰のことですか。最も適切なものを、次のア～エから一つ選び、その記号を書きなさい。

ア　民部卿　　イ　公達　　ウ　近衛司　　エ　侍

問五　傍線部④「民部卿、『えせたくみ』にておはしけるやらむ」とありますが、なぜ「えせたくみ」なのですか。三十字以上四十字以内で口語で書きなさい。

（☆☆☆◎◎◎）

【四】次のA～Cの俳句、D～Fの短歌について、以下の問いに答えなさい。

A　天皇の白髪にこそ夏の月　　宇多　喜代子
B　恋猫やからくれなゐの紐をひき　　松本　たかし
C　日盛（ひざか）りに蝶（ちょう）のふれ合（あ）ふ音（おと）すなり　　松瀬　青々
D　たんぽぽの綿毛を吹いて見せてやるいつかおまえも飛んでゆくから　　俵　万智
E　まだ暗き暁まへをあさがほはしづかに紺の泉を展（ひら）く　　小島　ゆかり
F　白木蓮の卵いよいよ膨らみて大地の祭り始まらんとす　　松村　由利子

【Aの鑑賞文】

天皇を詠むといった場合、いかにイデオロギーを超えて、さらに深い文芸的真実を言い表わすことができるかに句の成否はかかっているが、この句には、歴史・政治・国家、それら天皇という言葉によって呼び起こされる人の世のもろもろを突き抜けた、きわめてシンプルな明らかさがあるように思う。それは「（①）」と「（②）」と「（③）」という三つの言葉の響き合いのもたらすものである。

そして文字の醸す天上的イメージと拮抗するように、内容としては、冠も帽子も被らない白髪によって、一人の人間としての天皇を描きだしたのであり、その振幅が、夏の夜の開放的な雰囲気とあいまって、この句をニュートラルなものにしている。意識の深さがそれを可能にした。作者はただ天皇という事実を月光の中に置き、月光に任せたのである。

（正木ゆう子『現代秀句』より）

【Bの鑑賞文】

恋猫とは、発情期の猫。喉を引きつらせるように、くねらせるように鳴く声はあまり気持ちのよいものではないが、俳人たちはそれを恋猫と名付け、春の風物の一つとして詠むのだ。

「からくれなゐの紐（ひも）」は、飼い猫の首輪につけられた紐だと解するのが（　④　）解釈。だが、「恋猫」という単語を季語として読み解いていくと、「からくれなゐの紐」という詩語は（　⑤　）解釈を持ち得る。人の恋の情念もまた、こんな紐を引いているに違いない。

（夏井いつき『夏井いつき、俳句を旅する』より）

【Cの鑑賞文】

「日盛り」は一日中で太陽がいちばん盛んに照りつける時間帯。季語としては真夏の日中をいう。炎天とか日盛りとか、太陽が猛威を振るっているときは、地上のものは大方鳴りをひそめて、森閑（しんかん）と耐えているように見える。そんな緊張した静けさの中で、作者はもつれ合う蝶を見、その翅（はね）のふれ合う音を聞いたと思ったのである。金属的な高い音であったかも知れぬし、耳を聾（ろう）するような大音響であったかも知れぬ。真夏の蝶の生命力を藉（か）りて、日盛りの（　⑥　）を描いたもの。

（後藤比奈夫『憧れの名句』より）

問一　Aの鑑賞文中の空欄（　①　）～（　③　）にあてはまる一字を、Aの句から抜き出して書きなさい。

問二　Bの鑑賞文中の空欄（　④　）（　⑤　）にあてはまる語句の組み合わせとして適切なものを、次のア～エから一つ選び、その記号を書きなさい。

ア　④　映像的　⑤　散文的
イ　④　映像的　⑤　心理的
ウ　④　客観的　⑤　二義的
エ　④　客観的　⑤　抽象的

問三　Cの鑑賞文中の空欄（　⑥　）にあてはまる語句を、次のア～エから一つ選び、その記号を書きなさい。

ア　虚無と熱情　イ　喧噪と熱気　ウ　生命の営み　エ　静寂の極み

問四　DとEの短歌について、あてはまる表現技法を、次のア～エから一つずつ選び、その記号を書きなさい。

ア　対句　イ　倒置　ウ　比喩　エ　反復

問五　Fの短歌は、どのような情景を取り上げ、どのような感動を込めていますか。次の【例】を参考にして説明しなさい。

【例】　向日葵は金の油を身にあびてゆらりと高し日のちひささよ　　前田　夕暮

ぎらぎらと輝く夏の陽光のもとにある大輪の向日葵がゆらりと高く咲いている情景を取り上げている。

向日葵の花と形の上で共通性をもつ「日」を「ちひささよ」と対比することで、向日葵の大きさ、あでやかさを存分に表現し、強い意志をもっているかのように凛と美しく咲く向日葵の存在感に感動を込めている。

（☆☆☆◎◎◎）

【五】中学校学習指導要領(平成二十九年三月)第２章「第１節　国語」及び中学校学習指導要領解説国語編(平成二十九年七月)を基に、中学校第一学年の〔思考力、判断力、表現力等〕における「Ａ話すこと・聞くこと」において、「自分の考えを深めるためにインタビューする」言語活動を通して、指導事項エ「必要に応じて記録したり質問したりしながら話の内容を捉え、共通点や相違点などを踏まえて、自分の考えをまとめること。」を指導することとします。

そのため、次のような〈単元の評価規準〉と〈単元構想表〉で授業をすることとしました。〈単元の評価規準〉と〈単元構想表〉を見て、あとの問いに答えなさい。

〈単元の評価基準〉

思考・判断・表現	「話すこと・聞くこと」において、必要に応じて記録したり質問したりしながら話の内容を捉え、共通点や相違点などを踏まえて、自分の考えをまとめている。

〈単元構想表〉

一時間目	・単元の学習の見通しをもつ。 ・インタビューをしたい話題を決定する。
二時間目	・資料を使って、インタビューのポイントを学ぶ。

三時間目	・インタビューに必要なことについて事前調査をする。 ・インタビューで質問する内容を考える。
四時間目	・インタビューをする。
五時間目	・インタビューを振り返る。
六時間目	・インタビューしたことを生かして自分の考えをまとめる。

【本時(二時間目)の学習の流れ】

(1) 学習の進め方を確認する

(2) インタビューのポイントを学ぶ……資料1

(3) インタビュー後の自分の考えをまとめるポイントを学ぶ……資料2

(4) 学習の振り返りをする。

問一 資料1を使ってインタビューのポイントを指導する際に、①~⑧のどの発言を良い例として取り上げるのが適切か。〈単元の評価規準〉に照らし合わせ、一つ選び、その理由を具体的に説明しなさい。

資料１

〈インタビューで質問したいこと〉

○なぜ警察官を志望したのか
○頑張って良かったことはどのようなことか
○大変なことはどのようなことか
○何のために働くのか

〈インタビューの例〉

①A子　早速ですが、なぜ、警察官になろうと思ったのですか。
警察官　高校生の時に財布を落としたことがあって、交番で対応してくれた警察官の方が親身になって話を聞いてくれたことがきっかけです。その時の警察官のように、困っている人のために何ができる人になりたいと思ったからです。
②A子　困っている人を助ける時は危険なこともあると思いますが、どうですか。
警察官　危険なことも多いですが、地域の人たちが笑顔で、安心して暮らすことができる環境をつくっていくことが、私たち警察官の役目だと思っています。
③A子　自分の仕事に責任と誇りをもっているということですね。
警察官　そうですね。警察官に限らず、どんな仕事をしている人もそうだと思います。
④A子　次に、頑張って良かったと思った時のことについて教えてください。

警察官　「ありがとうございます」と声をかけてもらった時は頑張って良かったと思います。

⑤A子　例えばどんな時に言われましたか。

警察官　最近だと、迷子になった子どものお母さんを探してあげた時です。お母さんを見つけた時のその子の安心した表情は忘れられません。

⑥A子　その子もお母さんも、すごく感謝していると思います。人のために一生懸命に働いているということが分かりました。反対に仕事をしていて大変だと思ったことはどんなことですか。

警察官　勤務の時間です。今の部署では交代制勤務という体制なので、朝八時三十分から翌朝の八時三十分まで勤務し、非番、休日を挟んで、また勤務するといった不規則な時間になっています。大変だと感じることもありますが、市民の安全を二十四時間守ることが私たちの役目だと思っているので、頑張ることができています。

⑦A子　私たちは総合的な学習の時間で「何のために働くのか」について考えています。私は「自分のために働く」と考えているのですが、どう思いますか。

警察官　私たち警察官の使命は、みなさんの暮らしを守ることです。だから、「人のために働くこと」が大事だと思っています。困っている人も、そうではない人も、みなさんが安心して笑顔で暮らすことができるよう、頑張って仕事をしていきたいと思っています。もちろん「人のために働く」中で、自分自身の成長を感じたり、自分や家族の生活を守ったりすることにもつながるので、「自分のために働く」という考えがまったくないわけではありません。どちらかが正しいとか、間違っているということではなく、人それぞれの考えがあっていいと思います。

⑧Ａ子　ありがとうございました。これからもこのことについてじっくりと考えていきたいと思います。

問二　次に、資料２を使って自分の考えをまとめるポイントを指導することとします。資料２のどのような点を良い例として説明するのが適切か。〈単元の評価規準〉と照らし合わせ、具体的に書きなさい。

資料２〈インタビュー後のまとめ〉

　警察官の方は「人のために働く」ということを大切にしていた。私たちの暮らしを守ることを最優先に考え、そして困っている人のために一生懸命に仕事をしていることが分かった。また、インタビューを通して、その仕事に対して理解していないことも多くあると思った。警察官は不規則な勤務のため、体調管理も大変そうだし、家族と一緒に過ごす時間にも制限がありそうだ。その仕事の一面だけではなく、様々な角度からその仕事を見ることで、新たな魅力や実際苦労していることについて理解することができると思った。

　私は「働くこと」を通し、自分自身が成長し続けることが大事だと思っている。自分の長所を生かしながら日々成長していくことができる仕事をしたい。だから、「自分のために働く」という考え方を今後も大切にしていきたい。警察官の方が考える「人のために働く」とは考え方は違うかもしれないが、責任や誇りをもつことは、どちらの立場でも大事なことだと思う。また、これは仕事に限らず、学校生活でも大事なことなので、これからの学校生活でも大切にしていきたい。

（☆☆☆◎◎◎）

【六】次の各問いに答えなさい。

問一　次の各文は、中学校学習指導要領(平成二十九年三月)第2章「第1節　国語」における各学年の目標〔第3学年〕です。
次の【　①　】～【　⑤　】に入る言葉を、以下のア～ソから一つずつ選び、その記号を書きなさい。

(1)　社会生活に必要な【　①　】の知識や技能を身に付けるとともに、我が国の言語文化に親しんだり理解したりすることができるようにする。

(2)　論理的に考える力や【　②　】共感したり豊かに想像したりする力を養い、社会生活における人との関わりの中で【　③　】を高め、自分の思いや考えを広げたり深めたりすることができるようにする。

(3)　言葉がもつ価値を【　④　】するとともに、読書を通して自己を【　⑤　】させ、我が国の言語文化に関わり、思いや考えを伝え合おうとする態度を養う。

ア　創造　　イ　伝統文化　　ウ　表現する力　　エ　進んで　　オ　見つめ　　カ　認識
キ　深く　　ク　伝え合う力　　ケ　理解し合う　　コ　感化　　サ　追究　　シ　言語
ス　国語　　セ　広く　　ソ　向上

問二　次の各文は、中学校学習指導要領(平成二十九年三月)第2章「第1節　国語」における各学年の内容のうち〔知識及び技能〕の(3)我が国の言語文化に関する事項について抜粋して示しているものです。
次の【　①　】～【　④　】に入る言葉を、以下のア～シから一つずつ選び、その記号を書きなさい。

〔第1学年〕
オ　読書が、知識や情報を得たり、自分の考えを〔　①　〕たりすることに役立つことを理解すること。
〔第2学年〕
ウ　書写に関する次の事項を理解し使うこと。
(ア)　漢字の行書とそれに調和した仮名の書き方を理解して、読みやすく〔　②　〕書くこと。
(イ)　目的や〔　③　〕に応じて、楷書又は行書を選んで書くこと。
〔第3学年〕
ウ　時間の経過による言葉の変化や〔　④　〕による言葉の違いについて理解すること。

ア　正確に　イ　場面　ウ　深め　エ　美しく　オ　地域　カ　まとめ　キ　世代
ク　必要　ケ　意図　コ　文化　サ　速く　シ　広げ

問三　次の表は、中学校学習指導要領(平成二十九年三月)第2章「第1節　国語」における各学年の内容のうち〔思考力、判断力、表現力等〕について抜粋して示しているものです。
表中の〔　①　〕～〔　⑥　〕に入る言葉を、以下のア～ツから一つずつ選び、その記号を書きなさい。

第1学年	第2学年	第3学年
C　読むこと (1)　読むことに関する次の事項を身に付けることができるよう指導する。 エ　文章の構成や［　①　］、表現の効果について、［　②　］を明確にして考えること。	B　書くこと (1)　書くことに関する次の事項を身に付けることができるよう指導する。 ア　目的や意図に応じて、社会生活の中から［　③　］を決め、多様な方法で集めた材料を［　④　］し、伝えたいことを明確にすること。	A　話すこと・聞くこと (1)　話すこと・聞くことに関する次の事項を身に付けることができるよう指導する。 オ　［　⑤　］を工夫したり互いの発言を生かしたりしながら話し合い、［　⑥　］に向けて考えを広げたり深めたりすること。

ア　中心　　イ　対象　　ウ　展開　　エ　話題の出し方　　オ　主題
カ　合意形成　　キ　分類　　ク　目標　　ケ　進行の仕方　　コ　整理
サ　相互理解　　シ　題材　　ス　構造　　セ　意見の聞き方　　ソ　根拠
タ　課題集約　　チ　比較　　ツ　順序

問四　次の各文は、中学校学習指導要領(平成二十九年三月)第2章「第1節　国語」における「指導計画の作成と内容の取扱い」について抜粋して示しているものです。
次の［　①　］～［　③　］に入る言葉を、以下のア～エから一つずつ選び、その記号を書きなさい。

1　指導計画の作成に当たっては、次の事項に配慮するものとする。
(4)　第2の各学年の内容の〔思考力、判断力、表現力等〕の「A話すこと・聞くこと」に関する指導については、第1学年及び第2学年では年間15～25単位時間程度、第3学年では年間10～20単位時間程度を配当すること。その際、[①]のための教材を積極的に活用するなどして、指導の効果を高めるよう工夫すること。

3　教材については、次の事項に留意するものとする。
(2)　教材は、次のような観点に配慮して取り上げること。
オ　人生について考えを深め、豊かな人間性を養い、たくましく生きる[②]を育てるのに役立つこと。
(4)　我が国の言語文化に親しむことができるよう、[③]以降の代表的な作家の作品を、いずれかの学年で取り上げること。

[①]の選択肢
ア　音声表現　イ　言語活動　ウ　音声言語　エ　言語表現

[②]の選択肢
ア　意志　イ　態度　ウ　資質　エ　能力

[③]の選択肢
ア　近世　イ　古代　ウ　中世　エ　近代

(☆☆☆◎◎◎)

【高等学校】

字数制限のある設問は句読点も一字に数えること。
※設問で別途指示がある場合を除く。

【一】次の文章を読んで、以下の問いに答えなさい。

日本人はおしゃべりをするよりも歌をうたってきた。日本人は自己主張してしゃべりまくる共同体をつくってこなかった。べらべらと本音を言うことはどうもはばかられた。しかし、歌でなら、思っていることを言える。恋も恨みも辛さも、募(つの)る思いや本音も、歌にしてなら口に出すことができる。

うたのはじまりは呪術的で祭事的な要素が大きかったのだろう。そして祭りのためとともに、人は声に気持ちを託してうたをつくってきた。『万葉集』には様々な階級の人による、幾多の形式の歌が収められた。その後、平安時代の前期、『古今和歌集』が編纂される。万葉のころの、野太い声の響きが聞こえてくるような歌と、古今集のころの、文字を目で追うことに軸足を移す和歌を並列して論じることは、なかなか難しいところがあるけれども、それでも①歌うことの根は、ふたつの歌集の間で変わっていない。古今集の編纂者のひとりに任ぜられた紀貫之は、この勅撰和歌集の冒頭に「仮名序」、つまり仮名による序文を書いた。そこには、

やまとうたは、人の心を種として、万の言の葉とぞなれりける。世の中にある人、ことわざ繁きものなれば、心に思ふ事を、見るもの聞くものにつけて、言ひ出せるなり。花に鳴く鶯、水に住む蛙の声を聞けば、

生きとし生けるもの、いづれか歌をよまざりける。

とある。つまり、和歌は人の心をもとにさまざまな言葉となったもので、この世に生きている人は、心に思うことを、見るものや聞くものに託して言葉にする。うぐいすやカエルの声を聴いていると、生きているもので歌をうたわないものはない、としている。

生きとし生けるものすべてが歌をうたうとする考えを、日本で最初の歌論とされる「仮名序」はa声高に宣言したのだった。ここに誇らかに記された見方は、その後の日本人の心に深く根を張るものとなってゆく。あるいは、古今集が編纂され貫之が仮名序を書いたこのあたりに、日本は日本になっていった、と言えるのかもしれない。わたしたちのおしゃべりを南仏式のおしゃべり会のおしゃべりと、並べたり比べたりすることはうまくいかないとしても、比べるとすれば私たちには歌があった、ということになるのだろう。

ただし特殊な例を除いては、日本の歌はどこまでも長く続いてゆくというものではない。そもそも歌はひとつのまとまりをつくる形式であって、繰り返すことのできるものだから、それほど長くはならない。鈴木大拙は日本文化の特徴として、［Ⅰ］を挙げている。［Ⅰ］は短さをつくる。日本の歌は短い。いや、むしろ短いことで、bタクみな歌がつくられた。和歌は音節が五、七、五、七、七で、俳句となると五、七、五と、さらに短い。「短い」という制限が、語句を工夫し、思いを歌にしていった。

そしてこの「短くあれ」という桎梏[*1]（しっこく）が、普段のわたしたちのおしゃべりの仕方に無意識的に引き継がれることになる。日本人のおしゃべりは複雑になりすぎると、わざと切ろうとする。ボケとツッコミによる近代の漫才では、ツッコミがボケに切り込んで流れを止める。流れている談笑はツッコミの「切り込み」で突然せき止められる。こうして流れの方向は切り替えられて、笑いを呼び込む。茶々をいれて話題を途切れさせたり、話の腰をわざと切ったりすることもある。周りから多少白い目で見られるダジャレや語呂合わせ、オヤジギャグや、現代の世相をcジギャク的にうたうサラリーマン川柳も、短さがつくる効果の例であって、思わぬところに現れる②短い言葉の重なりや語呂合わせが、人を面白がらせる。突如出てきたコントラストが人を驚かせると、話は突然切断され、そこが「オチ」となって、ここでお仕舞い、ということになる。

アンリ・ベルクソンは『笑い』の中で、「転ぶところを見ると人は笑う」というところから出発して、笑いを論じた。そして「笑い」とは社会的な制裁であるとした。歩いている人がいて急にコケると、人は思わず笑う。それは、転んだ人が現状に適応できないという、「機械的なこわばり」に対する社会的dチョウバツであって、笑うことで人はそのこわばりをただそうとしているとベルクソンは分析した。

日本でも転ぶ人がいると笑う。人がコケるとおかしい。けれども日本人の笑いは、コケたりスベッたりするより、③落ちる方が、レベルとして断然上だとみなされる。落語や漫才、笑劇にはオチの場面があって、観客が笑うと、話はそこで切りがついたとみなされる。聞いている人は、ああなるほどと合点がいく。「落ちる」ことが人を笑わせる。落ちることで終わりがつくられるわけである。日本での宴会のおしゃべりを見ていると、たとえそれほど面白いオチではないとしても、オチの連続と短めの話が連なっていることが多い。

オチは日本語の特徴に負っているところが少なくない。江戸時代に大流行した地口(じぐち)*2や洒落(しゃれ)も、日本語の同音異義語や、言葉の二重性の多さを拠りどころにしてきた。日本人のユーモアは、ちゃかしたり、はぐらかしたりしながら、意外なところで語の合致点を見つけさせ、場合によってはオチで相手に軽い一撃を与えて終わる。

南仏の人々のおしゃべり会でも、招待客たちは小噺を用意していて、さまざまなユーモアで人を引きつける。けれども彼らはそうした笑いをところどころにあしらいながら、オチで笑わせて、そこで話を打ち切ってしまうことを好しとしない。そこで話を終わらせるのは合理的でないと考えるわけである。小噺のようなちゃかしのユーモアが出て来ると、e獲物が来たとばかり、反撃の砲火が上がる。彼らのおしゃべりのスパンは長くて粘っこい。

一言でユーモアというけれども、ユーモアの幅は広い。④日本人と南仏でのおしゃべりの質の違いは、広義のユーモアの出し方に見える。たとえば日本はイグノーベル賞の継続的な受賞国になっている。この賞の精神はフランス式の合理主義的なエスプリの精神とはかなり異なる。イグノーベル賞受賞のもうひとつの大国はイギリスであるが、亡霊や幽霊が次々と出て来る物語を量産していったイギリス人のユーモアの精神は、どこかで日本人の笑いと近いところがあるのかもしれない。

（樋口桂子『おしゃべりと嘘』による）

（注）
＊1　桎梏（しっこく）…人の行動を厳しく制限して自由を束縛するもの。
＊2　地口（じぐち）…ことわざや成句に語呂を合わせて作る洒落。

問一　波線部a～eについて、漢字のものは本文中での読みをひらがなで答え、カタカナのものは漢字に直しなさい。

a　声高　　b　タク(み)　　c　ジギャク　　d　チョウバツ　　e　獲物

問二　傍線部①「歌うことの根」とあるが、どういうことか。それを次のように説明するとき、空欄に当てはまる言葉を、次の形式に合わせて、二十五字以上三十字以内で抜き出して書きなさい。

人は、［　　］ということ。

問三　空欄［Ⅰ］に当てはまる語句として適当なものを次のア～オの中から一つ選び、記号で答えなさい。

ア　粗略性　　イ　単純性　　ウ　幼稚性　　エ　無常性　　オ　即興性

問四　傍線部②「短い言葉の重なりや語呂合わせ」とあるが、なぜこういうことが可能なのか。三十五字以内で説明しなさい。

問五　傍線部③「落ちる」とあるが、どういうことか。洒落の場合について本文の内容に即して三十字以内で説明しなさい。

問六　傍線部④「日本人と南仏でのおしゃべりの質の違い」とあるが、これはどういうことか。日本人と歌の関係を踏まえながら、本文の内容に即して百二十字以内で説明しなさい。

（☆☆☆◎◎◎）

【二】次の文章は、小学二年生の冬に起こったクラスを二分する大論争の場面である。読んで、以下の問いに答えなさい。

先生に聞いてみようか。相談しながら、ぼくは段々と不安になり出していた。議論に負けることがっていうよりは、サンタクロースがいないかもしれないってことが。今まで信じてたものに裏切られる。それが怖かった。

大論争が一週間目に突入した頃、事態が何だかおかしくなりだした。それまでぼく側、「サンタはいる」派だった子たちの大半が、「いない」派に寝返ったんだ。ぼくを裏切った。「いない」派のリーダーがそれぞれに話しかけて説得したせいで、みんな段々とサンタを信じる気持ちが薄れていったらしい。

だけどぼくは意地になってたせいで、そういう声の一切を耳がシャットアウトして受け付けなかった。気がつくと「いる」派は一人きり。みんながぼくを取り囲んで睨んでる状態だった。帰りの会の終わった後、放課後の教室で、ぼくはみんなから一斉に説得を受けた。

「いないっつってんのに、何で信じねぇんだよ。俺のお父さんもお母さんもそう言ってたし、先生だって昨日聞いたらサンタなんかいねぇっつってたよ」

「うん、うちのお母さんも言ってた」

ぼくは黙ったまま、それを告げるみんなの顔を見つめていた。説得の言葉が終わると、今思い出しても具合が悪くなるような、個人攻撃の悪口が次から次へと飛び出す。この間図工の時間に描いたぼくの絵がクラス一下手だった話なんて、今はどうだっていいはずなのに、そのことでもからかわれた。

トモだって、イトウくんだって、いつもならぼくと同じグループで仲がいいはずなのに、①何だか空気がおかしくなり始めていた。今の親友のタカシも、この時はまだ同じクラスじゃなかったから、ぼくを庇（かば）ってくれる人は本当に誰もいなかった。

「じゃなかったら、お前のお母さんが嘘つきってことじゃん」

トモがそんなことを言い出す。

「お前んち、嘘つきの家なんだよ。お母さんが嘘ついてるか、それかお母さんも信じてるんだとしたら、お前のお母さん、大人のくせにすごいバカなんじゃねえの？　ああ、そっか、それか……」

急に何かに思い当たったように、トモが隣の女子に何か小声で囁いた。言われたその子も「やだぁ」って困ったように笑う。そして言った。「ひどいよねぇ」って、A顔を曇らせながら。

「トモくんが、それか、お父さんがいない家はそうなのかもしれないねって。サンタの代わりができないから」

それを聞いた途端、ぼくの中で覚悟ができた。長く瞬きするふりをして目を閉じて、②歯を食い縛る。それからぱっと思い切り目を開ける。スイッチを切り替えるような具合に。ぼくは、そして、

「ああ、そうだよね。ごめんごめん」

とヘラヘラ笑った。

「ごめん。そうだよね、サンタクロースなんて、いないんだよね。ごめん、ごめん。本当はぼくも、お母さんからそう聞いたんだ。だけど、なんかちょっと悔しかったから」

みんなが驚いたように笑うのをやめる。ぼくはそれでも相変わらずヘラヘラしながら、続けた。

「そうだよね。ごめん、いないに決まってるよ。サンタなんか」

何度も「ごめん」を連発する。自分が誰に対して、何について謝ってるのかがあやふやになって、よくわからなかった。だけど続ける。謝り、続ける。

「ごめん、そうだよね。いないって知ってるんだ、本当は」
[a]俯いてランドセルを引っかけ、呆気にとられてるみんなを置いて教室を出て行く。
心臓がすごく痛かった。ヘラヘラ笑ってる自分のほっぺたが引きつってうまく動かなかった。顔がちゃんと笑顔になってるはずなのに、細く[b]歪めた目の下が熱い。涙が出そうになってることに気が付いて、もっと笑顔を浮かべようとしてみる。だけど努力すればするほど、心臓がますます痛むばかりだった。

教室と同じ階にある図書室に、逃げるように入る。中では、上級生が何人か席に座っていた。楽しそうに女の子たちがおしゃべりしている。ぼくは、図書室の中でも一番人がいない場所、辞典コーナーの[c]スミっこに急いだ。ぽかんとぼくを見つめてたクラスの子たちが追いかけてきたら耐えられない。誰にも見つからないことを願いながら、床に体育座りをする。

悔しくて悔しくて、本当に悔しくて、胸が張り裂けそうだった。みんな笑ってた。みんな、ぼくのことを笑ってた。お母さんのことを、嘘つきって言った。バカって言った。

サンタさんがいないって、そう言った。ぼくにそう言わせた。ぼくが自分の口で言ったんだ。「サンタなんかいないに決まってる」って。

ぼくの。

ほっぺたを押さえると、ものすごく熱くなっていた。触るぼくの手のひらも、とても熱かった。自分のことが、許せなかった。

ぼくの家には、お父さんがいない。だから、ひょっとしたら、お父さんの代わりにサンタさんが来てるのかもしれない。

そう考えると、悔しくて、悲しくて、それから無性に寂しくなった。ぼくのお父さんは、サンタの正体を知っているだろうか。もしぼくの家にいたら、教えてくれただろうか。

身体を屈め、③歯を食い縛っていたその時だった。

「サンタさんはいるよ」

声が、ふいにぼくに囁いた。

驚いて顔を上げる。すっかり熱くなった両手を顔からはずしてあわてて立ち上がる。いつの間に来ていたんだろう。ぼくの隣の本棚にふみちゃんがいた。ふみちゃんは、ふざけた様子のない真剣な眼差しでぼくをじっと見つめていた。

「先生やお母さんや、トモくんたちが何か言っても、絶対にいるよ。私、本で読んだ」

「ふみちゃん」

その声を聞きながら、ぼくは思い出していた。

去年のクリスマス直後、ぼくとふみちゃんはサンタにもらったプレゼントを見せ合った。ぼくはダイナソルジャーの合体ロボで、ふみちゃんはお姫さまの変身鏡セットだった。

その時、話を面白くしたかったぼくは、ふみちゃんに、サンタが来るまで起きていた、と嘘を言った。ちょっとだけど、話もしたよって。ふみちゃんは「そうなんだあぁすごいね」って頷いていた。サンタが本当はいないってことになると、ぼくのその嘘もバレる。思うと、改めて気持ちがざわざわと落ち着かなかった。

ふみちゃん、あのことを覚えているだろうか。水泳の大会でプールに飛び込む、その直前みたいな嫌な気分だった。おなかが痛くなってくる。

「何ていう本?」

「『サンタクロースってどこからくるの?』っていう本。いるって書いてあった。ただ忙しいから、全員の家には来られないんだって」

大丈夫だよ。ぼくに向けて、力強く言う。ふみちゃんはぼくの周りでは誰より物知りで頭がいい。大丈夫だよ、間違ってないよ。信じてていいんだよ。

「本当?」

尋ねるぼくは半べそだった。彼女が頷く。

「絶対、本当」

ふみちゃんが言うんだったら、本当なんだろうか。間違ってるのはあの子たちなんだろうか。ふいをつかれてどんな顔をすればいいかわからないぼくの前で、ふみちゃんがぼくの頭を柔らかく、軽く叩いた。そして言った。

「偉いっ!!」

図書室には不釣合いな大きな声だった。ぼくは驚き、黙ったままふみちゃんを見上げる。彼女が背負っていたランドセルを下ろし、その横についていたものをはずす。一年生の時にうさぎのミッフィーちゃんのキーホルダーがついていた位置に、二年生になってから別のキーホルダーがつけられるようになっていた。

それは透明な石がそれぞれについたキラキラに輝く三本のスプーンで、大、中、小、大きさの違うそれらが持ち手の端でリングでとめてある。大きいのには、上の方に赤いうさぎの形の石。中くらいのには、真ん中に青いうさぎ。小さいのには、下の方に白いうさぎの石。

スプーンはそれぞれ、石がついていない場所には、そっくり同じうさぎ形の穴があけられていて、スプーンを三つ重ねると、それがぴったりと一つに重なるようになっている。変わったデザインで、ランドセルを背負ったふみちゃんが歩くたび、チャラチャラと楽器みたいに鳴るんだ。

「偉いっ！」

またぼくの頭を叩いて、そうほめてくれた。

「どうして？」

わけがわからないまま尋ねると、ふみちゃんは大きく頷いて教えてくれる。

「あそこで負けを認めなかったら、もっとずっとひどいことになってたよ。みんな怒ってたし、ムキになってたし。……本当は正しいのに、みんなのために負けてあげたじゃん。なかなかできないよ。偉いよ」

本当は正しいのに。

もう一度繰り返す。それからにっこり笑ってぼくを見つめ、スプーンを差し出す。

「あまりに偉いから、これを一つやろう」

スプーンを束ねる端っこのリングに指を突っ込んでチャラチャラ振ってみせる。魔法使いが特別な鍵を扱うみたいに。

「お母さんたちと横浜に行った時、デパートで買ってもらったの。いっぱいついてて、きれいでしょ。うさぎがすごく可愛いから買ったんだ。おもちゃじゃないんだからよしなさいって言われたんだけど、これがよかったの。『メジャースプーン』っていって、料理するのに使うんだって。ふみの宝物なんだよ」

その時のぼくがふみちゃんを見つめて目を細めたのは、半分はスプーンについた石の眩(まぶ)しさのせいで、もう半分は涙が出てきそうだったからだ。

ぼくは泣きそうで、本当に胸がちぎれそうで、ふみちゃんがもしいてくれなかったら、多分、その気分のまま家に帰っていたと思う。それからも数日は、学校に来たくなかったと思う。

だけど、ふみちゃんがいたせいで、完全にBふいをつかれ、④宝物までわけてもらって、そのせいで今度は泣きそうになる。そんなことされなければ我慢できていたのに、ぼくの目から涙が一度にポロポロとこぼれた。

そんなぼくを見て、ふみちゃんが笑う。あははって明るく。

「なんで泣くの。正しいことしてるのに」

「正しいの？」

「正しいよ」

ふみちゃんがにこにこしながら言う。

「サンタさんがいることも、信じてることも正しいし、なのに負けてあげたことも全部正しい。偉い」

えへへ、照れ笑いのような顔つきで、ふみちゃんがぼくを誘う。

「今日もうさぎのとこ寄って帰るけど、一緒に行かない？　早く四年生になりたいなぁ。そしたらうさぎ当番ができるね」

スプーンに、キラキラ輝く三匹のうさぎ。

「ねえ」

ふみちゃんが尋ねる。

「何色の、どの大きさのがいい？　どれか一本あげる」


それから一年くらい経って、ぼくは何のきっかけだったか、サンタクロースに纏（まつ）わる真実を知った。そしてそれを知ったのと同じ時期、ぼくはやはり何のきっかけだったか忘れたけど、ふみちゃんのお母さんから、もう一つ別の真実を聞いた。

ふみちゃんは幼稚園の頃、泣きながらおばさんに『サンタさんってお母さんなの？』と聞いたことがあったらしい。

『サンタクロースってどこからくるの？』っていう本を読んで、そこで秘密を知ってしまったのだと言う。小学校に上がる前には、だからもう、ふみちゃんは誰より早く真実を知っていた。

かっこいいなぁ。

それを知ったぼくは、dカンタンのため息を吐いた。みんながあの大論争をしている中で、ただ一人最初から全部を知っていたのだ。普段はどちらかといえば言いたがりな方で、変わったことを言って先生にほめてもらいたがるのに、そんな大事な秘密を黙ってる。誇らしげにぼくらにそれをぶちまけたトモより何年も前から知っていたのに、ずっと黙ってたんだ。そしてその上でぼくを庇ってくれた。


（辻村深月『ぼくのメジャースプーン』による）

問一　波線部a～dについて、漢字のものは本文中での読みをひらがなで答え、カタカナのものは漢字に直しなさい。

a 俯(いて)　b 歪(めた)　c スミ　d カンタン

問二　二重傍線部A「顔を曇らせ」、B「ふいをつかれ」について、本文中での意味として適当なものを、それぞれ次のア～オの中から一つ選び、記号で答えなさい。

A「顔を曇らせる」

ア　暗い表情を見せること　イ　同情の意を表すこと　ウ　非難を我慢すること

エ　表情を隠してうつむこと　オ　馬鹿にしながら黙ること

B「ふいをつかれる」

ア　隠れていたところを見つけられる　イ　言わないこともわかってもらえる

ウ　思いがけず話しかけられる　エ　急に仲間になってもらえる

オ　他人に知られずに慰めてくれる

問三　傍線部①「何だか空気がおかしくなり始めていた」とあるが、どのような状況になってきたのか。その説明として適当なものを次のア～オの中から一つ選び、記号で答えなさい。

ア　同じグループで仲がいい友だちなので、サンタがいないことをぼくに認めさせるまで説得が続くという状況。

イ　黙り込んでいたぼくがヘラヘラし始めたので、苛立っていたみんなが驚いてからかいをやめたという状況。

ウ　大論争が始まり一週間も経っているので、サンタが「いる派」が「いない派」にすっかり寝返ったという状況。

エ　サンタの不在の説得をしていたはずなのに、仲がいい友だちまでぼくについての非難をしだしたという状況。

オ　大論争が始まり一週間も経っているのに、帰りの会の後にみんなから一斉にぼくが取り囲まれるという状況。

問四　傍線部②「歯を食い縛る」、③「歯を食い縛っていた」とあるが、この間のぼくの心情の変化を九十字以内でわかりやすく説明しなさい。

問五　傍線部④「ぼくの目から涙が一度にポロポロとこぼれた」とあるが、その理由を三十字以内で説明しなさい。

問六　この文章を授業で読んだAさんたちは『正しい』という言葉が主人公の「ぼく」と「ふみちゃん」の間で何度も交わされることに注目して話し合った。次に示すのは話し合いの様子である。空欄 Ⅰ ・ Ⅱ に当てはまる語句をそれぞれ書きなさい。また、 Ⅲ に当てはまる語句を本文中から十字以内で抜き出して書きなさい。

Aさん　この物語では『正しい』という言葉が何度も出てきます。このことについてどう思いますか。

Bさん　ここではサンタがいるか、いないか、ということで主人公の気持ちが揺れ動いています。本に書いているからサンタは絶対いるというふみちゃんの言葉に、間違っているのはあの子たちなんだろうかと主人公は考えています。このことから主人公は、間違いがないことを『正しい』こととして捉えていると思います。

Cさん　そうですね。でも、ふみちゃんは主人公の考える正しさとは別の尺度で『正しい』と言っていると思います。なぜなら主人公とふみちゃんの間で「正しいの?」「正しいよ」というやり取りがあるからです。

Dさん　ふみちゃんは「信じてることも正しい」と言っているので、自分の信念に合っているという『正しさ』もありそうです。

Aさん　一年後のエピソードから、ふみちゃんはサンタがいないことをもうすでに知っていたことがわかります。ということは、「サンタさんがいることも」「正しい」という言葉は、主人公の気持ちに寄り添った『正しさ』だと考えられます。

Cさん　それに、「負けてあげたことも全部正しい」と言っていますね。ふみちゃんが「サンタさんがいることも、信じてることも正しいし、なのに負けてあげたことも全部正しい」と、三つのことに触れているところに、『正しさ』に対するふみちゃんと主人公の捉え方の違いを考えるヒントがありそうですね。

Dさん　そのふみちゃんの言葉に注目すると、ふみちゃんは『正しさ』の尺度を［Ⅰ］として考えていると言えそうですね。

Bさん　それに対して、主人公は『正しさ』の尺度を［Ⅱ］と考えているようです。

Aさん　今、気がつきましたが、この作品の中で、［Ⅲ］は、ふみちゃんの考える『正しさ』を象徴していると考えられませんか。

（☆☆☆◎◎◎）

【三】次の文章を読んで、以下の問いに答えなさい。

また、男、いささか人に、いはれさわがるることありけり。そのこと、いとものはかなき[a]そらごとを、あ[*1]

ためける人の、作りいでて、いへるなりけり。さりければ、かう心憂きことと、思ひなぐさめがてら、心もやらむと思ひて、津[*2]の国の方へぞいきける。しのびて、知る人のもとに、「かうてなむまかる。憂きことなど、慰みやする」といへ(A)りければ、

とある返し、

〔Ⅰ〕世の憂きを思ひながすの浜ならばわれさへともにゆくべきものを

とて、いにけり。

憂きことよ①いかで聞かじと祓[*3]へつつ違へながすの浜ぞいざかし

いきつきて、長洲の浜にいでて、網引かせなど、遊びけるに、うらうら[*4]と、春なりければ、海いとのどかになりて、夕暮になるままに、いつの間にか思ひ(B)けむ、②憂かりし京のみ恋しくなりゆきければ、思ひながめつつ、心のうちにいは(C)れける、

〔Ⅱ〕はるばると見ゆる海べをながむれば涙ぞ袖の潮と満ちける

とぞながめくらしける。

さて、その朝(b)に、さなむありしと、文に書きて、京の、かのまか[*5]りまうしせし人のもとに、いひたりける。

女、

なぎさなる袖まで潮は満ち来とも葦[*6]火焼く屋しあれば干ぬらむ

などなむ、いひおこせたりける。さりければ、③久しくも長居で、帰り来にけり。

（『平中物語』による）

（注）

＊1　あためける人…敵のような人。「あた」は敵。ここでは、男とかつて関係があり、今は捨てられ

た女と考えられる。
＊2　津の国…摂津国。今の大阪府と兵庫県の一部。
＊3　祓へ…神に祈って、罪・穢（けがれ）などを除き去ること。海岸や川などの水辺で、陰陽師が災厄を人形（ひとかた）に移しかえて、それを水に流し、罪を清め、災厄を除くとした。
＊4　うらうらと…春の日が曇りなくのどかに照りわたるさま。また、晴れた春の空のもとでよく見渡される海の光景をいうこともある。
＊5　まかりまうし…いとまごい。
＊6　葦火焼く屋…『万葉集』二六五一・作者未詳「難波人葦火焼く屋の煤してあれどおのが妻こそ常めずらしき」に拠る。「難波の人が葦火を焚くため家は煤けてはいるが、私の妻はいつでも美しい」との意。

問一　波線部a「そらごと」、b「朝」の本文中での意味を答えなさい。
問二　二重傍線部A「り」、B「けむ」、C「れ」の助動詞について、文法的意味として適当なものを、それぞれ次のア～シの中から一つ選び、記号で答えなさい。
ア　自発　イ　可能　ウ　受身　エ　尊敬　オ　過去　カ　完了　キ　推量
ク　現在推量　ケ　過去推量　コ　断定　サ　存在・所在　シ　伝聞・推定
問三　傍線部①「いかで聞かじ」、②「憂かりし京のみ恋しくなりゆきければ」を、それぞれ現代語訳しなさい。
問四　和歌Ⅰより掛詞を抜き出したうえで、左の例を参考にして、どのような意味が掛けられているかを説明しなさい。
(例)「まつ」に、植物の「松」と人を「待つ」の意味を掛けている。

問五　和歌Ⅱの説明として適当なものを、次のア～オの中から一つ選び、記号で答えなさい。
ア　摂津の国を旅する男が、都や女から遠く離れ、久しぶりに雄大な海を目にして感動し涙を流した、と詠んだ。
イ　都にいる旧知の女が、摂津にいる男が都との距離感に苛まれて涙で袖を濡らしているに違いない、と詠んだ。
ウ　摂津の国に出向いた男が、都にいる女と離ればなれになった物思いの涙で袖を濡らしてしまった、と詠んだ。
エ　都で男の帰りを待つ女が、摂津にいる男は袖を濡らした海水と悲しみの涙とを重ねたことだろう、と詠んだ。
オ　摂津の国に出かけた男が、都での女との辛い経験を思い出し、袖が海水に浸るほどの涙で濡れた、と詠んだ。

問六　傍線部③「久しくも長居で、帰り来にけり」とはどういうことか。理由を含めて七十字以内で説明しなさい。

問七　この文章の出典について説明した次の枠内の空欄（　1　）～（　3　）に適当な語句を漢字で補い、説明文を完成させなさい。

『平中物語』は、平安時代に成立した（　1　）である。（　1　）とは、和歌を話の中心に据えて構成される文学上のジャンルである。本編作中の和歌のうち、三分の二が平安時代中期の歌人・平貞文の作であることから、この題名を冠するとされる。「男」と称される主人公を軸に展開される恋の物語の数々は、同じジャンルの『（　2　）』や『大和物語』を想起させる。
『（　2　）』は、主人公のモデルとされる（　3　）のエピソードを基に、時にフィクションや仮託も含めた多岐にわたる物語が展開していく。他方、この『平中物語』は、平貞文の実像を軸に展開していく点が特徴であり、いわゆる「色好み」として恋に生き、愛に惑う男の姿が生き生きと描かれている。

（☆☆☆◎◎◎）

【四】次の文章は、いちばん奥まで行くことができた者はいないと伝えられる洞窟に作者が入る場面である。これを読んで、以下の問いに答えなさい。（設問の都合上、一部訓点を省いたところがある。）

余(ハ)与二四人一、擁(シテ)レ火(ヲ)以(テ)入(ル)。入(ルコト)レ之(ニ)[a]愈深(ケレバ)、其(ノ)進(ムコト)愈難(クシテ)、而其(ノ)[①]見愈奇(ナリ)。有(リ)二[*1]怠(リテ)而欲(スル)レ出(デント)者一。曰(ク)、「[(ア)]不レ出、火且レ尽。」遂(ニ)与レ之倶(ニ)出(ヅ)。

蓋‖b予ノ所ハレ至ル、比ブレバニ好ムレ遊ヲ*2者ニ一尚ホ③不レ能ハニ十ニ一ナル一。然‖cルニ視ルニニ其ノ左右ヲ一、来タリテ

而記*3スレ之ヲ者已ニ少ナシ。蓋シ其ノ又深ケレバ、則チ其ノ至ルコト又加ヘンレ I 矣。方ニあたリ是ノ時ニ一、

予之力尚ホ足リニ以テ入ルニ一、火尚ホ足レリニ以テ明ラカニスルニ一也。既ニ其ノ出ヅレバ、則チ④或あるヒト咎とがムニ其ノ

欲セシレ出デントヲ者一。⑤而シテ予モ亦悔ヒタリニ其ノ随したがヒテレ之ニ而不リシヲレ得レ極ムルヲニ夫ノ遊之楽シミヲ一也。

（『唐宋八家文』王安石による）

（注）

＊1　怠…気がすすまないこと。　＊2　遊…旅。ここでは洞窟を探検すること。

＊3　記…洞窟を訪れた記念に文字を記すこと。

問一　二重傍線部a「愈」、b「蓋」、c「然」の読みを送り仮名も含め、ひらがなで答えなさい。

問二　傍線部①「見」とはどのような意味か。本文と同じ意味で用いられている「見」を含む熟語を、次のア～オの中から一つ選び、記号で答えなさい。

ア　見参　　イ　会見　　ウ　見識　　エ　見解　　オ　外見

問三　傍線部②「不出、火且尽」を書き下し文に直しなさい。ただし、現代仮名遣いも可とする。

問四　傍線部③「不能十二」とはどういうことか。二十五字以内で説明しなさい。
問五　空欄［Ⅰ］に入る漢字一文字を、次のア～オの中から一つ選び、記号で答えなさい。
　ア　火　イ　深　ウ　少　エ　時　オ　力
問六　傍線部④「或咎其欲出者」の解釈として適当なものを、次のア～オの中から一つ選び、記号で答えなさい。
　ア　洞窟から出ようとしなかった仲間を、作者が注意したということ。
　イ　洞窟から出ようと言った人に、文句を言う仲間がいたということ。
　ウ　洞窟から出ようとしない人を、仲間がなだめたということ。
　エ　洞窟から出ようとした人が、作者を注意したということ。
　オ　洞窟から出たいと言う人に、誰も文句を言えなかったということ。
問七　傍線部⑤「予亦悔」とあるが、作者がこのような気持ちになったのはなぜか。七十字以内で説明しなさい。
（☆☆☆◎◎◎）

【五】次の枠内の文章は、高等学校学習指導要領（平成三十年三月告示）『国語』の「現代の国語」からの抜粋である。

> 1　目標　（略）
> 2　内容
> B　書くこと
> (1)　書くことに関する次の事項を身に付けることができるよう指導する。

ア　目的や意図に応じて、実社会の中から適切な題材を決め、集めた情報の妥当性や信頼性を吟味して、伝えたいことを明確にすること。
イ　読み手の理解が得られるよう、論理の展開、情報の分量や重要度などを考えて、文章の構成や展開を工夫すること。
ウ　自分の考えや事柄が的確に伝わるよう、根拠の示し方や説明の仕方を考えるとともに、文章の種類や、文体、語句などの表現の仕方を工夫すること。
エ　目的や意図に応じて書かれているかなどを確かめて、文章全体を整えたり、読み手からの助言などを踏まえて、自分の文章の特長や課題を捉え直したりすること。
(2)　(1)に示す事項については、例えば、次のような言語活動を通して指導するものとする。
ア　論理的な文章や実用的な文章を読み、本文や資料を引用しながら、自分の意見や考えを論述する活動。
イ　読み手が必要とする情報に応じて手順書や紹介文などを書いたり、書式を踏まえて案内文や通知文などを書いたりする活動。
ウ　調べたことを整理して、報告書や説明資料などにまとめる活動。

指導事項(1)アについて、(2)アのような言語活動を通して指導する場合、あなたはどのような授業を行いますか。評価規準を明らかにして二〇〇字以上二二〇字以内で具体的に説明しなさい。(文頭の一字下げ、段落分けは不要)

(☆☆☆◎◎◎)

解答・解説

【中学校】

【二】問一　a　駆逐　b　把握　c　払(った)　d　還元　問二　A　実証　B　反省　問三　・ガリレオにより「自然の数学化」が確立されたことにより、抽出された数学的構造が「真なる存在」とされ、具体的自然が「仮象」となり、生活世界が隠蔽されたということ。(七十九字)　・ガリレオが発見した数学的自然科学の方法が科学の進歩と同一視されたことにより、学以前の直感的自然が理念化された自然にすりかえられたということ。(七十字)　問四　・生活世界の二義性を「基づけ」関係に媒介された〈層〉構造として捉え直したことが、理論科学の可能性が二義性をもつ生活世界のどちらにも依存しているとしたフッサールの意図を生かした解釈であるということ。(九十七字)　・文化的世界と直接的経験の世界は、ともに科学が存在する前提条件を構成し、科学のレベルは第三の層を構成すると結論付けたことが、理論科学の可能性は二つの生活世界に依存するとしたフッサールの意図を生かした解釈であるということ。(百九字)

〈解説〉問一　解答参照。　問二　空欄前に「このような」とあるので、前に内容が示されていることが一般的であると考える。また、前文は「すなわち」から始まろ、つまり前の内容の言い換えなので、さらに前の内容を見ると「その〈繁栄〉や〈進歩〉は、むしろ実証科学が人間生活あるいは人間の生存に対してもつ意義を反省することを閑却せしめたのである」とある。「閑却」とは放っておくこと、なおざりにすること。つまり、空欄Bは「没＝閑却」と読み切れることがカギになるだろう。　問三　①のある段落の内容をまとめればよい。その際、「発見する天才」と「隠蔽する天才」を分けて考えるとよいだろう。「発見する天才」とは、段落の前半部分で、ガリレオが「自然自体を数学的多様体としてとらえ、自然の内部に数学的秩序があるという自然の数学化」を確立したこと。「隠蔽の天才」とは、段落の後半で、「自然の数学化」により数学的自然科学の方法による数学的構造(秩序)のみが「真なる存在」であり、感性的経験による具体的自然は実体のない「仮象」と位置づけられていることをいう。フッサールは、このことを「数学的シンボルの衣による〈生活世界〉の隠蔽」と捉えている。　問四　D・カーの解釈とは二義性を有する生活世界を「基づけ」関係に媒介された〈層〉として捉えたことであり、この考え方は、フッサールの「幾何学の起源」にある「理論科学はその可能性を直接的経験の世界(知覚世界)のみならず文化的言語的共同体およびその世界にも依存する」という考えを生かしたものである。このことを踏まえて考えるとよい。

【二】問一　a　端　b　衝動　c　意気地　d　幾度　問二　・病気によって患者のお互いが結ばれていた連帯意識を失ったと感じたから。(三十四字)　・患者同士の不安や治ろうとする希望によって結ばれていた連帯感の喪失を感じたから・(三十九字)　・患者同士の連帯意識が喪失し、自分だけがとり残される心細さがあったから。(三十五字)　問三　・鳥籠に閉じ込められた九官鳥と病院から出られない孤独な自分を重ね、誰にも打ち明けないと決めていた言葉を初めて口に出したことで、自分の中で抑えていた死への不安や、病気を抱えながら生きることの辛さを改めて感じた。(百三字)　・ひょっとすると自分はやがて、手術台で死ぬかも知れぬという不安を、昼間は無理矢理に抑えつけていたが、夜に自分の素直な気持ちを吐露することで、今まで我慢してきた気持ちが込み上げ、孤独な自分と籠の中の九官鳥が重なって見えた。(百九字)
・誰にも打ち明けなかった死への不安や、病気を抱えながら生きることの辛さを、九官鳥に打ち明けたときに、九官鳥は明石のことをただ見つめるだけであったが、明石のすべてを受け入れてくれているように感じた。(九十七字)　問四　ア

〈解説〉問一　解答参照。　問二　①は病院に残された患者の心境を映しているととらえ、また「こういう日」とは二人の仲間の患者が退院した日を指す。残された患者の心境は、後にある「そう、うなずきながら～」で示されているので、これを踏まえて考えるとよい。　問三　「明石はなぜ泣いたか。」「辛いから。」「なぜ辛いのか。」……のように考えるとよい。明石は九官鳥について「気の毒な鳥だな。お前も。その鳥籠だけがお前の世界だ」といって、病院から出られない自分と重ねていることも踏まえること。　問四　イは「対照的な表現～」、ウは「象徴的な語と直喩～」、エは「色彩豊かな情景描写～」が不適切である。

【三】問一　(活用の種類／活用形の順)　A　下二段活用／連体形　B　ラ行変格活用／連用形　問二　出家でもして、どこか隅っこにでもおられるのが、よいはずだ。　問三　近衛司(少将)になること。(九字)
問四　エ　問五　侍の長所や短所を見極め、適した役職につかせることが出来ていないから。(三十四字)
〈解説〉問一　A　「さし出づる」は、「さし出づ」(自ダ下二)の連体形である。　B　「いまそかり」(ラ変)の連用形である。　問二　「かたかた(片方)」は「片隅」のこと。「出家うちして」の「うち」は接頭語で「出家して」という意味。「居給ひたれかし」の「給ひ」は、尊敬の補助動詞「給ふ」(ハ四)の連用形、「たれ」は存続の助動詞「たり」の命令形、「かし」は強い希望の意を表す終助詞である。　問三　「このこと」については、文中に「近衛司を心がけ給ひて」とある。この望みについて、「前世の宿執にや」と述べている。　問四　「不覚人」は、「愚か者」という意味。土人である顕頼公の「つぶやき」をそのまま訪れた公達に伝えた申次の侍を指す。　問五　「えせたくみ」の「えせ」は形ばかりでよくない意の接頭語であり、「えせたくみ」で「腕の悪い工匠」を指す。「おはしけるやらむ」の「やらむ(ん)」は、疑いの意の推量で「～であろうか」と訳す。民部卿が侍の長所や短所を見極めず、侍を取り次ぎ役に使ったことへの評価である。

【四】問一　①　天　②　白　③　月（①～③は順不同）　問二　イ　問三　エ　問四　D　イ　E　ウ　問五　白木蓮のつぼみが膨らみ花開こうとしている情景を取り上げている。白木蓮のつぼみの膨らみを形の上で共通性を持つ「卵」に喩えることで、花が開くさまをまるで卵が割れて新しい命が生まれるかのように表現し、命のエネルギーあふれる春の到来に感動を込めている。

〈解説〉問一　①～③は一人の人間としての「天」皇の「白」髪像を「月」光の中に位置づけ、視覚の動きによる瞬時の心の炎(感興)が三つの言葉となり響き合っている。　問二　空欄⑤のほうがわかりやすいだろう。季語は単に季節を表す場合とその句のメインテーマを示す場合があり、Bの鑑賞文で用いられている「季語」は後者で捉えられている。⑤の後文で「人の恋の情念も～」とあるので、ここでの「からくれなゐの紐」は恋猫の心理的な象徴を表すものと解釈できる。　問三　「音すなり」の「なり」は、活用語の終止形(音す)に付いているため、伝聞・推定の意を表す。炎熱の日盛り、森閑とした緊張の静けさの中で、作者は普段は聞くことのできない蝶の翅の触れ合う「音」を聞いたという。ここで「音」を聞くためには周囲が静寂であることが絶対条件になることを踏まえて考えるとよい。　問四　D　上の句(第三句まで)と下の句の主語文節と述語文節が逆になっている。　E　「紺の泉を展く」は「あさがほ」の開花の比喩である。　問五　短歌の修辞は、作者の瞬間の感動を三十一音の詩型に効果的に表現するための技法である。白木蓮の「卵」は「蕾」の比喩であること、「大地の祭り」は白木蓮が咲く三～四月は春が到来し、他の植物も開花し始めることを意識したものと予想される。これらを踏まえて考えるとよい。

【五】問一　②相手の発言に対して疑問に思ったことを質問することで、詳しく理解しようとしている発言だから。　③相手の発言を自分の言葉に言い換えて捉え直し再確認することで、正確に理解しようとしている発言だから。⑤相手の発言に対して、具体的な内容を聞き出す質問をすることで、詳しく理解しようとしている発言だから。⑥相手の発言を受け止めて感想を述べ、適切なタイミングで次の質問を出し、知りたい情報を集めようとしている発言だから。⑦事前に準備した質問に加え、自分の考えも加えて質問をすることで、知りたいことを引き出すことができる発言だから。　問二「自分のために働く」という私の考えと「人のために働く」という警察官の考えとでは異なるが、「責任や誇りを持つことは大切である」という、お互いの共通点を見いだし、自分の考えをまとめている点。より二つ

〈解説〉問一　第一学年「A 話すこと・聞くこと」の「自分の考えを深めるためにインタビューする」言語活動に関する指導事項エでは「何のためにどのような状況で話を聞いているのか」を意識したうえで、話の内容を正確に理解するために、a「分からないこと」、b「知りたいこと」、c「確かめたいこと」などを話し手に尋ねたりすることである。資料1の①～⑧の質問のうち、a～cのいずれにも合致しないのは⑧である。また、資料1の〈インタビューで質問したいこと〉に係るものは「必要に応じて記録したり質問したりしながら～」に合致しないので評価から除外する。ただし、⑥、⑦は自分の感想や意見を踏まえながら質問をしているので、その点を踏まえれば評価の対象になる。　問二〈単元の評価基準〉にある「共通点や相違点などを踏まえて、自分の考えをまとめている」ことを踏まえているかみるとよい。警察官は公務員、つまり「全体の奉仕者」であるため、「人のために働く」が「自分の成長のために働く」より強い。一方、A子は「自分の成長のために働く」ほうを強く感じている。これが相違点であるが、「責任や誇りを持つ」という共通点もあげている。

【六】問一　①ス　②キ　③ク　④カ　⑤ソ　問二　①シ　②サ　③ク
④キ　問三　①ウ　②ソ　③シ　④コ　⑤ケ　⑥カ　問四　①ウ　②ア

③　エ

〈解説〉学習指導要領は現在抱える教育課題を踏まえ、生徒にどう指導するかをまとめたものであり、教員志望者は必ず学習することが求められている。特に、今回の改訂では学習面について、「何を学ぶか」だけでなく、「どのように学ぶか」「何ができるようになるか」といった視点からも目標や学習内容が見直されている。空欄補充形式問題ではキーワードとなる文言を中心に学習することになるが、小論文や模擬授業、面接などでは内容理解だけでなく、その知識を授業でどのように生かすかといった応用力が問われることもある。学習する際は、その点も意識するとよいだろう。

【高等学校】

【一】問一　a　こわだか　b　巧(み)　c　白虐　d　懲罰　e　えもの　問二　(人は、)心に思うことを、見るものや聞くものに託して言葉にする(ということ。)(二十六字)　問三　イ　問四　日本語には同音異義語や、言葉の二重性が多いという特徴があるから。(三十二字)　問五　聞いている人が、意外な語の合致点を見つけて合点すること。(二十八字)　問六　古来、日本人はおしゃべりではなく、短い制限をもつ歌で本音を表してきたため、おしゃべりが複雑になりすぎると、わざと短く切ろうとする。一方、南仏では話を短く終わらせるのは合理的でないと考えるため、長くて粘っこくなるという違いがみられること。(百十八字)

〈解説〉問一　a～eは、新聞や雑誌でもみる漢字である。問題集等での学習も重要だが、普段から新聞や雑誌を読み、漢字の幅を広げておくことも必要である。　問二　「歌うことの根」については「二つの歌集の間で変わっていない」、つまり、和歌について書かれたものであっても、歌についても同様であることに注意。「古今和歌集」の「仮名序」の中で、「心に思ふ事を、見るもの聞くものにつけて、言ひ出だせるなり」と述べており、筆者は以下の文で口語訳している。　問三　空欄補充は、文脈に整合する語句を選択する必要がある。空欄の前の文は、日本の歌が長く続かないことを述べており、その後の文は、短詩型文学である和歌と俳句が紹介されている。複雑な要素を省略した日本の韻文の特性から判断する。　問四　掛詞などをイメージすると理解しやすいと思われる。日本語の特徴について、形式段落第十段落では「日本語の同音異義語や、言葉の二重性の多さを拠りどころにしてきた」とある。これを踏まえるとよい。　問五　洒落については形式段落第十段落の後半で述べられている。「意外なところで語の合致点を見つけさせ、」とあるので、これを基に問題の答えになるよう文章を作成する。後文で「場合によっては～」とあるが、字数の関係上、原則論にとどめておく。問六　日本人はおしゃべりを敬遠するのに対し、南仏の人々は、おしゃべりによるユーモアで人を引きつける。また日本人は短い歌に自分の思いを凝縮し自己主張する。また短い言葉のオチで冗長なおしゃべりを切断するが、南仏の人々は、オチが入ると逆に話に火がつく。このおしゃべりの違いをまとめる。

【二】問一　a　うつむ(いて)　b　ゆが(めた)　c　隅　d　感嘆　問二　A　ア　B　ウ
問三　エ　問四　ぼくや母親のことを非難されることに耐えきれず、仕方なくサンタを否定する覚悟を決めたが、やがて一人になって悔しさや悲しさが一層募り、父親の不在も思い合わされて寂しさも感じている。(八十八字)　問五　ふみちゃんにほめられて我慢していた感情が溢れ出たため。(二十七字)
問六　Ⅰ　状況や立場によって変わるもの　Ⅱ　状況や立場にかかわらず一つしかないもの　Ⅲ　メジャースプーン(八字)

〈解説〉問一　解答参照。　問二　本来、A「顔を曇らせる」は「表情を暗くする」、B「ふいをつかれる」の「不意」は「予期していないこと。だしぬけ」を意味する。本来の意味、文の流れを踏まえて適切な意味を選択すること。　問三　後文をみると、サンタクロースの「いる」「いない」を超え、個人や家族を非難している状況になっていることを踏まえて考えるとよい。　問四　サンタクロース論争を超え、個人や家族攻撃になっているにもかかわらず、孤立無援であることを踏まえて考える。特に、②、③の前ではお父さんがいないことについて述べられているので、そのときの「ぼく」の心情も考えてまとめること。　問五　問四にある「歯を食い縛る」と対照的な表現であることに気がつくかがカギになるだろう。思いがけず仲間がいたことを知ったことにより、感情が溢れ出たことが述べられている。　問六　ふみちゃんはサンタがいないことを知っているのに、サンタの存在を否定する層が多いためにサンタがいるという考えを仕方なく否定して泣いている「ぼく」を庇い慰めている。一方、「ぼく」はサンタを否定したものの今でもサンタがいることを一途に信じこんでいる。この両者の「正しさ」の尺度を踏まえて、空欄のⅠ・Ⅱの語句を考える。Ⅲは、「あまりに偉いから、これを一つやろう」と「ぼく」に差し出すふみちゃんのメジャースプーンにはサンタの存在を否定し、その場の空気をしずめた「ぼく」の悔しさや悲しさをいたわるやさしい気持ちがこめられている。ふみちゃんの信念に基づいた「正しさ」のプレゼントであるといえるだろう。

【三】問一　a　嘘　b　翌朝　問二　A　カ　B　ケ　C　ア　問三　①　どうにかして聞くまい　②　辛かった都のことがとりわけなつかしくなってきたので、　問四　「ながす」に，地名の「長洲」と水に「流す」の意味を掛けている。　問五　ウ　問六　男は、「既に新しい女がいるのでしょう」と古歌を踏まえた恨み言を言ってきた女の気持ちに気付いたので、摂津国に長居せず都に戻った、ということ。(七十字)
問七　1　歌物語　2　伊勢物語　3　在原業平
〈解説〉問一　a「そらごと」(空言・虚言)は「嘘、偽り」、b「朝」(あした)は「(何か事の起こったあとの朝から)翌朝」を意味する。　問二　A・Cは前後の接続を、Bは係結びの結辞を考えること。A「り」は完了の助動詞「り」の連用形、B「けむ」は過去推量の助動詞「けむ」の連体形、C「れ」は自発の助動詞「る」の連用形である。　問三　①「いかで」は「どうにかして、なんとかして」という意味の副詞、「聞かじ」の「じ」は打消意志の助動詞。「～ないつもりだ、～まい」と訳す。②「憂かりし」はここでは「心苦しかった」と訳す。「京のみ」は「都のことだけが」、「恋しくなりゆきければ」の「けれ」は過去の助動詞「けり」の已然形で既成条件の接続助詞「ば」と接続しているので、「なつかしくなってきたので」と解釈する。　問四　掛詞は、同音異義語を利用し、上下に掛けて一語に両様の意味を持たせる修辞法。「思ひながす」に摂津の「長洲」と「(水に)流す」の意味を持たせている。　問五　Ⅱの歌は、「はるばると遠くまで続く海を物思いに暮れながら眺めていると、涙がまるで夕潮が満ちるように、袖をひたしてしまったことよ」と訳す。恋人の遠さを嘆く男の気持ちが込められている歌である。　問六　③は「長逗留もしないで、帰ってきたのだった」と訳す、その理由は女が「浜辺にいる人の袖まで満ち潮にひたるほど涙にくれた、とおっしゃいましても、摂津の国には、音に聞えた葦火焼く小屋がありますから、お袖の涙も乾いていることでしょう。きっとそちらに、いい人ができて、あなたをお慰めしているのではありませんか」と返歌してきたことにある。こんな古歌を踏まえた恨み言を言ってくるため、心動かされて男は京の女のもとに帰ったのである。　問七　『平中物語』は十世紀中ごろに成立した歌物語で、平貞文を主人公とする恋愛譚で三十九段から成る。『貞文日記』とも呼ばれる。歌物語は〈歌語り〉を母胎とするもので、作り物語に比して虚構性の度合いは低いが歌を中心とする独自の世界が実現されている。歌物語の代表作には、在原業平を主人公とする百二十五段前後の章段から成る『伊勢物語』や『大和物語』がある。

【四】問一　a　いよいよ　b　けだし　c　しかれども(しかるに)　問二　オ　問三　出でずんば、火且に尽きんとす。　問四　十分の一にも達することができなかったということ。(二十四字)　問五　ウ　問六　イ　問七　途中で出たがった仲間に従って、まだ十分に余力も明かりもあったのに洞窟から出てしまい、探検を存分に楽しみ尽くすことができなかったから。(六十六字)

〈解説〉問一　a「愈」は「一層。ますます」、b「蓋」は「思うに」という意味で推量を表す。c「然」は「けれども、しかしながら」と逆説を意味する。　問二　ここでは、洞窟内の様子を目にしたという意味である。　問三「不ンバ出デ火且ニ尽キント」の書き下し文である。　問四「十に一」は「十分の一」のこと。また、「不能」とあるので、洞窟内の十分の一にも至らなかったことを指す。　問五　空欄の前の文に「来而記之者巳少」とある。洞窟の左右の壁に訪れた記念の文字が少ないことを踏まえ「蓋其又深」と洞窟の奥が深いことを述べ、そこまで達した者が少ないことを推測している。　問六「出でん(む)」は「洞窟から出よう」という意味。文中に「有怠而欲出者」とある。さらに「不出、火且尽」の言葉に全員が洞窟から外に出たのだが、「火尚足以明」(明かりは十分にあった)ことから仲間から苦情が出たのである。　問七「悔」は作者が「欲出者」に従い、「遊之楽」を享受できなかったことへの心残りである。「予之力尚足以入」(体力も十分にあること)、「火尚足以明」(明かりも尽きることなく十分なこと)を踏まえて作者の心情を説明する。

【五】生徒が暮らす地域の課題を指摘し、その解決策を論述する活動を位置づけた授業を行う。言語活動では、公的機関のホームページ等の妥当かつ信頼できる情報に基づいて考えるよう指導する。また、調査した資料からグラフや数値などを引用するよう促し、引用した部分と自分の意見を書き分け、さらに出典を明記するよう指導する。評価基準は、妥当かつ信頼できる情報に基づいた地域の課題とその解決策が明確に示されていると

認められたならば、「おおむね満足できる」とする。(二百十八字)

〈解説〉「B　書くこと」のアは、「題材の設定、情報の収集、内容の検討」の指導事項である。目的や意図に応じて適切な題材を定め、目的や意図との関連に留意し、それが社会的に有益なものかどうかを報告、提言あるいは広報などで表現する言語活動である。「集めた情報の妥当性」とは、情報の正しさに加え、根拠としての適切さを備えていることをいう。「情報の信頼性」とは、情報の発信源の確実性の判断(誰が、いつ、どこで発信したものかの確認と判断)である。また「吟味する」とは、集めた情報の正誤や適否について詳しく検討し、書く内容を明確にすることである。以上の指導内容を踏まえ、題材の設定では、国語科の既習内容だけでなく、他教科での学習内容と関連づけて適切に選択するとよい。題材としては、解答のほかに「地域の伝統文化の継承と新しい文化の創造」や「地域の自然保護と環境汚染、汚染の防止」などが考えられる。なお、解答では「調査した資料からグラフや数値などを引用するよう促し」とあるが、引用する統計等は目的を達成できるものか、統計は信頼できるものか、といったことを特に吟味する必要があるだろう。英国首相であったベンジャミン・ディズレーリの言葉「嘘には三種類ある。嘘、大嘘、そして統計」に注意したい。

二〇二二年度　実施問題

【中学校】

【一】次の文章を読んで、以下の問いに答えなさい。

人間は言語をaバイカイにした意味の世界に生きる存在であり、他の生物とは比べものにならないほど外界に開かれた認知構造に支えられている。固定した本能に縛られていないおかげで人間は文化という複雑な意味体系を生み出した。

ところで、生物はすべて必ず何らかの閉鎖回路の内部でしか安定した生を営むことはできない。体温、水分の割合、カリウムなどの無機物含有量が一定の範囲以上に変化しないように生物は自らの内部環境を絶えず調節しているが、この一定に保たれた内部環境のおかげで、変化に富んだ外界に随時適応しながら生存できている。

同様に、認知的に外に開かれているからこそ、外部に拡大した自己を閉じるための装置が人間にはよけいに必要になる。そしてそれがまさしく文化に他ならない。文化とはすなわち体外に創出された〈内部〉であり、したがって、社会制度に対して人間が強く依存するのは論理的な必然性に則っている。諸個人が文化からの影響を免れることが難しいのは、生物学的な本能から自律するようになった事態の見返りとして支払わねばならない、当然の代償なのである。

文化は様々な規範・価値を通して我々の思考・行動に制限を加える。その意味において、人間の自由は限定を受けるが、しかしまたその社会規定性のおかげで日常生活の様々な場面での行為が可能になっている。相手に対して攻撃するつもりがないことを示すために犬ならば尻尾を振る。この行動は遺伝子的にほぼ決定されている。しかし生物としての所与に対して人間はもっと自由であり、好意を示すという同じ目的のために多様な表現が形成されている。したがって社会制度が我々の思考や行動に制限を加えなかったならば、相手に好意を示すためにどのような表現をすべきかの決定さえ困難になる。また相手の方としても、示された表現がどういった意味を持つのかを判断できない。生物学的所与から多大の自由を獲得しつつも安定した生を人間が営めるのは、その補償作用として社会が人間の自由を制限しているおかげなのである。

人間の思考や行動が社会制度によって規制されることはしたがって、人間の生を可能にする必要条件を成す。かといって、人間の作り出す規則の恣意性がそのまま露わであるうちは、他者が行使する強制力として規則が感じられてしまい、社会生活が円滑に営まれない。したがって、社会環境が行使する規制に何らかの正当性が付与されなければならない。言い換えるならば、集団が及ぼす力は、外部から強制する暴力としてではなく、内面化された規範の形を取って自然な感情の下に服従を促すのが望ましい。そしてそのためには社会秩序が人間全体から超越した相において我々の前に現れる必要がある。社会制度は人間が決めた慣習にすぎないが、①その根本的な恣意性が人間自身に対して隠蔽され、さも自然の摂理であるかのように表象されて初めて正常に機能する。

支配という概念を例にとってこの点をみておこう。支配と言うと通常は悪いものとして理解され、打倒すべきものと思われがちだが、それはbセンパクな見方にすぎない。マックス・ヴェーバーによれば支配とは次のような関係をいう。すなわち、少なくとも二人の個人あるいは二つの集団の間に上下序列制度のような非対称的な相互関係が存在しており、ある個人・集団Aがもう一方の個人・集団Bに発した命令あるいは示唆に適合した行動をBが取り、かつ、Aからの命令あるいは示唆がなければBはその行為を実行しなかったであろうという場合に、「AはBを支配している」と形容される。

ここで問題になるのは支配を可能にする手段・方法が何であるかだが、物理的な強制力や拘束力、すなわち殺傷したりcキガ状態においたりして直接的にまたは間接的に苦しみを与える能力だけが支配形態の発生と存続とを可能にするのではない。それどころか反対に、継続する安定した支配はこのようなむき出しの強制力によってはもたらされない。「一定最小限の服従意欲、すなわち服従することに対して外的あるいは内的な利害関心のあることが、あらゆる真正な支配関係の要件である」とヴェーバーが述べるように、真の支配においてはその命令意志を根拠のあるものとして現象させ、この支配関係に対する被支配者自身の合意を前提としている。

そしてこの合意が強制力の結果として現れずに自然な感情として表象されればされるほど支配は強固なものになる。言い換えれば、支配が理想的な状態で保たれているとき支配はその真の姿を隠蔽し、自然の摂理の表現であるかのごとく作用するのである。正当性の感覚を生み出す源泉としての信頼関係の性質によって、「伝統的支配」「合法的支配」「カリスマ的支配」という三つの理念型をヴェーバーは提唱したが、いずれの場合にせよ②支配の本質が正当性の合意にあることには変わりない。

このように根源的な意味で理解された支配は、安定した社会秩序を維持するために必要不可欠な条件である。支配から自由な社会というようなものは空想の産物にすぎず、そのようなユートピアは、「どこにもない場所」というギリシャ語の原義通り、建設しようがない。それは人類の努力がまだ足りないから、支配から解放された世界が実現していないということではない。支配は社会および人間の同義語だと言ってもよいほど我々の生活の根本的部分を成している。したがって支配関係が消失することは原理的にあり得ない。

社会の構成員の間には必ず上下関係が発生するが、彼らの地位の違いは何らかの方法で正当化される必要がある。そうでなければ構成員間で絶えず争いが生じ、社会が円滑に機能し得ない。十分な正当化がなされることなしに地位の差が長期間にわたって維持される状況は人間に耐えられるものではない。平等を理想として掲げる民主主義社会の出現を前にして、フランスの思想家トクヴィルは早くも次のような鋭い指摘をしていた。

> 彼らは同胞の一部が享受していた邪魔な特権を破壊した。しかしそのことによってかえって万人の競争が現れるようになる。地位を分けd ヘダてる境界そのものが消失したわけではない。単に境界の形式が変化したにすぎないのだ。(……)不平等が社会の常識になっているときには、最も著しい不平等にも人は気づかない。それに対して、すべての人々がほとんど平等化されている時には、どんな小さな不平等であっても人の気持ちを傷つけずにはおかない。だからこそ平等が増大するにしたがって、より平等な状態への願望は常に一層いやしがたいものになり、より大きな不満が募っていくのだ。

現在の支配体制を受け入れよと主張しているのではもちろんない。社会はその内部に必ず矛盾を含む関係態であり、その矛盾のおかげで変化が生成されてゆく。したがって支配者と被支配者とを交代させながら、時間が経てば必ず他の支配形態にとって変わられる。しかし支配の具体的形態は変遷しても、ヴェーバーが言及する根本的な意味での支配関係自体は決してなくならない。あるいは無理になくそうと企むことは同時に［A］させる道だと言ってもよいだろう。

近代民主主義社会といえど構成員の間に上下階級のない平等な社会などではまったくない。不平等は社会生活の本質的姿でさえある。もちろん時代によりまた地域により不平等の形態は様々であり、またそれに対する正当化の仕方も異なる。しかしどんな形態の社会であれ、不平等が完全になくなることはあり得ない。③支配のない自由な社会を建設しようという目論見は、四辺を持った三角形を描こうとするのと同じく原理的に矛盾しているのである。

近代社会に孕まれる問題点を鋭く指摘するフランスの文化人類学者ルイ・デュモンは、近代になって奴隷制が廃止され人間の平等が認められるようになったまさしくその時に人種差別イデオロギーが擡頭した事実を踏まえ、次のように警告している。

これこそ、平等主義が意図しなかった結果の恐らく最も劇的な例だろう。（……）平等よりも身分制の方がよいとか、あるいはこの場合に即して言えば、奴隷制度の方が人種差別よりましだとか主張しているのでは決してない。（……）イデオロギーが世界を変革する可能性には必ず限界があるということ、そしてまたその限界に無知なゆえにこそ、我々が求めるところと正反対の結果が生じてしまう危険があるということをこの事実は示唆している。

（小坂井　敏晶『民族という虚構』による）

問一　傍線部a～dのカタカナを漢字に直して書きなさい。

問二　傍線部①とはどういうことですか。その説明として最も適切なものを、次のア～エから一つ選び、その記号を書きなさい。

ア　超越した相において出現した社会秩序には、そもそも持続性がないこと。

イ　自然な感情の下に服従を促す社会規則には、本質的に公平性がないこと。

ウ　何らかの正当性が付与された社会環境には、従来から共通性がないこと。
エ　人間の思考や行動を規制する社会制度には、本来その必然性がないこと。
問三　傍線部②とはどういうことですか。六十字以上八十字以内で説明しなさい。
問四　本文中の空欄［A］にあてはまる言葉として最も適切なものを、次のア～エから一つ選び、その記号を書きなさい。
ア　本能的動物としての人間を破滅
イ　本能的動物としての人間を存立
ウ　社会的動物としての人間を破滅
エ　社会的動物としての人間を存立
問五　傍線部③は、なぜそのように言えるのですか。その理由を百字程度で説明しなさい。

（☆☆☆◎◎◎）

【二】次の文章を読んで、以下の問いに答えなさい。


家に着くと窓に明かりはなく、母が帰宅している様子はなかった。

「お母さんにご挨拶して戻りたかったが……」

先生は玄関先で思案するように呟(つぶや)いた。

「大丈夫。オレから母ちゃんに言っておくから」

「待たせてもらうのもなんだしな。そうか。じゃあ、よろしく言っておいてくれるか」

私がドアノブに手を掛けると「裕之、①今日はすまなかったな……いや、ありがとうな」と、先生は私の頭を撫でた。

「じゃあ、また来週、学校でな。ちゃんと宿題やってこいよ」

先生はそう言い残し、帰っていった。

それから間もなくして母が帰宅した。

「裕之、ご飯食べなかったのかい？」卓袱台（ちゃぶだい）に残されたメンチカツを見て言った。

「どっか具合でも悪いの？」

「ううん」と否定したものの、先生の家でごちそうになったとは言えなかった。それどころか肉まんのことも話していなかったのだ。それは後ろめたさを感じていたせいだ。

「じゃあ、なんで？」

「なんでって、別に……」

不機嫌そうに、しかも吐き捨てるように答えてしまった。

「なんだい、その言い方。母ちゃん、お前のこと心配してるんじゃないか」

母が苛立（いらだ）つのが分かったが、こちらも苛立ち「だって残りもんなんかうまくねえし。こんなんばっかりじゃあきるんだよ」と、悪態をついた。これまで溜め込んでいた鬱憤（うっぷん）が一気に噴き出したのだ。

「じゃあ、どうするんだい？　ずっと何も食べないでいるつもりかい？」

「いいよ、先生に食べさせてもらうからっ」

怒りにまかせて、つい口が滑ってしまった。

「先生?先生って……」

「新井先生だよ、オレんちがビンボーだから、肉まんも何も買えねーから、先生が、先生が食わしてくれたんだ」

歯止めが利かなくなってしまった私は、先生が言っていないことまで口走った。

「今日だって、先生んちで親子丼食べた。先生んちの親子丼は母ちゃんが作るメシより、百倍うめえんだ」

母は急にしぼんだ風船のように肩を落とし、それきり黙ってしまった。

言い過ぎた自覚はあったが、謝ることはできず「もう、オレ寝る」と言い放つと、敷き放しの布団に a モグり込んだ。


「ほら、朝ご飯食べたら、先生のうちに行くよ」と起こされた。前の晩、なかなか寝つかれず、寝入ったのは外が白み始めてからだった。

「なんでだよ」

「いいから行くよ。さっさと起きて、ほら」

困ったなと思いながら支度を済ませ、納豆がけご飯を掻き込むと、自転車に跨がった。

私が道案内として先を走り、母が付いてきた。

ペダルを漕ぎながら、どうしたものかと思案したものの b ミョウ案は浮かばず、あっという間に先生の家に到着した。

自転車から降りた母は先生宅を見上げながら小さな溜息をついた。

玄関前に立ち「ごめんください」と母が声を掛ける。

すぐに奥さんが現れた。母の背後にいた私に気づき、驚きながらもすぐに先生を呼んだ。

「あなた、裕之くんのお母さんが……」

顔を出した先生が「どうぞ」と家に招き入れようとしたが、母はその場で話し出した。

「先生、うちの子がお世話になっていたのに、まったく気づきませんでした。大変申し訳ありませんでした」

母は腰を折り曲げて頭を下げた。

先生は「言ってなかったのか」と私を見た。私は母の陰で身を縮めた。

「いやいや、私どもが勝手にしてしまったことで、こちらこそ申し訳ありませんでした」

今度は先生と奥さんが深々と頭を下げた。

「あの……先生……」

「はい」

「親切にしていただいて、こんなことを言えば恩知らずになりますが……でも、あの……うちが、その、いくら生活が苦しいからといって、食べ物を恵んでもらうなんて……うちは貧乏でも物乞いではありませんから」

母の表情は硬く、握った拳が微(かす)かに震えていた。母にとって、親としてのプライド、いや人としての意地のひと言であったのだろう。②私が言った余計なひと言で母を傷つけてしまったのだ。

「いやいや、誤解されては困ります。そんな、そんな気持ちは毛頭ありません。決してそのようなことで裕之くんをうちに呼んだわけではありません」

先生が困った顔をしていると、「主人は……」と奥さんが割って入った。

「主人は私のために、裕之くんを連れてきたんです」

「はい？」母が奥さんを見た。

先生が「お前はいいから」と言う制止も聞かず、奥さんは一度深呼吸をすると話し始めた。

「実は私たちには息子がおりました。生きていれば、中学三年生になっていました……」

　奥さんは、息子が亡くなったときのことを話し始めた。

　五年前の夏休み、その子は友達と前日に降った大雨で増水した川に鰻獲り（うなぎと）に出掛け、足を滑らせ濁流（だくりゅう）に呑まれて溺死（できし）したのだ。

　大雨の後は、大きな鰻やどじょうが獲れる。そういうことは、この辺りに住んでいる者なら誰でも知っていることだった。

「予々（かねがね）、主人のクラスに亡くなった息子に似た生徒さんがいると聞かされておりました。私がつい、一度会ってみたいわねと言ってしまったものですから、主人はただ……。とにかく、お母さんがおっしゃるような、恵んでやっているとか、施しをしてやっているなどということはありません」

　奥さんは二度三度と頭を下げた。先生が奥さんの肩を抱き、強く揺さぶった。

　枯れ葉掃除に連れてこられたのは、そういうことだったのかと合点はいったものの、奥さんが詫（わ）びる姿に私はますます心苦しくなった。

「いかなる事情があるにせよ、また担任であるにもかかわらず、私情を挟んで接したことは申し訳なく思っております。でも、お母さん、私はただ単に裕之くんに食べさせたわけではありません。裕之くんには学校の用事を手伝ってもらいました。そのとき色々と話もできましたしね。そして裕之くんはしっかり働いてくれましたよ。おこがましいようですが、この子はがんばれる、大丈夫だと思いました。きっと裕之くんも分かってくれていると思います。だから夕ご飯は言うなれば、正当な報cシュウです。ご家庭内の肩たたきや皿洗いのお駄賃となんら変わりありません」母は俯（うつむ）き加減に、目をしばたたいていた。

「ですが、結果的にお母さんに不dユ快な思いをさせてしまいました。本当にすみませんでした」

　先生がゆっくりと頭を下げた。

私は③どうにもいたたまれなくなり、ついには大声を出して泣いた。

「裕之……何、泣いてんの、お前は……」母は私の名を呼ぶと、そっと背中を摩（さす）った。

「先生、私は、私は……」母はそこまで言うと首を振った。

そして一度小さく咳払（せきばら）いして「いえ、こんなばか息子ですが、今後ともよろしくお願いします」と頭を下げた。


（森浩美『お駄賃の味』による）

問一　傍線部a～dのカタカナを漢字に直して書きなさい。
問二　傍線部①と言った時の先生の心情を六十字以上八十字以内で説明しなさい。
問三　傍線部②の内容について三十字以上五十字以内で説明しなさい。
問四　傍線部③の時の私の心情を、「いたたまれなくなり」の内容を明らかにして六十字以上八十字以内で説明しなさい。
問五　この文章の表現の仕方として、最も適切なものを、次のア～エから一つ選び、その記号を書きなさい。
ア　会話文を多く用いて展開させることにより、登場人物の心情を分析的に描写し、私と先生との間に生じた心の溝を写実的に表現している。
イ　対比的な表現を多用することにより、登場人物の性格を対照的に描写し、家庭の状況に対する私と母の考えの違いを巧みに表現している。
ウ　一人称視点を用いることにより、私の目を通した登場人物の様子を丁寧に描写し、それぞれの立場における思いを印象的に表現している。

エ　三人称視点を用いることにより、登場人物を客観的な視点で描写し、私に対して抱いている母や先生の複雑な心情を繊細に表現している。

（☆☆☆◎◎◎）

【三】次の文章を読んで、以下の問いに答えなさい。

　これも今は昔、橘大膳亮(たちばなのだいぜんのすけ)の大夫(たいふ)以長(もちなが)といふ蔵人(くらうど)の五位ありけり。法勝寺千僧供養に、鳥羽院御幸(とばのゐんごかう)ありけるに、宇治左大臣参り給ひけり。先に公卿(くぎやう)の車行きけり。後(しり)より左府参り給ひければ、車をおさへてありければ、御前(ごぜん)の随身(ずいじん)おりて通りけり。それにこの以長一人(ひとり)おりざりけり。いかなる事にかと見る程に、①帰らせ給ひぬ。さて帰らせ給ひて、「いかなる事ぞ。公卿あひて礼節して車をおさへたれば、御前の随身みなおりたるに、②未練の物こそあらめ、以長おりざりつるは」と仰(おほ)せらる。以長申すやう、「こはいかなる仰せにか候(さぶら)ふらん。*1礼節と申し候ふは、前にまかる人、後(しり)より御出なり候はば、車をやり返して御車に向へて、牛をかきはづして榻(しぢ)に軛(くびき)を置きて、通し参らするをこそ礼節とは申し候ふに、先に行く人、車をおさへ候ふとも、後(しり)を向け参らせて通し参らするは、礼節にては候はで、無礼(ぶれい)をいたすに候ふとこそ見えつれば、さらん人には、おりて候はんずるぞと思ひて、おり候はざりつるに候ふ。誤りてさも候はば、うち寄せて③一言葉(ひとことば)申さばやと思ひ候ひつれども、以長年老い候ひにたれば、おさへて候ひつるに候ふ」と申しければ、左大臣殿、「いさ、この事いかがあるべからん」とて、あの御方(かた)に、「かかる事こそ候へ。いかに候はんずる事ぞ」と申させ給ひければ、「以長古侍(ふるさぶらひ)に候ひけり」とぞ仰せ事(ごと)あり［ア］。昔は、かきはづして、榻をば轅(ながえ)の中に、おりんずるやうに置きけり。これぞ礼節にてはあんなるしぞ。

（『宇治拾遺物語』による）

（注）
＊1　榻　牛車の轅（ながえ）の軛（くびき）（轅の先端部についている横木で、牛の頸（くび）にかけてつなぐ）を載せる四脚の台

問一　本文中の空欄 ア に当てはまる言葉を、次のア〜エから一つ選び、その記号を書きなさい。
ア　けら　　イ　けり　　ウ　ける　　エ　けれ

問二　傍線部①「帰らせ給ひぬ」の主語を文章中から抜き出して書きなさい。

問三　傍線部②「未練の物こそあらめ、以長おりざりつるは」を口語訳しなさい。

問四　傍線部③「一言葉申さばや」とありますが、どのようなことを伝えようと思ったのですか。四十字以上六十字以内で口語で書きなさい。

問五　本文中では、以長はどのような人物として描かれていますか。最も適切なものを、次のア〜エから一つ選び、その記号を書きなさい。
ア　年をとっても権力をもち、主君の軽微な過ちに対して厳しく非難する人物。
イ　古くからの礼節に精通し、主君に対して自分の考えを堂々と主張する人物。
ウ　礼儀より合理性を重んじ、主君の洞察に富む考えを尊重して行動する人物。
エ　無礼な振る舞いに敏感で、主君の行動に対して細部にわたり指南する人物。

（☆☆☆◎◎◎）

【四】次のA～Fの短歌について、あとの問いに答えなさい。

A　白つつじ影かと見えるうす紅のほのかな色に花花はにほふ　片山　廣子
B　ただ一つ松の木の間に白きものわれを涼しと膝抱き居り　長塚　節
C　忘られず青き活動の幕ぎれに巴里の大路をよこぎりしひと　萩原　朔太郎
D　槍ヶ岳そのいただきの岩にすがり天の真中に立ちたり我は　窪田　空穂
E　雪山の道おのづからあはれなり猪は猪の道杣は杣の道　穂積　忠
F　咲きのかぎり咲きたるさくらおのづからとどまりかねてゆらげるごとし　三ヶ島　葭子

【Aの鑑賞文】
白つつじは朝の花が美しい。咲きたての花に近く眼を寄せてみると、ほのかな紅が芯の深みにひそんでいることがある。「（　①　）」という、あえかな色の捉え方も、白つつじのこまやかな花の色の、光りへの反応をよくあらわしている。咲きたてのつつじの花のつややかな花びらの可憐さを、間近に見るのもじつに美しいのである。

（馬場あき子「花のうた紀行」による）

【Bの解説文】
晩年の大作「鍼の如く」の一首で、大正三年七月、福岡の九大付属病院に入院中の作。病院裏には美しい松林があって海に続いていた。白い浴衣を着て一人松林を歩み、砂に坐って膝を抱く涼しさ。自分自身を「白きもの」と（　②　）に見て微笑する心のゆとりが、節の歌の気品を生んだ。

（水原紫苑「大岡信『折々のうた』選　短歌（一）」による）

問一　Aの鑑賞文中の空欄（　①　）にあてはまる語句を、Aの句から抜き出して書きなさい。

問二　Bの解説文中の空欄（　②　）にあてはまる語句を、次のア～エから一つ選び、その記号を書きなさい。

　ア　直感的　　イ　虚無的　　ウ　悲壮的　　エ　客観的

問三　Cの短歌の句切れを書きなさい。

問四　DとEの短歌について、あてはまる表現技法を、次のア～エから一つずつ選び、その記号を書きなさい。

　ア　対句　　イ　倒置　　ウ　直喩　　エ　反復

問五　Fの短歌は、どのような情景を取り上げ、どのような感動をこめていますか。次の【例】を参考にして説明しなさい。

【例】　池水は濁りににごり藤なみの影もうつらず雨ふりしきる　伊藤　左千夫

　藤の花と、降りしきる雨のせいで濁った池が作者の目前に広がっている情景を取り上げている。晴れていれば池に藤の紫が映って、景色としてはより美しく映えたものであったはずだが、「濁りににごり」と表現することで池に映らないことを落胆せずに、雨が降りしきる中、美しく咲いている藤への感動を込めている。

（☆☆☆◎◎◎）

【五】中学校学習指導要領(平成二十九年三月)第2章「第1節 国語」及び中学校学習指導要領解説国語編(平成二十九年七月)を基に、中学校第三学年の〔思考力、判断力、表現力等〕における「B書くこと」の指導において、「関心のある事柄について批評するなど、自分の考えを書く」言語活動を通して、指導事項ウ「表現の仕方を考えたり資料を適切に引用したりするなど、自分の考えが分かりやすく伝わる文章になるように工夫すること。」を指導したいと考えています。

そのため、次のような〈単元の評価規準〉と〈単元構想表〉で授業をすることとします。【生徒が四時間目に書いた意見文の下書き】に対して、評価規準と照らし合わせ、どのような助言をしますか。助言する箇所を明確に示して二つ書きなさい。

〈単元の評価規準〉

思考・判断・表現
「書くこと」において、資料を適切に引用し、自分の考えが分かりやすく伝わる文章になるように工夫している。

〈単元構想表〉

一時間目	・単元の学習の見通しをもつ。 ・「環境問題」の中から題材を決定する。
二時間目	・資料や情報を収集する。 ・集めた資料や情報を整理する。
三時間目	・文章の構成メモを作成する。
四時間目	・構成メモを基に下書きをする。
五時間目	・下書きを読み合い、推敲して清書する。
六時間目	・書いた文章を読み合って感想を交換する。

【生徒が四時間目に書いた意見文の下書き】

私たちは今、とても豊かで便利な生活を送ることができています。必要なものをつくりだし、限りある資源を自分たちのために使い、そして不要になったものはすぐに捨てるなど、自分たちの都合のいいように暮らしています。しかし、このような便利で豊かな社会は、多くの問題も抱えています。特に環境が悪化し、地球温暖化が進んでいることは重要な問題だと考えます。

地球温暖化がもたらす私たちの生活への影響としては、気候変動による台風や洪水の増加、干ばつなどがあげられます。これらの件数は年々増加して、その被害は大きくなってきており、私たちの命をも脅かすものとなっています。

地球温暖化の原因は、温室効果ガスの増加である可能性が高いとされています。温室効果ガスとは二酸化炭素やメタン、一酸化二窒素などのことです。【表1】によると、どの年の結果を見ても二酸化炭素の排出量の割合は九〇%を超え、温室効果ガス排出量の多くを占めており、石油や石炭など化石燃料の燃焼によって排出される二酸化炭素が温暖化の最大の原因であることが分かります。この温暖化を防止するために、私たち中学生にできることは何かないのでしょうか。

【図1】を見ると、家庭から排出される二酸化炭素排出量の内訳は、水道からが二%、暖房からが一六%、冷房からが三%、給湯からが一四%、キッチンからが五%、照明・家電製品などからが三一%、自動車からが二五%、ゴミからが四%と様々な要因があげられています。このことから、節電に取り組むことが私たちにできることだと思います。使用していない部屋や教室の照明を消すこと、テレビやパソコンなど、使用していない時には電源を消すことなど、今すぐに取り組むことができます。

一人一人にできることは小さなことかもしれませんが、多くの人が継続的に節電に取り組んでいくことで二酸化炭素の排出量を減らすことができます。節電への意識を高く持ち、今できることから始めてみませんか。

【表１】

各温室効果ガス排出量

	2005年	2013年	2018年	2019年
二酸化炭素	1,294 93.7%	1,318 93.6%	1,146 91.9%	1,108 91.4%
メタン	34.7 2.5%	30.0 2.1%	28.6 2.3%	28.4 2.3%
一酸化二窒素	25.0 1.8%	21.4 1.5%	20.1 1.6%	19.8 1.6%
代替フロン等４ガス	27.9 2.0%	39.1 2.8%	52.9 4.2%	55.4 4.6%
合計	1,381 100%	1,408 100%	1,247 100%	1,212 100%

単位：百万トン CO_2 換算　　出典：環境省

【図１】

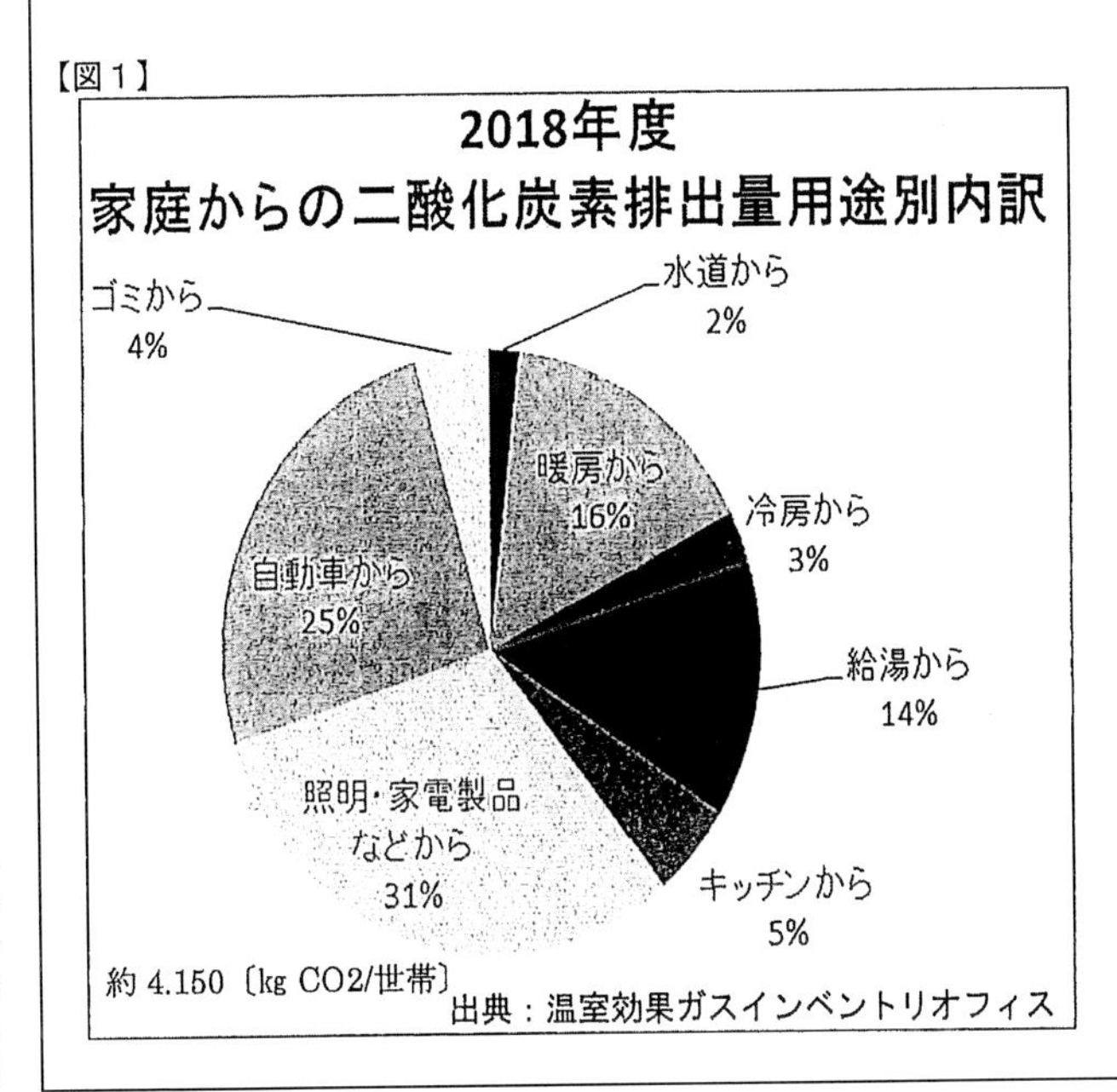

（☆☆☆◎◎◎）

【六】次の各問いに答えなさい。

問一　次の各文は、中学校学習指導要領（平成二十九年三月）第2章「第1節　国語」における各学年の目標〔第1学年〕です。

次の〔　①　〕～〔　⑤　〕に入る言葉を、以下のア～ソから一つずつ選び、その記号を書きなさい。

(1)　社会生活に必要な国語の〔　①　〕を身に付けるとともに、我が国の言語文化に親しんだり理解したりすることができるようにする。
(2)　〔　②　〕考える力や豊かに感じたり想像したりする力を養い、日常生活における人との関わりの中で伝え合う力を高め、自分の思いや考えを〔　③　〕ことができるようにする。
(3)　言葉がもつ〔　④　〕とともに、〔　⑤　〕読書をし、我が国の言語文化を大切にして、思いや考えを伝え合おうとする態度を養う。

ア　幅広く　　イ　思考力や表現力　　ウ　価値に気付く　　エ　豊かなものにする
オ　知識や技能　　カ　価値を認識する　　キ　論理的に　　ク　日常的に
ケ　価値を実感する　　コ　確かなものにする　　サ　基礎的な知識　　シ　批判的に
ス　整理する　　セ　筋道立てて　　ソ　進んで

問二　次の各文は、中学校学習指導要領（平成二十九年三月）第2章「第1節　国語」における各学年の内容のうち〔知識及び技能〕の(1)言葉の特徴や使い方に関する事項について抜粋して示しているものです。

次の〔　①　〕～〔　⑥　〕に入る言葉を、以下のア～ツから一つずつ選び、その記号を書きなさい。

〔第1学年〕
エ　単語の〔　①　〕について理解するとともに、指示する語句と〔　②　〕語句の役割について理解を深めること。
〔第2学年〕
エ　〔　③　〕概念を表す語句の量を増すとともに、類義語と対義語、同音異義語や多義的な意味を表す語句などについて理解し、〔　④　〕の中で使うことを通して、語感を磨き〔　⑤　〕を豊かにすること。
〔第3学年〕
ウ　話や文章の種類とその〔　⑥　〕について理解を深めること。

ア　象徴的な　イ　分類　ウ　心　エ　反復する　オ　まとめる　カ　話や文章
キ　種類　ク　語彙　ケ　会話　コ　意味　サ　抽象的な　シ　特徴
ス　効果　セ　接続する　ソ　学習　タ　具体的な　チ　類別　ツ　言葉

問三　次の表は、中学校学習指導要領(平成二十九年三月)第2章「第1節　国語」における各学年の内容のうち〔思考力、判断力、表現力等〕について抜粋して示しているものです。表中の〔　①　〕〜〔　⑥　〕に入る言葉を、以下のア〜ツから一つずつ選び、その記号を書きなさい。

第1学年	第2学年	第3学年
A　話すこと・聞くこと (1)　話すこと・聞くことに関する次の事項を身に付けることができるよう指導する。 イ　自分の「　①　」が明確になるように、話の中心的な部分と「　②　」な部分、事実と意見との関係などに注意して、話の構成を考えること。	C　読むこと (1)　読むことに関する次の事項を身に付けることができるよう指導する。 イ　目的に応じて「　③　」を整理しながら適切な情報を得たり、登場人物の「　④　」などについて考えたりして、内容を解釈すること。	B　書くこと (1)　書くことに関する次の事項を身に付けることができるよう指導する。 オ　「　⑤　」などについて、読み手からの「　⑥　」などを踏まえ、自分の文章のよい点や改善点を見いだすこと。

ア　複数の情報　　イ　主張や思い　　ウ　心情の変化　　エ　強調的　　オ　立場や意図
カ　助言　　キ　形式的　　ク　言動の意味　　ケ　論理の展開　　コ　重要な叙述
サ　感想　　シ　考えや根拠　　ス　相互関係　　セ　批評　　ソ　根拠の明確さ
タ　読み取った内容　　チ　表現の工夫　　ツ　付加的

問四　次の各文は、中学校学習指導要領(平成二十九年三月)第2章「第1節　国語」における「指導計画の作成と内容の取扱い」について抜粋して示しているものです。

次の「　①　」～「　③　」に入る言葉を、以下のア～エから一つずつ選び、その記号を書きなさい。

1　指導計画の作成に当たっては、次の事項に配慮するものとする。
(8)　障害のある生徒などについては、学習活動を行う場合に生じる【　①　】に応じた指導内容や指導方法の工夫を計画的、組織的に行うこと。

2　第2の内容の取扱いについては、次の事項に配慮するものとする。
(1)　〔知識及び技能〕に示す事項については、次のとおり取り扱うこと。
ウ　書写の指導については、第2の内容に定めるほか、次のとおり取り扱うこと。
(ア)　文字を正しく整えて【　②　】ことができるようにするとともに、書写の能力を学習や生活に役立てる態度を育てるよう配慮すること。

3　教材については、次の事項に留意するものとする。
(5)　古典に関する教材については、古典の原文に加え、古典の【　③　】、古典について解説した文章などを取り上げること。

【　①　】の選択肢
ア　障害の程度　　イ　困難さ　　ウ　個々の状況　　エ　個人差

【　②　】の選択肢
ア　丁寧に書く　　イ　適切に書く　　ウ　バランスよく書く　　エ　速く書く

【　③　】の選択肢
ア　文法　　イ　時代背景　　ウ　現代語訳　　エ　特徴的な言い回し

（☆☆☆◎◎◎）

【二】次の文章を読んで、以下の問いに答えなさい。【高等学校】

過去をいかに語るかという歴史叙述の方法は、地域文化により様々なスタイルがあり、時代によっても変化する。ここでは後に紹介する歴史教育に現れる語り方を踏まえて、日本とアメリカの二つの典型を紹介しよう。

日本における公の歴史叙述を八世紀の記紀の時代から分析した丸山[*1]は、日本の歴史叙述の特徴を「つぎつぎになりゆくいきほい(勢い)」という語句にまとめている。この語句で表現されているのは、歴史の語りにおける「連続性」と「自然性」、そして「不可逆性」の三つの特徴である。

日本の歴史叙述の「連続性」は、記紀の冒頭に現れる「つぎ・つぎ・つぎ」という接続詞の(a)繁用に表れていると丸山は指摘する。ここで丸山は、「つぎ(次)」という接続詞でつながれる一連の出来事は、「価値的な先後でもなければ、論理的な先後でもなく(傍点は原文のまま)、ひたすら前へ前へと進んでゆく継続的な時間の勢いであると述べている。出来事をそれらが生起した順番に「つぎに、つぎに」と並列的に並べてゆく語りの構造である。

次に「自然性」に関して、①歴史自体が「作られ」たり「生まれ」たりするものではなく、「なる・なりゆく」ものであるという観念が日本の歴史意識を支配していると指摘している。丸山によれば、「作る」・「生まれる」・「成る」の三つの動詞は、それぞれが三タイプの天地創造のあり方と呼応すると言う。まず、ある目的のために創造主がこの世を「作」った、次に神々の交わりによってこの世が「生」まれた、さらに、この世に満ちている特定不可能な力によって「成った」、という三タイプである。天地創造が語りに重要な意味を持つのは、この世の始まりが時間の始まり、つまり事の始まりを表すからである。日本の歴史叙述に支配的な「なる」という概念は、天地創造の目的や、時と事の起源とその終わりが曖昧であることを表している。さらに「時勢」とか「天下の形勢」の言葉に表れる日本の歴史概念は、時間の経過そのものに歴史の主体を求めており、人間や超越神や思想などの主体性を否定していると言う。

最後の「不可逆性」に関して、「時のいきほい(勢い)」とは、歴史を展開させる主体は人間ではなく、時間の勢いであるととらえる、日本の歴史叙述の特色を指す。時間の勢いは、しばしば力学的な運動量(モメンタム)[*2]に喩えられる。一度はずみのついた物体運動が、慣性によって方向転換や後進ができなくなるように、ある方向への勢いがつくと、もはやその方向を変えることはできず、ましてやそれを逆流させることはできなくなる。

「つぎつぎになりゆくいきほい」に特徴付けられる歴史の語りとは、歴史には明確な始まりも終わりもなく、無限に前へと進む時間の勢いによって成り立っているというものである。この歴史のイメージは、「ある未来の理想的な社会を目標と定め、それから逆算して現在を見る」一八世紀の古典的な進歩史観とは対極に位置する。近代以降、あるいはそれ以前から、多くの歴史叙述の様式が海外からもたらされたにもかかわらず、この伝統的な歴史意識は持続低音として、その主センリツ[b]、すなわち渡来した歴史叙述の性質をも変える影響力を持ち続けたと丸山は主張している。

これに対してアメリカでは、因果律による社会科学の説明の枠組みが、歴史叙述に大きな影響力を持っている。時系列型の歴史の語りと決別して、因果律による歴史の説明様式が支配的になった状況に警鐘[c]を鳴らす議論は、アメリカではすでに一九四三年に現れた。人々が歴史家に求めるのは、「なぜ」「何が原因で」そうなったかの疑問に対する回答であり、それに対して歴史家は、歴史的事実を選別し、順序付け、再構成した後に、一連の出来事を「したがって」「なぜならば」「ゆえに」などの接続詞でつなぐ。その際にこれらの接続詞は、問題を提起しその原因を探るという、因果律を使った説明であることを示す指標となったのである。

この状況をドノバン[*3](T.Donovan)は、『アメリカの歴史思想』の中で、歴史的な因果関係は「過去へ過去へと戻りつつ出来事をつなぐ糸」が存在するという仮定に基づいており、歴史家の役割は、歴史的事件を「遡ってその因果関係の源を探ること」だと述べている。さらにドノバンは時系列と因果律の違いと、②歴史叙述における因果律の優位をこうも考察している。時系列で出来事を生起順に語るだけでは、その時々の状況は理解できても、なぜある特定の出来事が起こったのかを知ることはできない。年代記作家は、歴史的資料を再編成して、歴史叙述にある方向性を与えるのを拒むのに対して、歴史家は、歴史的資料に原因結果の枠組みを与えることにより、歴史叙述にある完結した状態、つまり「理解しやすいまとまり」を与えることだと述べている。実は③この枠組みを与える作業には、歴史家の主観的な判断が不可欠であり、歴史家は資料を読む際に、ある「視点」を持つことが要請される。この視点の多様さが、とりもなおさず歴史の説明の多様性につながる。さらに過去を「遡って見る」ことで、特定個人の行動に注目したり、個人の願望や目的などを歴史の動力と結びつける傾向を強めるとも指摘している。

ここで興味深いのは、丸山とドノバンの両者が、共に進化論の受容と歴史意識の密接な関係を指摘しながら、それぞれが逆の方向を見ていることである。丸山が進化を「無限の適応過程」ととらえたのに対して、ドノバンは進化を「自然淘汰の法則によってもたらされた最終結果」と見ている。両人はいずれも歴史を進化の具現としながらも、時間の流れを逆の方向から見ているのである。つまり丸山が、歴史とは方向性も究極目標もなく、ただ前へ前へと時の勢いで進むものととらえるのに対して、ドノバンは、過去の「最終結果」として現れた現在を起点に、過去を振り返って歴史の進行を眺めているのである。さらに、丸山が進化を連続する観念的な「過程」ととらえたのに対して、ドノバンは「生物体」という実態的な「主体」から進化を把握した。

二人の歴史家が描いた日本とアメリカの歴史意識と、それを反映した叙述構造をdカンリャクにまとめると、日本では歴史を時系列で、連続的に前へ進むものととらえるのに対して、アメリカでは因果律で、結果から原因となる出来事を逆向きに探ることで歴史を記述する。

ではそのような前へ進む連続時間と逆に後退する時間が、日本とアメリカの叙述の構造や議論の進め方に、実際にはどのように反映しているのだろうか。

日米の大学生を対象とした作文実験と討論観察の比較は、両国の書き方や語り方の違いを具体的に示してくれる。例えば小林[*4]は、ある大学生の一日を描いた一連の絵を見せて、その絵について両国の学生に作文してもらった。その結果、日本人学生は出来事が起こった順番に書いて、主題を最後に置く強い傾向があるのに対して、アメリカ人学生は一日の総括や、一連の絵からeチュウシュツした一般主張をまず述べて、一連の絵をその理由付けとして説明する傾向が明らかになった。小林の実験で注目したいのは、何から書き始めて何で終えるかについて、両国で「自然」と思われる説明の構造が異なることである。

日本とアメリカの議論の様子を比べた渡辺[*5]の観察では、書く構造がそのまま語る構造に反映されている点を明らかにしている点が興味深い。理由を説明する際に、日本人学生はまず過去のある時点に遡り、そこから起こった出来事を順番に述べるのに対して、アメリカ人学生は、結論に対して最も直接的な原因のみを述べるというのである。例えば、「あなたはなぜ英語(アメリカ人学生には日本語)を学ぶ決心をしたのか」という問いに対して、日本人学生は「私が一八の時に一ヶ月間ホームステイをして、そして……」と長い体験談を語るのに対して、アメリカ人学生は、「父親が日本で交換学生プログラムを設立し、彼がそれを気に入ったので、私は日本語を取ることにしました」と述べて終わる。この例から、日本人学生は理由を述べるのに「物語」の枠組みを使い、複合するすべての理由を挙げるのに対して、アメリカ人学生は「要約(briefing)」や「報告

(reporting)」の枠組みを使い、理由を一つだけ述べる傾向があると特徴付けている。日本人学生の時系列の説明では、最も直接的で重要な原因は話の最後まで保留される。それに対してアメリカ人学生が時系列で説明を始めても、それに気付くとすぐさま中断して要旨だけを言い直したり、空いた時間を埋める橋渡しを行うと言う。④日本とアメリカでは、自然だと感じる理由付けの構造が異なるのである。

(渡辺雅子「納得の構造―日米初等教育に見る思考表現のスタイル―」による)

(注)

＊1 丸山…丸山真男。日本の政治学者、思想史家。

＊2 モメンタム…物理学で「運動量」の意味。質量と速度の積として定義される。

＊3 ドノバン…Timothy Paul Donovan アメリカの歴史学者。

＊4 小林…小林ひろ江。日本の英語教育学者。

＊5 渡辺…渡辺素和子。アメリカの日本語教育学者。

問一 波線部a～eについて、漢字のものは本文中での読みをひらがなで答え、カタカナのものは漢字に直しなさい。

a 繁用　b センリツ　c 警鐘　d カンリャク　e チュウシュツ

問二 傍線部①「歴史自体が『なる・なりゆく』ものである」とあるが、これはどういうことか。本文の内容に即して六十字以内で説明しなさい。

問三 傍線部②「歴史叙述における因果律の優位」とあるが、「因果律」はどのような点で「優位」なのか。その説明として適当なものを次のア～オの中から一つ選び、記号で答えなさい。

ア　歴史上の出来事が起こった順番に沿って説明することで、出来事の内容を正しく理解できる点。
イ　特定の「視点」に沿って歴史上の出来事を叙述することで、時々の状況を正しく理解できる点。
ウ　歴史上の出来事の原因を明らかにすることで、多様な視点から歴史をとらえることができる点。
エ　歴史上の出来事とその原因を関係付けることで、分かりやすく歴史をとらえることができる点。
オ　歴史上の出来事に関わる個人に注目することで、普遍的な人間のあり方について理解できる点。

問四　傍線部③「この枠組みを与える作業」とあるが、これはどうすることか。本文の内容に即して四十字以内で説明しなさい。

問五　傍線部④「日本とアメリカでは、自然だと感じる理由付けの構造が異なる」とあるが、これはどういうことか。それぞれの国の歴史叙述のあり方を踏まえて、百字以内で説明しなさい。

（☆☆☆◎◎◎）

【二】次の文章を読んで、以下の問いに答えなさい。

小学五年生の圭太(けいた)（「ぼく」）は父親（「パパ」）と一緒に「わんぱく共和国」が主催する「父と息子のふれあいサマーキャンプ」に参加することになった。そのキャンプのターザンごっこで手を滑らした圭太は地面に落ち、キャンプのリーダーであるリッキーさんたちに宿直室まで運ばれた。

ケガといっても、たいしたことじゃない。地面に落ちるときに腰を打ち、てのひらを擦りむいた、それだけだ。

でも、リッキーさんたちはあわてふためき、担架でぼくをログハウスの宿直室に運び込んだ。レントゲンだのショウガイ保険だのといった言葉が、ドアの向こうから聞こえてくる。

いや、リッキーさんたちは、①ぼくを心配しているだけじゃなかった。

「とにかく、参加しようとする意志が見られないんですよね。なにをやってもつまらなさそうな態度で、こっちが盛り上げようとしても、ぜんぜんノってこないんですから」

「はあ……どうも、すみません……」

「パパの声が聞こえて、ぼくは体を起こした。腰がズキッと痛む。やっぱり、けっこう、ひどいケガなのかもしれない。

「シラけたポーズがカッコいいんだと思ってるのかもしれませんが、そんなのね、しょせん小学生が斜に構えてるだけなんですから、ぼくらから見るとあきれるしかないんですよ」

しょせん――とリッキーさんは言った。

ふうん、とぼくは腰を手で押さえたまま、黙ってうなずいた。なるほどね、そうなんだ、ふうん。②何度もうなずいた。終業式の日に通知表を渡されて、[*1]〈もっとがんばりましょう〉を見つけたときも、こんなふうにうなずいていたような気がする。

『わんぱく共和国』に来てからずっと感じていた嘘っぽさは、やっぱり間違ってなかった。リッキーさんが自分で種明かししてくれた。ぼくらはみんな「しょせん小学生」で、そんなぼくらに、あのひと、営業用スマイルでにこにこ笑ってたんだ。ぼくが営業用わんぱく少年にならなかったから、あんなにむかついてたんだ。

パパの返事は聞こえない。うつむいて黙りこくっているんだろうか。そんなの嫌だ。絶対に、嫌だ。

ぼくはベッドから降りて、ドアに耳をつけた。

「失礼ですが、圭太くん、東京でも友だちが少ないタイプじゃないんですか？　ちょっとね、学校でもあの調子でやってるんだとしたら、心配ですよねえ。お父さんも少し……」

　言葉の途中で、大きな物音が響いた。机かなにかを思いきり叩(たた)いた、そんな音だった。

　ぼくはドアをちょっとだけ開けた。正面はリッキーさんの背中、その脇(わき)から、机に両手をついて怖い顔をしたパパの姿が見えた。

　ケンカになるんだろうか、とドアノブに手をかけたまま身をb縮めた。

　でも、パパは静かに言った。

「圭太は、いい子です」

「いや……あの、ぼくらもですね、べつに……」

　リッキーさんの言い訳をさえぎって、「誰になんと言われようと、あの子は、いい子です」と、今度はちょっと強い声で。

　照れくさかった。嬉(うれ)しかった。でも、なんとなくかなしい気分にもなった。③「ありがとう」より「ごめんなさい」のほうをパパに言ってしまいそうな気がして、そんなのヘンだよと思って、「いい子」の意味がよくわからなくなって、困っていたら手に力が入ってドアノブが回ってしまった。

　ドアといっしょに前のめりになって出てきたぼくを見て、リッキーさんは、まるでゴキブリを見つけたときのパパみたいに「うわわわっ」とあとずさり、そばにいたジョー*2さんやリンダさんも驚いた顔になった。

　パパだけ、最初からぼくがそこにいるのを知っていたみたいに、肩から力を抜いて笑った。

「圭太、歩けるか?」

「……うん」

「帰ろう」

「うん！」

リッキーさんは「ちょ、ちょっと待ってくださいよ、勝手な行動されると困るんですよ」と止めたけど、パパはその手を払いのけて、

「レッドカード[*3]、出してください」と言った。

『わんぱく共和国』から『そよかぜライン』に出るまでのデコボコ道を、パパの運転する軽四は砂埃（すなぼこり）をまきあげながら走った。来たときと同じように小さな車体は揺れどおしで、カーステレオのZARD[*4]の歌はしょっちゅう音が飛んでしまう。でも、お尻（しり）を下からつつかれる、痛いようなかゆいような感じが気持ちよかった。

「圭太、腰だいじょうぶか？　痛かったら、もっとゆっくり走るからな」

「だいじょうぶだいじょうぶ」

「どこかに病院あったら……痛っ！」

「パパ、しゃべんないほうがいいよ、舌噛（か）んじゃうから」

「うん……そうだな、うん……」

デコボコ道の途中で、陽が暮れた。ヘッドライトに照らされた森をぼんやり見ていると、ディズニーランドのジャングル・クルーズを思いだした。あのジャングル' マジ[C]ブキミだったよな、とも。

ほんものを見てつくりものを思いだすのって、やっぱりひねくれてるのかな。バーチャル・リアリティっていうんだっけ、ほんものよりつくりもののほうが、ほんものっぽい気がする、それってやっぱり間違ってるのかな。テレビゲームのせいなのかな。アニメやCGがいりないのかな。よくわからないけど、しょうがないじゃん。

横を向いたら、サイドウインドウにぼくの顔がうっすら映っていた。「もやしっ子」でーす、と[B]しょぼく

れた顔をつくってみた。「わんぱく」でーす、とほっぺたに力を入れてみた。どっちも簡単で、どっちも嘘（うそ）っぽくて、オトナってめっちゃ単純じゃーん、と笑った。

「おまえ、なに一人でにらめっこしてるんだ?」とパパが言った。

「べつに、なんでもない」

顔のどこにも力を入れないと、いつものぼくになる。つまらなそうに見える、のかもしれない。醒（さ）めた顔、なのかもしれない。これからもずっと、リッキーさんや松原先生みたいな単純なオトナには嫌われっぱなし、なのかもしれない。

それで、べつにいいけど。かまわないけど。ぜんぜん気にならないし、ふうんそうなの、でいいんだけど。

「ねえ、パパ」窓に映るぼくを見たまま言った。「あのさ……」

「うん?」

「キャンプってさ、けっこう楽しかったよ、ほんとに」

「いいよいいよ、無理しなくて。悪かった、パパ反省してるんだ」

「違うって、ほんと、おもしろかったもん」

やだな、いま、dイッシュン泣きそうな声になった――と気づくと、喉（のど）が急にひくついて、まぶたが重くなった。

「パパにはわかんないかもしれないけど……楽しかったもん」

ぼくはもう五年生なのに。ガキっぽいのって嫌いなのに。

鼻の頭を手の甲でこすると、ぐじゅぐじゅ濡（ぬ）れた音がした。

パパは、カーステレオのボリュームを少し上げて、「そんなのわかってるよ」と言った。怒った声だったけど、④なんだか頭をなでてもらっているような気がして、まぶたがもっと重く、熱くなって、あとはもう、どうにもならなかった。

パパは黙って車を運転した。ときどきぼくのほうを見て、何度かに一度はため息もついたけど、ずっと黙ってくれていた。

（重松清『サマーキャンプへようこそ』による）

(注)

＊1　もっとがんばりましょう…一学期通知表の〈クラスのみんなと協力しあう〉と〈明るく元気に学校生活をすごす〉の項目に、クラス担任の松原先生がつけた評価。

＊2　ジョーさん…後のリンダさんとともに、キャンプのスタッフ。

＊3　レッドカード…キャンプにふさわしくない行動をして退場させられる際に提示される赤いカード。

＊4　ZARD…バンドの名前。

問一　波線部a～dについて、漢字のものは本文中での読みをひらがなで答え、カタカナのものは漢字に直しなさい。

a　ショウガイ　　b　縮(めた)　　c　ブキミ　　d　イッシュン

問二　二重傍線部A「斜に構えてる」、B「しょぼくれた顔」について、本文中での意味として適当なものを、それぞれ次のア～オの中から一つ選び、記号で答えなさい。

A　「斜に構えてる」

ア　従順な態度をとること。　　イ　ひねくれた態度をとること。

ウ　身勝手な態度をとること。　　エ　卑屈な態度をとること。
オ　協力的な態度をとること。

B　「しょぼくれた顔」
ア　元気がなく、惨めそうな表情。　　イ　ほがらかで、嬉しそうな表情。
ウ　納得がいかず、悔しそうな表情。　　エ　居心地が良く、楽しそうな表情。
オ　不愉快で、苦々しそうな表情。

問三　傍線部①「ぼくを心配しているだけじゃなかった」とあるが、リッキーさんたちには、心配する以外にどのような意図があったと「ぼく」は考えたのか。その説明として適当なものを次のア～オの中から一つ選び、記号で答えなさい。
ア　圭太は物事に熱中するあまり、注意が聞こえなくなってケガをしたということを父に伝える意図。
イ　圭太は他の子どもたちとはちがって、反抗的な態度をとる子どもだということを父に伝える意図。
ウ　圭太がケガをしたのは注意を聞かなかったからで、自分たちに責任はないことを父に伝える意図。
エ　圭太には無邪気さがなく、人の言うことを素直に聞かない子どもだということを父に伝える意図。
オ　圭太のケガはたいしたことではないのに、痛がり方が大げさすぎるということを父に伝える意図。
問四　傍線部②「何度もうなずいた」とあるが、その理由を七十字以内で説明しなさい。
問五　傍線部③「『ありがとう』より『ごめんなさい』のほうをパパに言ってしまいそうな気がして」とあるが、ここから「ぼく」のどのような思いが読み取れるか。七十字以内で説明しなさい。
問六　傍線部④「なんだか頭をなでてもらっているような気がして」とあるが、「ぼく」がそのように感じた理由を本文全体を踏まえて、八十字以内で説明しなさい。

(☆☆☆◎◎◎)

【三】次の文章は、作者の夫が赴任先から上京した場面である。これを読んで、以下の問いに答えなさい。

今はaいかでこのわかき人々[*1]大人びさせむと思ふより外の事なきに、かへる年の四月に上り来て[*2]、夏秋もすぎぬ。九月二十五日よりわづらひ出でて、十月五日に①夢のやうに見ないて思ふ心地、世の中に又たぐひある事ともおぼえず。初瀬[*3]に鏡たてまつりAしに、ふしまろび泣きたる影の見えけむは、これにこそはありけれ。うれしげなりけむ影は来し方もなかりき。今ゆくすゑは②あべいやうもなし。

二十三日、はかなく③雲煙になす夜、去年の秋、いみしく[*4]したてかしづかれて、うちそひて下りしを見やりしを、いと黒き衣の上にゆゆしげなるものを着て、車の供に泣く泣く歩み出でて行くを見いだして、④思ひいづる心地、すべてたとへむ方なきままに、やがて夢路にまどひてぞ思ふに、その人や見にけむかし。

昔より、bよしなき物語・歌のことをのみ心にしめで、夜昼思ひて行ひをせましかば、いとかかる夢の世をば見ずもやあらまし。初瀬にて前のたび、「稲荷よりたまふしるしの杉よ」とて、投げ出でられしを、出でしままに⑤稲荷に詣でたらましかば、かからずやあらまし。年ごろ天照御神を念じ奉れと見ゆる夢は、人の御乳母して、内わたりにあり、帝・后の御蔭にかくるべきさまをのみ、夢解も合はせしかども、その事は一つかなはでやみBぬ。ただ悲しげなりと見し鏡の影のみたがはぬ、あはれにc心うし。⑥かうのみ心に物のかなふ方なうてやみぬる人なれば、功徳[*5]もつくらずなどしてただよふ。

(注)

＊1　このわかき人々…作者の幼い子どもたち。

＊2　上り来て…作者の夫が赴任先から上京して来て。

＊3　初瀬…奈良県にある長谷寺のこと。

＊4　いみじくしたて…息子が立派に着飾って。
＊5　功徳…現在・未来を益する善い行為。善行。

問一　波線部a「いかで」、b「よしなき」、c「心うし」の文中での意味を答えなさい。
問二　二重傍線部A「し」、B「ぬ」の助動詞について、文法的意味を答えなさい。
問三　傍線部①「夢のやうに見ないて思ふ心地、世の中に又たぐひある事ともおぼえず」における、作者の心情の説明として適当なものを次のア〜オの中から一つ選び、記号で答えなさい。
ア　夫が死んでから、夢の中で夫に会えないことを申し訳なく思っている。
イ　夫が死んだにもかかわらず、夢で会えることにこの上なく幸せを感じている。
ウ　夫が死んだことを、これ以上ないくらい深く悲しんでいる。
エ　夫が死んだことを、現実として受け止めようと気を張っている。
オ　夫が死んでから、夢を見なくなったことを不思議に思っている。
問四　傍線部②「あべいやうもなし」は音便を使用して表記されている。これを元の形に直しなさい。
問五　傍線部③「雲煙になす」とはどういうことか。説明しなさい。
問六　傍線部④「思ひいづる」とあるが、どのようなことを思い出したのか。五十字以内で説明しなさい。
問七　傍線部⑤「稲荷に詣でたらましかば、かからずやあらまし」を、「かからず」の内容を明らかにして、現代語訳しなさい。
問八　傍線部⑥「かうのみ心に物のかなふ方なうてやみぬる」とあるが、このようになった原因を作者はどのように考えているか。四十字以内で説明しなさい。

問九　次の枠内の文章の空欄（　Ⅰ　）～（　Ⅲ　）に適当な語を補い、説明文を完成させなさい。

> この本文は（　Ⅰ　）によって書かれた『更級日記』の一節である。平安時代には仮名で書かれた日記が多く現れ、平安時代の日記文学には、紀貫之が自らを女性に仮託して書いた『（　Ⅱ　）日記』や、藤原道綱母によって書かれた『（　Ⅲ　）日記』などがある。

（☆☆☆◎◎◎）

【四】次の文章を読んで、以下の問いに答えなさい。（設問の都合上、一部訓点を省いたところがある。）

孟子曰ク、求也（きうや）[*1]為リ二季[*2]氏ノ宰[*3]ト一、無ク三能ク改ムル二①於其ノ徳ヲ一、而モ賦[*4]スルコト粟ヲ倍セリ A 二他日一。

②孔子曰ク、③求非我徒也。B 小子鳴ラシテレ鼓ヲ而攻メテレ之ヲ、④可也。由リテレ此ニ観レバレ之ヲ、

君不シテレ行ハ二仁政ヲ一而富マスハレ之ヲ、⑤皆棄於孔子者也。a 況ヤ於テヲヤ二為ニレ之ガ⑥強[*5]戦シ、

争ヒテレ地ヲ以テ戦ヒ、殺シテレ人ヲ盈[*6]テレ野ニ、争ヒテレ城ヲ以テ戦ヒ、殺シテレ人ヲ盈ツルニレ城ニ。b 此レ所謂率[*7]キテ二土地ヲ一

而食（はマシムルナリ）二人ノ肉ヲ一。⑦罪不レ容レ二於死ニ一。

（『孟子』による）

（注）
＊1　求…孔子の弟子、冉求を指す。
＊2　季氏…魯の大夫、季孫氏。
＊3　宰…家宰。重臣。
＊4　賦粟…穀物を租税として割り付け、人民から取り立てること。
＊5　強戦…戦いを強いること。
＊6　盈…満に同じ。
＊7　率土地而食人肉…土地を得ようとして人を殺すこと。

問一　波線部a「況」、b「所謂」の読みを、送り仮名も含め、ひらがなで答えなさい。ただし、現代仮名遣いも可とする。

問二　二重傍線部A「他日」、B「小子」について、本文中の意味として適当なものを、それぞれ次のア～オの中から一つ選び、記号で答えなさい。

A「他日」
ア　将来　イ　後日　ウ　以前　エ　日頃　オ　翌朝

B「小子」
ア　男子たち　イ　私たち　ウ　年少者たち　エ　お前たち　オ　つまらない者たち

問三　傍線部①「其徳」の内容として適当なものを、次のア～オの中から一つ選び、記号で答えなさい。
ア　徳目　イ　道徳　ウ　悪徳　エ　徳政　オ　仁徳

問四　傍線部②「孔子曰」の内容は、どこまでか。本文中から最後の四字（訓点を含まない）を抜き出して書きなさい。

問五　傍線部③「求非我徒也」について、次に示す文に合うよう、現代語訳しなさい。

冉求は、（　　　　　　　　　　　　）。

問六　傍線部④、⑥の「之」が示す語（訓点を含まない）を、それぞれ本文中から抜き出して書きなさい。

問七　傍線部⑤「皆棄於孔子者也」の解釈として適当なものを、次のア～オの中から一つ選び、記号で答えなさい。

ア　皆、孔子に捨てられる者たちである。

イ　皆、孔子のために放棄したのである。

ウ　皆、孔子の家を出て行ったのである。

エ　皆、孔子の教えを放棄しなかった者たちである。

オ　皆、孔子に武器を捨てることを学んだのである。

問八　傍線部⑦「罪不容於死」は、「あまりに罪が大きいため、死刑ではまだ足りないほどだ」の意である。孟子はどのようなことに対してこのように言っているのか。五十字以内で説明しなさい。

（☆☆☆◎◎◎）

【五】次の枠内の文章は、高等学校学習指導要領(平成三十年三月告示)『国語』の「現代の国語」からの抜粋である。

1　目標　(略)
2　内容
A　話すこと・聞くこと
(1)　話すこと・聞くことに関する次の事項を身に付けることができるよう指導する。
ア　目的や場に応じて、実社会の中から適切な話題を決め、様々な観点から情報を収集、整理して、伝え合う内容を検討すること。
イ　自分の考えが的確に伝わるよう、自分の立場や考えを明確にするとともに、相手の反応を予想して論理の展開を考えるなど、話の構成や展開を工夫すること。
ウ　話し言葉の特徴を踏まえて話したり、場の状況に応じて資料や機器を効果的に用いたりするなど、相手の理解が得られるように表現を工夫すること。
エ　論理の展開を予想しながら聞き、話の内容や構成、論理の展開、表現の仕方を評価するとともに、聞き取った情報を整理して自分の考えを広げたり深めたりすること。
オ　論点を共有し、考えを広げたり深めたりしながら、話合いの目的、種類、状況に応じて、表現や進行など話合いの仕方や結論の出し方を工夫すること。
(2)　(1)に示す事項については、例えば、次のような言語活動を通して指導するものとする。
ア　自分の考えについてスピーチをしたり、それを聞いて、同意したり、質問したり、論拠を示して反論したりする活動。
イ　報告や連絡、案内などのために、資料に基づいて必要な事柄を話したり、それらを聞いて、質問したり批評したりする活動。
ウ　話合いの目的に応じて結論を得たり、多様な考えを引き出したりするための議論や討論を、他の議論や討論の記録などを参考にしながら行う活動。
エ　集めた情報を資料にまとめ、聴衆に対して発表する活動。

指導事項(1)ウについて、(2)エのような言語活動を通して指導をする場合、あなたはどのような授業を行いますか。評価規準を明らかにして二〇〇字以上二二〇字以内で具体的に説明しなさい。

（☆☆☆◎◎◎）

解答・解説

【中学校】

【一】問一　a　媒介　b　浅薄　c　飢餓　d　隔(てる)　問二　エ　問三　・被支配者が命令を根拠のある正当なものとして受け止め、自然な感情として支配者に対する服従意欲をもつことで、支配が継続的で安定したものになること。(七十一字)　・一方が発した命令に他方が従う関係が理想的な状態で保たれるには、命令には正当な根拠があるという自然な感情に基づく服従意欲を被支配者がもつことが必要だということ。（七十九字）　問四　ウ　問五　支配は安定した社会秩序を維持するために必要不可欠な条件であり人間の生活の根本的部分をなしているものであるため、自由を求めて支配を否定することは、安定した人間の生を可能にする必要条件そのものを否定することになるから。（百七字）

〈解説〉問一　a　「媒介」の「媒」も「介」も「仲立ちをする」「間を取り持つ」という意味を持つ。　c　「飢餓」の「飢」も「餓」も「うえる」という意味を持つ。　問二　傍線部の「その」は直前の「社会制度は人間が決めた慣習にすぎない」ことを指示している。「恣意性」は必然性がないことを意味している。　問三　「正当性の合意」が、被支配者が支配者の命令や社会制度の規則について「根拠のあるもの」、「服従意欲をもつもの」、と「自然な感情」で「合意」していることを記述のポイントとする。　問四　「社会」を営んでいる社会的動物としての人間にとって「支配」は「我々の生活の根本的部分を成し」ており、それをなくすことは基本をなくすことだととらえる。　問五　第九段落の後半で「支配は〜我々の生活の根本的部分を成している。したがって支配関係が消失することは原理的にあり得ない」と述べられている。「支配」は安定した社会秩序、安定した人間の生を営むために必要不可欠なのだという趣旨をとらえる。

【二】問一　a　潜　b　妙　c　酬　d　愉　問二　・息子に似ている私を妻に会わせるためという自分の都合で来てもらったことに対する申し訳ない気持ちと、それに応えてくれたことに対する感謝の気持ちが入り混じった気持ち。（八十字）　・枯れ葉掃除の手伝いという名目で、自分のために来てもらったことへの申し訳ない気持ちと、それに合わせてくれたことに対する感謝の気持ち。（六十五字）　問三　・怒りに任せて口走った、家が貧乏だから先生が食べさせてくれていたという、本当は先生が言っていない内容。（五十字）

・自分の家が貧乏だから先生が食べさせてくれていたという先生が言っていないこと。（三十八字）

問四　・自分の余計な一言がきっかけで、母を傷つけてしまったこと、先生や奥さんをそれぞれ母に謝罪させる状況を作ってしまったことへのどうしようもないほどの申し訳ない気持ち。（八十字）　・母を傷つけ、先生や奥さんを何度も母に謝罪させるような状況になってしまったことに対して、申し訳なく、とてつもなくやるせない気持ち。（六十四字）　問五　ウ

〈解説〉問一　aの「潜」には「潜水」などの熟語がある。bの「妙」は訓読みでは「妙(たえ)なる」。cの「酬」は訓読みでは「酬(むく)いる」。dの「愉」は訓読みでは「愉(たの)しい」。問二　「私」に「すまなかった」「ありがとう」という二つの気持ちを「先生」が言った状況と、それぞれの事情からとらえる。問三　前の晩、母に怒りにまかせて言ってしまった「オレんちがビンボーだから、～先生が食わしてくれたんだ」という「余計なひと言」は、本当は先生が言ったことではないが、母はそのままとらえ、先生に「うちは貧乏でも物乞いではありませんから」と言ったのである。先生が言っていない内容の発言であることを押さえて説明する。問四　先生が言っていない内容を母に話したことにより、母と先生達の間をこじらせてしまったことへの申し訳なさ、自分の発言の軽率さなどへのやるせない気持ちから、どうしてよいのか分からなくなってしまっていることを読み取る。　問五　選択肢はそれぞれ三つの要素で成立していることをとらえて、それぞれを比較する。「私」という「一人称視点」からの作品であること、そこから母、先生、先生の奥さんそれぞれの様子と会話が描写されていること、またそれぞれの立場での思いを描いていることを捉える。アの「私と先生との間に生じた心の溝」、イの「対比的な表現を多用」、「私と母の考えの違い」、エの「三人称視点」がこの文章と合致しない。

【三】問一　ウ　　問二　(宇治)左大臣(左府・左大臣殿も可)　　問三　(作法を知らない)初心者ならばともかくとして、以長ほどの者が降りなかったのはどうしてでしょう。　　問四　前にいる人が、たとえ車を止めたと

しても、牛の尻を向けた状態で後ろから来た人を通すことは無礼であること。（五十一字）　問五　イ
〈解説〉問一　係助詞「ぞ」の係り結びで連体形が入る。　問二　語り手からの敬語が使われているのは、宇治左大臣に対してのみであることから特定できる。　問三　訳のポイント「～こそあらめ、～」は「～はよいだろうけれど～」。ここでの「あり」は、「よろしい。適切だ。」の意味。「未練の物」は現代語の「未練がある」と違うので難解だが、「いまだ、熟練していない者」と書き下すとよい。また「以長」が「古侍」、「昔は～置きけり。これぞ礼節」とあって、「未練の物」と対比されていることをとらえて、今どきの礼節を知らない者、新参の者と解釈できる。　問四「礼節と申し候ふは」以降で「前にまかる人～無礼をいたすに候ふ」と、以長が礼節に照らして言いたかったことを述べている。　問五　選択肢の前半を見ると、アとウは本文で述べられていない。選択肢の後半については、以長は、主君である左大臣の問いかけに堂々と自説を述べているので、エは合致しない。

【四】問一　影かと見える　問二　エ　問三　初句切れ　問四　D　イ　E　ア　問五　満開の時期を迎え、花びらを大きく広げ咲き重なった桜が、揺らいでいる情景を取り上げている。大きな塊となって咲き誇った桜が、自らの力で揺れ動いているかと見えるほど、生命力豊かに開花していることへの感動を込めている。
〈解説〉問一　Aの鑑賞文で、空欄①の後に「あえかな色の捉え方」「光りへの反応をよくあらわしている」と続いていることから、句中の「影かと見える」という作者の視線を言っているとわかる。「あえかな」は、「か弱く、頼りないさま。」「自然のものなどが、はかなげで美しいさま。」を意味する。　問二「自分自身を『白きもの』と（　　）に見て微笑する心のゆとり」とあり、入院中白い浴衣を着ている自分を外側から見ている様を鑑賞している。「虚無的」、「悲壮的」などの心情に対応する語句は合致しない。また、この句は、病院から散

歩に出て松林を歩いて砂に坐って膝を抱く、という時間の経過を含んで風景と自分を見ている句であるので、「直感的」は合致しない。　問三　句切れは、終止形、命令形、あるいは係り結びなど文を結んでいる箇所をとらえる。ここは、「忘れられない。」と結んで、以下にその対象を述べている。　問四　Dは主語を表す「我は」が文末に来ている。Eは「猪は猪の道」と「杣は杣の道」が対句で並んでいる。　問五　例にならってまず、満開の桜が「ゆらげるごとし」の様子を間近に見て情景をとらえていることを押さえる。次に、自分の力で揺らいでいるようだとその躍動感、生命力の豊かさに作者が心を動かしていることをとらえる。

【五】・第二段落の地球温暖化がもたらす影響、自然災害の発生件数や被害状況について具体的な数値がないので、それらの資料を収集し引用することで、地球温暖化が重要な問題であることを理解してもらえることを助言する。　・「【表1】によると、どの年の結果を見ても二酸化炭素の排出量の割合は九〇％を超え、温室効果ガス排出量の多くを占めており、石油や石炭など化石燃料の燃焼によって排出される二酸化炭素が温暖化の最大の原因であることがわかります。」とあるが、【表1】の数値から化石燃料の燃焼によるものが原因であると読み取ることはできないため、資料を正しく読み取るように助言する。　・「暖房からが一六％、冷房からが三％、給油からが一四％、キッチンからが五％、照明・家電製品などからが三一％、自動車からが二五％、ゴミからが四％と様々な要因があげられています。このことから節電にとりくむことが私たちにできることだと思います。」とあるが、全ての内訳を明記するのではなく節電に取り組むことができるデータのみを引用するように助言をする。　から二つ

〈解説〉意見文の第二段落の内容を取り上げる場合には、「自分の意見を伝えるために必要な資料がないか」という観点で助言する。第三段落の内容を取り上げる場合には、「資料を適切に読み取り引用しているか」「自分の意見を伝えるために必要な資料がないか」という観点で助言する。第四段落の内容を取り上げる場合には、

「資料と自分の意見との結びつきが適切かどうか」、「自分の意見を分かりやすく伝わるように資料を引用しているか」という観点で助言する。

【六】問一　①オ　②セ　③コ　④ウ　⑤ソ　問二　①チ　②セ　③サ　④カ　⑤ク　⑥シ　問三　①シ　②ツ　③ア　④ク　⑤ケ　⑥カ　問四　①イ　②エ　③ウ

〈解説〉問一　目標の(1)は、「知識及び技能」に関する目標。(2)は、「思考力、判断力、表現力等」に関する目標。(3)は、「学びに向かう力、人間性等」に関する目標である。　問二〔知識及び技能〕の内容は、「(1)言葉の特徴や使い方に関する事項」、「(2)情報の扱い方に関する事項」、「(3)我が国の言語文化に関する事項」で構成されており、(1)の「言葉の特徴や使い方に関する事項」では、「言葉の働き」、「話し言葉と書き言葉」、「漢字」、「語彙」、「文や文章」、「言葉遣い」、「表現の技法」に関する内容が整理され系統的に示されている。第1学年のエは「文や文章」、第2学年のエは「語彙」、第3学年のウは「文や文章」についてである。　問三「話すこと・聞くこと」のイは、「構成の検討、考えの形成(話すこと)」である。「読むこと」で第2学年・第3学年のイは、「精査・解釈」である。　問四　①　この配慮事項(8)は、障害のある生徒への配慮についての事項である。学習指導要領では、障害のある生徒などの指導に当たっては、個々の生徒によって、見えにくさ、聞こえにくさ、道具の操作の困難さ、移動上の制約、健康面や安全面での制約、発音のしにくさ、心理的な不安定、人間関係形成の困難さ、読み書きや計算等の困難さ、注意の集中を持続することが苦手であることなど、学習活動を行う場合に生じる困難さが異なることに留意し、個々の生徒の困難さに応じた指導内容や指導方法を工夫することが各教科において示されている。　②　中学校では、文字を正確に読みやすく書くことができるという、文字の伝達性を重視した指導求められている。　③　中学校の古典の指導では、生徒が古典に親しみをもてるようにすることをねらいとしている。古典の指導は原文でなければ行えないというものではない。分かりやすい現代語訳や古典について解説した文章などを教材として適切に取り上げることも必要である。

【高等学校】

【一】問一　a　はんよう　b　旋律　c　けいしょう　d　簡略　e　抽出　問二　歴史とは、時間の経過によって自然とそうなるものであり、天地創造の目的や、時と事の起源とその終わりは曖昧だということ。(五十八字)　問三　エ　問四　歴史家が歴史的事実を選別し、順序付け、再構成し、因果関係を明らかにすること。(三十八字)　問五　日本の歴史叙述は時系列であるため、全ての原因を時系列に述べて理由付けするのが自然だと感じるが、アメリカの歴史叙述は因果律に沿うため、直接的な原因を一つ挙げて理由付けするのが自然だと感じるということ。(九十九字)

<解説>問一　aの「繁用」には他に「汎用」、bの「センリツ」は他に「戦慄」、cの「警鐘」は「景勝」、「軽症」などの同音異義語がある。区別できるようにする。　問二　傍線部①は丸山の論述を指している。日本の歴史叙述の「連続性」についての説明である。第四段落で「目的」「起源とその終わり」が曖昧で、「時間の経過」そのものだという丸山の指摘を捉える。　問三　この「優位」については、ドノバンがアメリカの歴史叙述について述べている箇所を押さえて、「歴史家は、歴史的資料に原因結果の枠組みを与えることにより、歴史叙述にある完結した状態、つまり『理解しやすいまとまり』を与えることだと述べている。」という論述を捉えておけば誤解がない。ア「順番に沿って」、イ「時々の状況を正しく理解」、ウ「多用な視点から」、オ「個人に注目」「普遍的な人間のあり方」などは本文全般と合致しない。　問四　傍線部③の「この」は、アメリカでの歴史叙述を指していることを押さえ、第七段落で「歴史家は～選別し」以降、具体的な作業が示されている箇所を中心に説明する。　問五　歴史叙述についての日本とアメリカの違いを説明してきたが、ここで

はそれを前提に日本人とアメリカ人がなにを「自然だ」と感じるかの根拠が違うと述べている。全体の論旨を踏まえてこの段落では、日本人学生が「起こった出来事を順番に述べる」のが自然なことと感じ、アメリカ人学生は「結論に対して最も直接的な原因のみを述べる」のが自然と感じるという著者の観察が書かれている部分を対比的にまとめるとよい。

【二】問一　a　傷害　b　ちぢ(めた)　c　不気味　d　一瞬　問二　A　イ　B　ア

問三　エ　問四　リッキーさんのスマイルは客である子どもを喜ばせるためのものであるため、素直に喜んだりしない自分が不快に思われるのももっともだと確信したから。(七十字)　問五　リッキーさんの自分への批判に対し、いい子だと強く反論してくれた父に感謝する以上に、そのような状況を作ってしまったことを謝りたいという思い。(六十九字)　問六　自分のことをいい子だと主張したり、楽しかったといいながら泣いている自分の気持ちを察して気遣ったりしてくれる理解者としての父の温かさを感じ、安心感を抱いたから。(七十九字)

〈解説〉問一　aは「障害」「生涯」「渉外」などと区別する。　問二　A「斜に」は真っ直ぐではない、そらすような姿。　B「しょぼくれた顔をつくってみた。」と、後の「『わんぱく』でーす、とほっぺたに力を入れてみた」は、どちらも今の本当の気分ではない。わざと正反対の気持ちを表す表情を対比的に作ってみせたのである。　問三　リッキーさんたちが、「ぼく」が怪我をしたこと以外に、父親に「ぼく」についての注意事項、あるいは不平不満を発言していることをとらえる。　問四　直前に「なるほどね、そうなんだ、ふうん。」とあり、後に、「嘘っぽさは、やっぱり間違ってなかった。」と言っている。その後に「あのひと、営業用スマイルでにこにこ笑って」いることに素直に対応して「ぼくが営業用わんぱく少年にならなかったから、あんなにむかついてたんだ」と、「ぼく」が確信した内容を語っている。子どもはこういうものだと決めつけていることに気づかない「リッキーさんたち」への見方が間違っていなかったという「ぼく」の考えと心情を記述する。　問五　文脈からは明らかに、リッキーさんの不当な決めつけに対して、一つもひるまずに「ぼく」を擁護し、父の観点から「いい子」だと反論してくれた父親に対して深く感謝しているが、その前に、こういう状況を作ったことについて父にあやまりたいという気持ちが出てきたのである。　問六　父親がリッキーさんたちの決めつけに対して、しっかりと「ぼく」の気持ちを理解し、それは間違いであると発言してくれたことがうれしかったのである。その出来事を前提に、改めてキャンプの話をして「楽しかった」といい、父が「そんなのわかってるよ」という言葉の少ない会話では、すでに多くの説明は必要でないくらいに深い信頼と愛情が二人の間に生まれている。だから「怒った声」だったのに「頭をなでてもらっているような気がした」のである。以上の流れを押さえ心情をとらえる。

【三】問一　a　なんとかして　b　他愛ない　c　つらい　問二　A　過去　B　完了　問三　ウ
問四　あるべきやうもなし　問五　夫を火葬にするということ。　問六　去年の秋、息子が立派に着飾り、大事にされながら、今は亡き夫と共に任国へ下って行った時の様子のこと。(四十九字)　問七　稲荷に参詣していたならば、夫が亡くなることはなかったのであろうか。　問八　若い頃から物語や和歌にばかり夢中になったあまり、仏道修行をしなかったこと。(三十七字)　問九　Ⅰ　菅原孝標女　Ⅱ　土佐　Ⅲ　蜻蛉

〈解説〉問一　a　「いかで〜願望・意志」で、「なんとか〜したい(しよう)」の意。　b　「よしなし」は「つまらない。たいしたことがない。他愛ない。」の意。　c　「心うし」は心が「憂し」ということ。「憂き世」はつらい世の中(男女の仲)。　問二　A　接続助詞「に」は連体形に続く。連体形が「し」となる助動詞は過去の「き」。　B　動詞の連用形に続く「ぬ」は完了の「ぬ」。打消の助動詞「ず」の活用・接続と区別する。

問三　傍線部の後半は「これ以上のことはないと思える」の意味。夫の死を悲しむ文脈を理解する。
問四　音便化の順序は、「あるべきやう」→「あんべきやう」→「あべいやう」。ラ行変格活用の「あり」、また形容詞、形容動詞の連体形は音便化しやすく、問われやすいので注意する。　問五　「雲煙」はくもけぶりと読んで、火葬して煙が立ち雲と混じり合う様を見上げている様子をいう。　問六　「去年の秋～見やりし」の箇所を指している。　問七　「～ましかば～まし」で、「もし～だったら…だろうに」と反実仮想の意味となる。「かからずや」は「こんなふうではない」の意味。ここでは夫を亡くし、悲しい思いにふけっている今の自分の状況をこんなふう、と言っている。　問八　「かうのみ」は、第三段落の冒頭の「昔より、よしなき物語・歌のことをのみ心にしめ」を指している。「やみぬる」は、「止みぬる」だが、今までずっとそうしてきて終わってしまった、すなわち、本ばかり読んでばかりいて、仏様にお祈りするようなことをさぼってきた、という自戒をいう。　問九　主な平安時代の日記は、『土佐日記』が十世紀前半の成立、『蜻蛉日記』が十世紀後半の成立、そして『和泉式部日記』の順である。

【四】問一　a　いはんや(いわんや)　b　いはゆる(いわゆる)　問二　A　ウ　B　エ　問三　ウ
問四　攻之可也　問五　(再求は、)私の弟子ではないのだ　問六　④　求　⑥　君　問七　ア
問八　臣下が仁政を行わない君主を諫めないばかりか、君主の利益のためだけに無理な戦いを人民に強いていること。(五十字)

〈解説〉問一　「況や～をや」で、「まして～はそうだろうか、そんなことはない」という抑揚の意味で頻出事項。「所謂」は読みでの頻出事項。　問二　A　「他日」は「後日」の意味が多いが、ここでは、税を以前の倍にしたという文脈からとらえる。　B　「小子」は自分をへりくだっていう場合か、先生が弟子に対して二人称で使う場合がある。ここは後者。　問三　季氏の宰相となったのに、主人の「徳」を改めようとしなかった、

つまり欠点を改めようとしなかったという文脈から考える。　問四　「此れに由って之を観れば」、つまり、孔子の言われたことを念頭において、実際を見直すと、と続くことから孔子の発言の範囲がわかる。
問五　「求」を孔子の弟子の冉求のことと押さえれば、「徒」は生徒、弟子とわかる。　問六　④　話題の中心が、冉求が弟子らしからぬ振る舞いをしていることへの対処であるとわかる。　⑥　仁政を行わない君主のことを指している。　問七　「於～」が、「～によって…される」という受身を表すことをとらえる。　問八　全体の論旨を再確認する。孔子の弟子冉求は、季氏に宰相として仕えながらその悪政を正さないどころか、君主のために税を倍にし、戦争を無理強いするなど、悪政を行ったことを、孟子は孔子の教えに照らして説明している。

【五】　地域の魅力について班ごとに調べ、クラスの生徒に発表する活動をさせる。アンケートや関係者へのインタビュー、図表を取り入れた資料を作成し、大勢の聴衆への説明に適した機器を使用し相手にわかりやすく伝えるよう留意させる。聞き手は聞き取りシートを用いて聞く。発表後はシートの内容を共有し、発表について振り返りシートにまとめさせる。評価規準は、聞き手の理解が得られるよう工夫して発表していると認められたならば「おおむね満足できる」とする。(二一三字)
〈解説〉(1)ウの「場の状況に応じて資料や機器を効果的に用いたりする」ことと、「相手の理解が得られるように表現を工夫する」ことに注目し、(2)エ「集めた情報を資料にまとめ」ること、「聴衆に対して発表する」などをポイントとして授業計画を作る。特に情報の集め方について生徒に意見を言わせたり、聴衆にとってのわかりやすさを生徒に伝えるなどを意識するとよい。

二〇二一年度　実施問題

【中学校】

【一】次の文章を読んで、あとの問いに答えなさい。

言語をめぐる考察の伝統のなかでは、言語はおおむね記号の一種であるとかんがえられてきた。けれども、日常的なことばのやりとりのなかで、「ことばは記号である」という主張は、おそらくはやや異様な発言ともなるだろう。「言語はたんなる記号にすぎない」と語られるとき、ことばのふつうの話し手が感じるであろう、そこはかとない違和感のうちに、言語経験のある重要な側面がかくされているようにおもわれる。言語理論の内部でその違和感がもはや感じとられないものとなっているとすれば、言語にかんする特定の描像が——ことばをたんなる道具ととらえる見かたとも密かにつうじるかたちで——言語をめぐる理論の a ミヤクラクをすでに一定ていど支配するにいたっているからである。

いわゆる音声言語における語の次元でかんがえるとするならば、(それ自体としては空気の疎密波である)物理的な音声を言語音として構成するものは、音声のみずからとの〈ことなり〉、やや正確なかたちで言いなおせば、他の諸音声パターンとの〈ことなり〉に媒介された、特定の音声の自己差異化である。語は、その意味ではたしかに、示差の体系の内部で成立する記号にほかならない。——ことばの通常の話し手にとっては、言語音が「たんなる物理的音声である」ということそのものが、かえってひとつの発見である。母語の使用者にとっては、意味が染みとおった音声こそが所与なのであって、「無意味な」物理的音声が与えられているのではない。言語記号といった表現も、ふつうの話し手にとって無条件に成立する言いまわしではない。その表現は、日常的なことばのやりとりから、なにほどか身をひいた理論的なかまえを前提している。問題は、言語にたいする反省的視点によって主題化されることがらが、言語経験の総体を覆いかくす方向で機能して、そのなりたちを見あやまらせる場面があるのではないか、ということである。

いまかりに、「記号 signum」とは「じぶんとはことなるもの」を代理する「あるもの」である(aliquid stat pro aliquo)、としよう。たとえば、立ちのぼる煙は火が存在する「記号」であり、茜色にそまる西の空は翌日の晴天の「記号」である。煙が火の記号であると主張される次元は、「煙」と「火」とをいわば等分に見くらべる視点を前提している。それとおなじようなしかたで、ことばと、ことば以外のものとを見くらべて、「言語は(なにものかの)記号である」と語りだすことが可能であろうか。

とりあえず、経験に与えられるがままの言語にそくするならば、ことばは記号ではない。むしろたとえばガダマーがそう語っているように、ひとが経験しているがままのことばが、そのものとしてつねに・すでに意味である。そのいみでは、言語を記号ととらえる立場は、言語経験の基底的な次元をあらかじめ跳びこえてしまっている。〈ことば〉とは、ここではさしあたり、なにほどか抽象化された体系ではなく、そのつどの言語活動そのものである、ひとの具体的経験をさすこととすると、〈意味〉は〈ことば〉のうちにある。他者から発せられるのは、たんなる音列であるのではなく、他者が語ることばそのものが、すでに意味である。一見きわめてトリヴィアルにもひびくことがらであるけれども、ひとがそれを生き、経験しているがままのことばに定位してかんがえるかぎり、「言語は記号である」という語りかたが、言語経験の基礎的なかたちを覆いかくすものであることを、まず確認しておかなければならない。——問題は、そのさきにある。言語をたんなる記号とみなす発想が、そこから生まれてくる現場がつきとめられ、そのありようがとらえかえされなければならないとおもわれる。

　ひとつの例から出発してみよう。いま、あるもののなまえをおもいだそうと努力しているとする。その〈もの〉の色、かたちを私ははっきりとおもいえがくことができる。そのわずかな手ざわりも、それが他の〈もの〉とふれあうときに発する微かな音すらもおもいおこすことができる。なまえだけがどうしてもおもい浮かばず、私はある種の「いごこちの悪さ」をおぼえている。(2)

　このばあい、〈もの〉にかかわる記憶のすべては、たしかにのこされていて、なまえの記憶だけが失われているのであろうか。ほどなく、そのもののなまえをおもいだしたとしても、その〈もの〉のすがたかたち、手ざわり、音、おしなべて五感にかかわる情報になにもつけくわわることがない。なまえは、[A]。にもかかわらず、なまえが呼びもどされることで〈もの〉の占めるべき位置が確定されたように感じられ、「いごこちの悪さ」は消失してゆく。

　ことがらを見さだめるために、べつの例をかんがえあわせてみよう。ことばが表現するとされることがらはひととおりではない。ここでは思考の場合をかんがえてみよう。いま、なにごとか表現すべきもの・ことがあり、それにことばを与えたいとおもっている。なにごとかを語りだしたいとかんがえている、とする。私はなかなか適当な表現を見つけることができず、もどかしさをおぼえる。——もどかしさとは、ある隔たりの感覚であろう。この「もどかしさ」が、ことばと、それが表現すべきものとがべつべつに存在し、言語が思考の「記号」であることの〈b ショウコ〉であるようにみえる。そうなのだろうか。

　やがて私は適切な表現を見いだし、「これだ！」とおもう。そのばあい、ことばが見つかる以前に、表現されるべき思考は、ことばによって表現されるにいたった思考と「おなじ」思考として、すでに存在していたのだろうか。そうではあるまい。ことばはここで、すでにある思考にかたちを与えたのではなく、思考のかたちそのものをつくりだしたのである。さがしあぐねていたのはたんなる記号ではない。——このような場面で「ことばは思考の記号である」と語ることには、怒りのゆえに振りあげられた拳が、怒りという感情の記号であると主張することと似かよった、キミョウ[c]に遠まわりした印象がある。後者のケースでいうならば、ふりあげられた拳は怒りの記号ではなく、怒りそのものの一部である。怒りという感情と、拳をふりあげるというふるまいが同時になりたっているように、ことばとそれが表現する思考とが同時に成立している。ことばを語ることのうちに思考がある。ことば以前に、ことばとはべつに、ことばと等分に見くらべられる思考そのものがあるわけではない。②そのつどことばのうちに生きているものが、ことばと、それが表現するものとを横ならびで見くらべる視点に立ちうるとかんがえることは一箇の理論的な幻想である。言語を記号としてとらえることは、言語経験それ自体の基礎的な次元を跳びこえてしまっているのである。

もしも記号が、煙が火を告知するように、じぶんとはべつのものを呈示する現象と理解されるなら、「ことば parole」とは思考の「記号 signe」ではない。ことばと思考が、そのように相互に外在的な関係においてとらえられるのは、ただ、両者がべつべつに主題化される場合にあってのことである。ことばと思考とはたがいにつつみあっており、ことばと意味とは不可分である。――そう書きしるしたのは、『知覚の現象学』のメルロ＝ポンティであった。そのメルロ＝ポンティがまた、語の情動的意味を強調し、語の有する「表情」あるいは「相貌 phisionomie」について語ったことはよく知られている。語の情動的意味をもあわせかんがえるとき、一見たんに恣意的であるにすぎないようにみえる言語の基底に、対象のありかたとむすびあった表現の体系、シュクヤク[d]された表現のシステム」が存在しうる。③「たとえば夜のことを夜と呼ぶとすれば、光のことを光と呼ぶことも恣意的ではないような、しかもきわめて一見したところその真意をただちにはつかみがたい③こうした主張もまた、ひとの言語経験のある次元にたしかに投錨するものであるようにおもわれる。

（熊野　純彦『差異と隔たり　他なるものへの倫理』による）

（１）「ことば Wort はつねに・すでに意味 Bedeutung」であり、「記号 Zeichen ではない」(H.G.Gadamer,*Wahrheit und Methode*, 4.Aufl.,Mohr 1975,S.394)。

（２）M.Merleau-Ponty,*Phenomenologie de la perception*,Gallimard 1945,p.206

（３）Ibid.,p.218.なお、ここでかんがえあわせているのは、「語がある意味をもつ le mot a un sens」(p.206)というメルロ＝ポンティの発言である。

問一　傍線部ａ～ｄのカタカナを漢字に直して書きなさい。

問二　傍線部①は、どのようなしかたを指していますか。筆者が仮定した内容に触れながら、六十字以上八十字以内で説明しなさい。

問三　本文中の空欄［A］にあてはまる言葉として最も適切なものを、次のア～エから一つ選び、その記号を書きなさい。

ア　〈もの〉が存在している限り無限であるかにみえる
イ　〈もの〉を見ず想起するのは無益であるかにみえる
ウ　〈もの〉の記憶をたどるのが無難であるかにみえる
エ　〈もの〉のありよう自体とは無縁であるかにみえる

問四　傍線部②は、なぜそのように言えるのですか。その理由を事例によって明らかにされたことを踏まえて、六十字以上八十字以内で説明しなさい。

問五　傍線部③の主張の内容を簡潔に書きなさい。

問六　この文章の内容と一致するものを、次のア～エから一つ選び、その記号を書きなさい。

ア　日常的なことばのやりとりのなかで、拳をふりあげるというふるまいが、怒りという感情の記号であると説明することによって、「怒り」と「拳」は、等しくくらべられるものと定義づけしている。
イ　日常的なことばのやりとりのなかで、「言葉は記号である」という主張を、言語経験に裏付けされた言語理論を介して具体的に実感しているが、ふつうの話し手は未だ特定の描像に支配されている。
ウ　日常的なことばのやりとりのなかで、音声として表出される言葉を他のパターンとの差異によって物理的に識別しているが、使用者は、音と意味とが相互に浸透しあっているものと認識している。
エ　日常的なことばのやりとりのなかで、あるものの名前をおもいだそうとするときに、五感にかかわる情報で恣意的に判断するが、話し手は記憶の消失は名前とものとの隔たりとして危惧している。

（☆☆☆◎◎◎）

【二】次の文章を読んで、あとの問いに答えなさい。


僕らはひとけのない墓地下のカーブで、凩（こがらし）に慄（ふる）えながら花電車を待った。

そこはまったく写真撮影に適さない場所だった。第一に、街灯のほかの灯りがない。後ろは青山墓地、向かいは米軍キャンプである。しかも四方を繁みに囲まれているそのあたりは、霞町の名の由来のごとく、夜更けとともに霧が湧く。何よりも、停留場も交叉点もないカーブを、都電は全速力で駆け抜けるのである。

「青山一丁目の方が、よかないですか。」

と、①父は機材を出しためらいながら言った。

「よかねえよ。俺ァここしかねえって、せんから決めてるんだ」

凩にかき乱された霧が、街灯の輪の中で渦を巻いていた。父が仕方なしに機材を拡げる間、祖父はステッキに両手を置いてキャメルの両切を唇の端で噛んだまま、真剣なまなざしをあたりに配っていた。

まさかと思う間に、ちらちらと雪が降ってきた。

「やっぱ、むりですよおやじさん――」

「けっこうじゃあねえかい。ほれ、おめえの尊敬する何とかいうベトナムのカメラマンは、鉄砲の弾ん中でシャッターを切ったんだろう。あれァいい写真だ。おそらく奴ァ、弾が飛んでくるたんびに、しめたと思ったにちげえねえ。プロってえのァ、そうじゃなきゃならねえ」

「そりゃま、そうですけど……」

心のやさしい父は、ここまで準備を整えた祖父の一世一代とも言える写真が、無残な結果に終わることを惧(おそ)れたにちがいなかった。

それからしばらくの間、父は心の底から祖父を諌(いさ)め続けた。祖父は a ガンとして譲らなかった。真摯(しんし)な師弟のやりとりに、僕や母の口を b ハサむ余地はなかった。

結局、父は強情な師匠に屈した。

「せめて、こっちを使っちゃくれませんか」

父はフラッシュをセットしたペンタックスをさし出した。

「いや、俺のを使う。ただし、おめえもそっちで、同時にストロボを焚け。合図は昔と同じだ」

わずかの間に、雪はほぐれ落ちる真綿ほどの大粒になっていた。祖父は掌でライカのレンズをかばいながら、父の立つべき位置を指図した。

深いしじまの中で都電の警笛が鳴った。隣の新龍土町の停留場を発車したにちがいない。道路の向こう岸には、いつの間にか大勢のＧＩが見物にやってきていた。

「おじいちゃん、写せるかなあ。ストロボ替えてるヒマなんかないよ。ここ、すごいスピードで来るんだ」

母は答えずに、じっと夫と父の仕事を見つめていた。

ストロボは一回で焼き切れてしまう。玉を替える間などあるわけはないから、写真は一発勝負だった。

祖父はハンチングの庇(ひさし)を後ろに回し、街路樹の幹に肩を預けた。両肘をぐいと締め、何度もファインダーを覗きながら足場を定める。ふだんの老耄(ろうもう)した姿など嘘のように、腰も背もしゃんと伸びていた。

一方の父も真剣だった。指示通りに少し離れた場所で三脚を開き、毛糸の帽子を脱いでカメラをかばっている。

緊密な時間が刻まれた。雪を吸って真黒に濡れた道路に、水銀を流したような二本の線路がはるかな弧を描いていた。

母が背中から僕を抱きすくめた。僕の鼓動と同じくらい、母の紬の胸は高鳴っていた。

花電車が来た。

向こう岸のＧＩたちから、いっせいに喝采と指笛が起こった。

全速力でカーブに現われた花電車は、クリーム色のボディが見えないほどの造花で飾られ、フレームには目もくらむほどの豆電球を明滅させていた。ヘッドライトの帯の中に霧が渦を巻き、轍(わだち)からは雪が吹き上がった。

「まだっ！　まだまだっ！」

祖父が怒鳴った。

「いいかっ！」

「はいいっ！」

ひと呼吸おいて、祖父は木遣(きや)りでも唄うような甲高(かんだか)い合図の声を張り上げた。

「ああっち！　ねええっ！　さん！」

一瞬、②夜の底に焼きつけられた都電の姿を、僕は一生忘れない。

二台のストロボと同時に、都電のパンタグラフから稲妻のような青い火花が爆(は)ぜた。真昼のような一瞬の閃(せん)光(こう)の中で、電車はそのまま止まってしまったように見えた。

しかし、都電は警笛を鳴らし続けながら、全速力で僕らの前を通過していたのだった。豆電球に飾られた運転台に、順ちゃんが無愛想な顔でつっ立っていた。
③母が、ほうっと息を抜いた。
「あっち、ねえ、さん、だって。久しぶりで聞いたわ」

「あっちねえさん。おかしいね」

僕と母は芯(しん)の折れたように屈みこんで、大笑いに笑った。

都電が行ってしまってからも、祖父と父はファインダーから目を離さずに立っていた。

少し間を置いて、向こう岸からＧＩたちの喝采が上がった。それはカメラマンたちに向けられた賞讃に違いなかった。祖父はようやく身を起こし、ハンチングをｄイキに胸前に当てて、

「サンキュー・ベリマッチ！」と答えた。

「撮れたの、おじいちゃん」

僕は祖父に駆け寄った。

「焼いてみりゃわかる。まちがったって暗室のドア開けたりすんじゃねえぞ」

祖父はライカをケースに収めると、ツイードの背広の肩に斜めにかけ、雪と霧に染まった墓地下の舗道を、さっさと歩き出した。

「気が済んだかな」

三脚を畳みながら、父が悲しげに言った。

祖父は誇らしく胸を反り返らせ、無愛想に、まるで花道をたどる役者のような足どりで、雪の帳(とばり)の中に歩みこんで行った。

その夜、僕と父は夕飯もそっちのけで暗室にこもった。

赤ランプの下の父の顔はいつになく緊張していた。

「おとうさんのフィルムは？」

父は少し迷ってから言った。

「ペンタックスのフィルムは抜いておいた」

「え、どうして？」

「ペンタックスが写っていて、ライカが真黒だったら、おじいちゃんガッカリするだろう。おとうさんの方は失敗してたことにしとけ」

「おとうさん、やさしいね」

「おじいちゃんは、もっとやさしいよ。較べものにならないくらい」

話しながら、僕と父はあっと声を上げた。現像液の中に、すばらしい花電車の姿が浮かび上がったのだった。

「すごい、絵葉書みたい」

父は濡れた写真を目の前にかざすと、唇を慄わせ、④胸のつぶれるほどの溜息をついた。

「信じられねえ……すげえや、こりゃあ」

暗室から転げ出て居間に行くと、祖父と母は勝手にケーキを食っていた。

父と僕のあわてふためくさまをちらりと見て、祖父はひとこと、⑤「メリー・クリスマス」と言った。家族が大騒ぎをしている最中にも、まるで当然の結果だと言わんばかりに、焼き上がった写真を見ようともしなかった。

「まあ座れ。戦に勝ったわけでもあるめえに、万歳はねえだろう」

僕らは尊敬する写真師、伊能夢影を中にして、炬燵にかしこまった。

（浅田次郎『霞町物語』による）

問一　傍線部a～dのカタカナを漢字に直して書きなさい。

問二　傍線部①の父の心情を、六十字以上八十字以内で説明しなさい。

問三　傍線部②は、どのような姿のことですか。それを解説したものとして最も適切なものを、次のア～エから一つ選び、その記号を書きなさい。

ア　凩による慄えを止めるように自らの熱で周囲の温度を高めている都電の姿。

イ　夜の暗さに抗うように過度な装飾をし花火を打ち上げながら走る都電の姿。

ウ　そこだけが切り取られたように周囲の暗闇の中から浮かび上がる都電の姿。

エ　喝采や指笛にこたえるように周囲の人へ誇らしげに警笛を鳴らす都電の姿。

問四　傍線部③の時の母の心情を、これまでの母の行動に触れて、六十字以上八十字以内で説明しなさい。

問五　傍線部④の時の父の心情を、四十字以上六十字以内で説明しなさい。

問六　傍線部⑤の理由を、写真や家族の様子に対する祖父の思いに触れて、四十字以上六十字以内で説明しなさい。

問七　この文章の表現の仕方として、最も適切なものを、次のア～エから一つ選び、その記号を書きなさい。

ア　音と光の描写を散文的に多用することにより、家族に横たわる陰鬱を情熱的に打破していこうとするテーマ性を印象付けている。

イ　会話文を中心とした文章構成により、場面に臨場感やスピード感を与えるとともに登場人物同士の相関を複合的に表現している。

ウ　一つのエピソードを継続的に追跡していくことにより、一面的にしか捉えられなかった写真の奥深さに気付く姿を再現している。

エ　話者を三人称の視点で設定することにより、年少者の目からは理解しがたい家族の姿を飾らない言葉で具体的に描き出している。

（☆☆☆◎◎◎）

【三】次の文章を読んで、あとの問いに答えなさい。

名利に使はれて、閑かなる暇なく、一生を苦しむるこそ、愚かなれ。

財多ければ、身を守るにまどし。害を買ひ、累を招く媒なり。身の後には、金をして北斗を拄ふとも、人のためにぞわづらはるべき。［ア］の目をよろこばしむる楽しみ、またあぢきなし。大きなる車、肥えたる馬、金玉の飾りも、心あらん人は、うたて、愚かなりとぞ見るべき。金は山に棄て、玉は淵に投ぐべし。利に惑ふは、すぐれて愚かなる人なり。

埋もれぬ名の長き世に残さんこそ、あらまほしかるべけれ、①位高く、やんごとなきをしも、すぐれたる人とやはいふべき。愚かにつたなき人も、家に生れ、時に逢へば、高き位に昇り、奢を極むるもあり。いみじかりし賢人・聖人、みづから賤しき位に居り、時に逢はずしてやみぬる、また多し。偏に高き官・位を望むも、次に愚かなり。

智恵と心とこそ、世にすぐれたる誉も残さまほしきを、つら〳〵思へば、誉を愛するは、人の聞きをよろこぶなり。誉むる人、毀る人、共に世に止まらず。伝え聞かん人、また〳〵すみやかに去るべし。誰をか恥ぢ、誰にか知られん事を願はん。誉はまた毀りの本なり。身の後の名、残りて、さらに益なし。これを願ふも、次に愚かなり。

但し、強ひて智を求め、賢を願ふ人のために言は<u>ば</u>（A）、智恵出でては偽りあり。才能は煩悩の増長せるなり。伝へて聞き、学びて知るは、まことの智にあらず。いかなるをか智といふべき。②<u>可・不可は一条なり。</u>いかなるをか善といふ。まことの人は、智もなく、徳もなく、功もなく、名もなし。誰か知り、誰か伝へん。③<u>これ</u>、徳を隠し、愚を守るにはあらず。本より、賢愚・得失の境にをらざれ<u>ば</u>（B）なり。迷ひの心をもちて名利の要を求むるに、かくの如し。万事は皆非なり。言ふに足らず、願ふに足らず。

（『徒然草』による）

問一　傍線部A・Bの助詞「ば」の働きをそれぞれ書きなさい。

問二　空欄［ア］に当てはまる言葉を、文中より五字で抜き出して書きなさい。

問三　傍線部①「位高く、やんごとなきをしも、すぐれたる人とやはいふべき」を口語訳しなさい。

問四　傍線部②「可・不可は一条なり。」の説明としてふさわしいものを次のア～エから一つ選び、その記号を書きなさい。

ア　世の中で相反する価値のように考えられていることも、明確な区別があるわけではないということ。

イ　世の中で可もなく不可もないと評価されていることこそ、一番はじめに考えたいことだということ。
ウ　世の中で相反する価値のように考えられていることは、例えば希望の光のようなものだということ。
エ　世の中で可もなく不可もないと評価されていることにも、特に念入りに気を配るべきだということ。
問五　傍線部③の指し示す内容を、五十字以上六十字以内で口語で書きなさい。
問六　筆者は、どういう生き方が望ましいと考えているか、次の条件に従って書きなさい。
(1)　本文の展開に沿って、どういうものを愚かだと言っているのかを踏まえること。
(2)　「まことの人」の生き方に触れること。

(☆☆☆◎◎◎)

【四】次のA～Gの俳句について、あとの問いに答えなさい。

A	吹(ふ)きおこる秋風鶴(あきかぜつる)をあゆましむ	石田　波郷
B	枯菊(かれぎく)と言捨(いいす)てんには情(なさけ)あり	松本　たかし
C	草原や夜々に濃くなる天の川	臼田　亜浪
D	晴れぎはのはらりきらりと春時雨(はるしぐれ)	川崎　展宏
E	雁(かり)ゆきてまた夕空をしたたらす	藤田　湘子
F	枯れゆけばおのれ光りぬ冬木みな	加藤　楸邨
G	よそに鳴る夜長の時計数へけり	杉田　久女

【Aの鑑賞文】
「(　①　)」という言葉がよい。今までなかった秋風が俄かに吹き出したのである。それも少し(　②　)である。それまでじっと立っていた鶴が、その風に煽られて、思わず翅をひろげ、二歩三歩と歩いたのである。風が秋風という、厳しくも侘しい風であることが、吹かれた鶴によけいに細みを感じさせる。

（後藤比奈夫『憧れの名句』による）

【Bの鑑賞文】
冬至の頃から土中に芽を出す菊は、春の半ばに根分けをする。その後は夏から冬の終わりまで、ときどきの花を咲かせて人を楽しませる。大輪が見事に咲く菊のさかりは秋、冬は菊にとっては辛い季節となる。冬の菊にもいろいろの呼び方があり、それによって品種も情趣も変わってくるが、枯菊といえば華やかさがなくなって、枯れたりしおれたりした菊のことを指す。菊は花びらの落ちるものもあるが、冬まで長らえる菊は、花が小さく、枯れても花をつけているものが多い。そんな花の様子に、なお残る(　③　)を感じて詠んだのがこの句である。いったん「言捨てん」と言っておいて、下五で「情あり」と(　④　)したところが心憎い。枯菊の同じ趣を詠んだ句はその後も沢山あるが、どうやらこの句がいちばん鮮明である。たかしには他に「枯菊に虹が走りぬ蜘蛛の糸」といった句もある。

（後藤比奈夫『憧れの名句』による）

問一　Aの鑑賞文中の空欄(　①　)にあてはまる語句を、Aの句から抜き出して書きなさい。
問二　Aの鑑賞文中の空欄(　②　)にあてはまる語句を次のア～エから一つ選び、その記号を書きなさい。

ア　清々しく　イ　荒々しく　ウ　寒々しく　エ　弱々しく

問三　Bの鑑賞文中の空欄（　③　）にあてはまる語句を次のア～エから一つ選び、その記号を書きなさい。

ア　軽やかさ　イ　艶やかさ　ウ　密やかさ　エ　爽やかさ

問四　Bの鑑賞文中の空欄（　④　）にあてはまる語句を次のア～エから一つ選び、その記号を書きなさい。

ア　確認　イ　強調　ウ　反転　エ　比較

問五　Cの句の季語と季節を書きなさい。

問六　D～Gの句から体言止めが用いられている句を二つ選び、その記号を書きなさい。

問七　D～Gの句から二つ選び、次の【条件】にしたがって〈句の鑑賞文〉を書きなさい。

【条件】

①　一段落目に、作者は、感動をどのような情景を取り上げて詠んでいるか説明すること。

②　二段落目に、それによりあなたはどのような印象を受けたか書くこと。

【例】　滝落ちて群青（ぐんじょう）世界とどろけり　水原　秋櫻子

〈句の鑑賞文〉

夏の草木が青々と生い茂る中を、水量豊かな滝が落下している情景から、夏という季節のもつエネルギーにあふれる力強さを詠んでいる。

周囲の万緑を「群青世界」と表現したことや、「とどろけり」から滝が流れ落ちる轟音が想像されることからも、この句のもつ力強さを感じた。

（☆☆☆◎◎◎）

【五】次のA～Fの短歌について、あとの問いに答えなさい。

A　木に花咲き君わが妻とならむ日の四月なかなか遠くもあるかな　前田　夕暮
B　夏の夜の空のみどりにけぶりつつはろばろしもよ月ひとつ渡る　窪田　空穂
C　灯を消して寝に就く子らに声をかくわれも父よりされしごとくに　窪田　章一郎
D　この部屋に雪あかりする畳踏み灯をつけに来て灯をつけずゐし　杉浦　翠子
E　ああ我は秋のみそらの流れ雲ただただかりにかろくありたや　片山　広子
F　向日葵のあたり小暗き日のさかり人は立つべし生に堪へつつ　雨宮　雅子

【Aの鑑賞文】

結婚の日を待ち遠しく感じている青年の歌。一般的に「花」といえば桜を指しますが、ここでは桜に限らず木々のすべてが、ふたりを祝福するかのように、いっせいに花を咲かせるというのでしょう。作者の歓びもまた蕾のように、日に日に膨らみながら花咲くときを待っています。夢見がちな気分の漂う一首ですが、「（　①　）」の一語でぐっと具体性を帯び、指折り数えて待つようなリアリティが生まれています。まさに人生の春。少しの迷いもない（　②　）詠いぶりで、明るい未来への希望に満ちた歌です。

（『鑑賞　日本の名歌』による）

問一　Aの短歌の鑑賞文中の空欄（　①　）にあてはまる語句を、Aの短歌から抜き出して書きなさい。

問二　Aの短歌の鑑賞文中の空欄（　②　）にあてはまる語句を、次のア～エから一つ選び、その記号を書きなさい。

ア　謙虚な　　イ　複雑な　　ウ　強引な　　エ　率直な

問三　Bの短歌の句切れを書きなさい。

問四　C～Eの短歌について、あてはまる表現技法を、次のア～エから一つずつ選び、その記号を書きなさい。

ア　対句　　イ　体言止め　　ウ　倒置　　エ　隠喩

問五　Fの短歌は、向日葵が咲いている様子を詠んでいる。どのような情景を取り上げ、どのような感動をこめているか、次の【例】を参考にして説明しなさい。

【例】青空の奥どを掘りてゐし夢の覺めてののちぞなほ眩（まぶ）しけれ　　前川　佐美雄

〈説明〉

土を掘るように青空の奥の方を掘り進めているという現実にはあり得ない夢で見た情景を取り上げている。夢から覚めた後もその印象が爽やかに残っていることを、「なほ眩しけれ」と色彩的な鮮やかさを添えて表現し、幻想的な夢からの爽快な目覚めに対する感動をこめている。

（☆☆☆◎◎◎）

【六】中学校学習指導要領（平成二十九年三月）国語及び中学校学習指導要領解説国語編（平成二十九年七月）を基に、中学校第三学年の〔思考力、判断力、表現力等〕における「C読むこと」の指導において、「詩歌や小説などを読み、批評したり、考えたことなどを伝え合ったりする」言語活動を通して、指導事項「文章の構成や論理の展開、表現の仕方について評価すること。」を指導したいと考え、次のような〈単元の評価規準〉と〈単元構想表〉で授業をすることとします。〈単元の評価規準〉と〈単元構想表〉を見て、あとの問いに答えなさい。

〈単元の評価規準〉

思考・判断・表現	「読むこと」において、表現の仕方について評価している。

〈単元構想表〉

一時間目	・詩「落葉松」を読み、学習計画を立てる。 ・批評文のポイントを確認する。
二時間目	・批評文のポイントに沿って詩を読む。 ・批評文を書く。
三時間目	・批評文を交流する。 ・学習を振り返る。

次に示すのは、一時間目に提示した詩「落葉松」です。

落葉松

北原白秋

一

からまつの林を過ぎて、

からまつをしみじみと見き。
からまつはさびしかりけり。
たびゆくはさびしかりけり。

二

からまつの林を出(い)でて、
からまつの林に入(い)りぬ。
からまつの林に入りて、
また細く道はつづけり。

三

からまつの林の奥も
わが通る道はありけり。
霧雨(きりさめ)のかかる道なり。
山風のかよふ道なり。

四

からまつの林の道は
われのみか、ひともかよひぬ。

ほそぼそと通ふ道なり。
さびさびといそぐ道なり。

五

からまつの林を過ぎて、
ゆゑしらず歩みひそめつ。
からまつはさびしかりけり、
からまつとささやきにけり。

六

からまつの林を出でて、
浅間嶺(あさまね)にけぶり立つ見つ。
浅間嶺にけぶり立つ見つ。
からまつのまたそのうへに。

七

からまつの林の雨は
さびしけどいよよしづけし。
かんこ鳥鳴けるのみなる。

からまつの濡るるのみなる。

八

世の中よ、あはれなりけり。
常なけどうれしかりけり。
山川に山がはの音、
からまつにからまつのかぜ。

（『教科書でおぼえた名詩』による）

生徒が二時間目に書いた批評文の下書きが次のA、Bです。

A

この詩は、文語定型詩である。文語は、「なり」「けり」「ぬ」という文末から分かる。「かよひぬ」「ゆゑしらず」などには歴史的仮名遣いも使われている。また、定型詩であることは、一行が五七調になっており、それが四回繰り返されて一つの連となっていることから分かる。全体もそれを八回繰り返す八連で構成されている。

ほとんどの行の終わりに句読点がある。読点は、行の終わりだけでなく、行の途中にも打たれている。「からまつ」ではじまる行は三十二行中十六行もあり、韻を踏んでいる。

B

この詩は、黙読した時と音読した時で、大きく印象の変わる詩である。

声に出して読むとすぐに分かるが、とてもリズムが良くて心地よい。それにより、明るく前向きな印象を受けるが、黙読してみると、必ずしも明るく前向きな詩であるとも言い切れないことに気付く。むしろ暗く寂しい詩だ。ともすれば、滅入ってしまいそうな寂しさを感じるほどだ。そこでもう一度音読してみると、やはり明るい気持ちになってしまうのである。そのため、この詩はリズム感のあるよい詩であると言える。

問一　「表現の仕方について評価」する際、大切なことを書きなさい。

問二　評価規準と照らし合わせ、生徒にどのような助言をしますか。A、Bそれぞれの生徒について、助言する箇所を明確にして書きなさい。

(☆☆☆◎◎◎)

【七】次の各問いに答えなさい。

問一　次の各文は、中学校学習指導要領(平成二十九年三月)第2章「第1節　国語」における各学年の目標〔第2学年〕です。

次の〔①〕~〔⑤〕に入る言葉を、あとのア~ソから一つずつ選び、その記号を書きなさい。

> (1) 社会生活に必要な国語の知識や技能を身に付けるとともに、我が国の言語文化に親しんだり〔①〕したりすることができるようにする。
>
> (2) 〔②〕考える力や共感したり想像したりする力を養い、〔③〕における人との関わりの中で伝え合う力を高め、自分の思いや考えを広げたり深めたりすることができるようにする。
>
> (3) 言葉がもつ価値を認識するとともに、〔④〕を生活に役立て、我が国の言語文化を大切にして、思いや考えを〔⑤〕とする態度を養う。

ア　理解　　イ　深めよう　　ウ　情報　　エ　社会生活
オ　日常生活　　カ　読書　　キ　筋道立てて　　ク　活用
ケ　振り返ろう　　コ　建設的に　　サ　言語能力　　シ　尊重
ス　論理的に　　セ　言語生活　　ソ　伝え合おう

問二　次の各文は、中学校学習指導要領(平成二十九年三月)第2章「第1節　国語」における各学年の内容のうち〔知識及び技能〕の(3)我が国の言語文化に関する事項について抜粋して示しているものです。次の〔　①　〕〜〔　⑥　〕に入る言葉を、あとのア〜ツから一つずつ選び、その記号を書きなさい。

〔第1学年〕
ア　音読に必要な文語の〔　①　〕や訓読の仕方を知り、古文や漢文を〔　②　〕し、古典特有のリズムを通して、古典の世界に親しむこと。
〔第2学年〕
イ　現代語訳や〔　③　〕などを手掛かりに作品を読むことを通して、古典に表れたものの見方や考え方を〔　④　〕こと。
〔第3学年〕
オ　自分の生き方や〔　⑤　〕との関わり方を支える読書の〔　⑥　〕について理解すること。

ア　読解　　イ　味わう　　ウ　語注　　エ　働き
オ　意義と効用　　カ　朗読　　キ　想像する　　ク　言葉
ケ　口語訳　　コ　きまり　　サ　人　　シ　役割と機能
ス　社会　　セ　価値と多様性　　ソ　解説　　タ　音読
チ　特徴　　ツ　知る

問三　次の表は、中学校学習指導要領(平成二十九年三月)第2章「第1節　国語」における各学年の内容のうち〔思考力、判断力、表現力等〕について抜粋して示しているものです。

表中の〔①〕～〔⑥〕に入る言葉を、あとのア～ツから一つずつ選び、その記号を書きなさい。

第1学年	第2学年	第3学年
B　書くこと (1)　書くことに関する次の事項を身に付けることができるよう指導する。 ア　〔　①　〕に応じて、日常生活の中から題材を決め、集めた材料を〔　②　〕し、伝えたいことを明確にすること。	A　話すこと・聞くこと (1)　話すこと・聞くことに関する次の事項を身に付けることができるよう指導する。 イ　自分の〔　③　〕が明確になるように、根拠の適切さや論理の展開などに注意して、〔　④　〕を工夫すること。	C　読むこと (1)　読むことに関する次の事項を身に付けることができるよう指導する。 エ　文章を読んで考えを広げたり深めたりして人間、社会、〔　⑤　〕などについて、自分の〔　⑥　〕をもつこと。

ア　場面や状況　　イ　立場や考え　　ウ　精査　　エ　自然
オ　整理　　カ　話の内容　　キ　環境　　ク　思いや主張
ケ　感想　　コ　相手や目的　　サ　話の構成　　シ　解釈
ス　考えや根拠　　セ　文化　　ソ　分類　　タ　目的や意図
チ　話題の提示　　ツ　意見

問四　次の各文は、中学校学習指導要領(平成二十九年三月)第2章「第1節　国語」における「指導計画の作成と内容の取扱い」について抜粋して示しているものです。
次の［ ① ］～［ ③ ］に入る言葉を、あとのア～エから一つずつ選び、その記号を書きなさい。

一　指導計画の作成に当たっては、次の事項に配慮するものとする。
(1)　単元など［ ① ］のまとまりを見通して、その中で育む資質・能力の育成に向けて、生徒の主体的・対話的で深い学びの実現を図るようにすること。その際、言葉による見方・考え方を働かせ、言語活動を通して、言葉の特徴や使い方などを理解し自分の思いや考えを深める学習の充実を図ること。

二　第2の内容の取扱いについては、次の事項に配慮するものとする。
(1)　〔知識及び技能〕に示す事項については、次のとおり取り扱うこと。
イ　漢字の指導については、第2の内容に定めるほか、次のとおり取り扱うこと。
(ア)　他教科等の学習において必要となる漢字については、［ ② ］と関連付けて指導するなど、その確実な定着が図られるよう工夫すること。

三　教材については、次の事項に留意するものとする。
(3)　第2の各学年の内容の〔思考力、判断力、表現力等〕の「C読むこと」の教材については、各学年で説明的な文章や文学的な文章などの文章の種類を調和的に取り扱うこと。また、説明的な文章については、適宜、［ ③ ］などを含むものを取り上げること。

［ ① ］の選択肢
ア　内容や領域　　イ　領域や言語活動　　ウ　内容や時間　　エ　言語活動や時間
［ ② ］の選択肢
ア　当該教科等　　イ　読書活動　　ウ　国語科の各領域　　エ　日常生活
［ ③ ］の選択肢
ア　引用や参考文献　　イ　主張や例示　　ウ　見出しや注釈　　エ　図表や写真

(☆☆☆◎◎◎)

【高等学校】

【一】次の文章を読んで、あとの問いに答えなさい。

ことばとは、なにかのために生まれてくるものなのだろうか。ひとは、ことばを用いてなにか別のことをなしとげるために、ことばを身につけることになるのであろうか。
一見したところでは、そのとおりであるように思われる。ことばをすでに身につけた成人は、たとえば、報告し、要求し、命令し、警告するためにことばを使っている。ひとはことばを発することにおいて、（ことばを発するという行為自体とは別の）一定の行為を[a]遂行するためにことばを使用する。そのさい、ひとは同時に、ことばを発することを介して、他者になにごとかを伝え、多くの場合、他者とのかかわりと他者たちのふるまいそのものをなにほどか調整しようとすることができる。ひとは、たとえば「水を下さい」と発話して、飲み水を要求し、他者のふるまいをみずからの欲求を充足させる間接的な手段として利用することもできよう。

充たされるべき欲求ということならば、ことばをもたない乳児もさまざまな欲求をもっていると考えられる。欲求という語はあるいは誤解を誘うものであって、乳児にも、生理的な不快感として感受されるさまざまな欠落・欠乏が存在すると語ったほうが、さしあたりはより正確であろう。乳児は空腹をおぼえ、部屋の寒さを感じ、あるいは、目覚めたとき、暗い部屋に一人とり残された欠落的な情動を感受していると思われる。第三者的にみれば、そして、泣き声をあげることが、そうした欠落的な状況を克服する上で、乳児にあってもっとも有効な手段となるはずである。

自発的な音声という面からすれば、子どもにとって、泣き声こそがことばと陸つづきであるようにみえる。じっさい、乳児は泣き声をあげることで、ことばを発したり、唄を口ずさんだりするさいに必要な筋肉や器官のすべてを動員し、調音の手だてを身につけてゆく。乳児の泣き声は、要求の手段としても警告の方策としても、さしあたり十分に強力であるが、子どもは他者のふるまいのさらに複雑な制御を可能にするためにことばを身につけてゆく、かにみえよう。であるとすれば、ことばもまたひとつの欠如から生じ、充足と①制御の手段として育ってゆくことになる。

だが、はたしてそうだろうか。言語発達をめぐる知見をみるかぎり、交流そのものへの欲求こそが、ことばの誕生を準備するように思われる。ことばが生まれ育まれてゆく条件を考えるためには、かくて、ことばに先だつ交流のかたち、生理的な要求とはbヘダてられたやりとりの形式に注目しておく必要がある。

生後間もない新生児はすでに、周囲の成人が舌を突き出したり、目をパチパチさせたりすると、そうした表情運動と同型的な運動を反復するといわれる。こうした反応はそれ自体としては一箇の共鳴動作であって、模倣というほどの積極的な意味をもってはいない。だが他方、そうした同調行動はどのような生理的欲求にも根ざすものではなく、むしろ一種の社会的ゲームとして成立していることに注目しておく必要がある。じっさい、そうしたゲームがなりたつためには、いくつかの条件、つまり(典型的には)母子の正対やたがいの注視、さらには成人の側が乳児のふるまいを誇張的・拡大的に反復すること、等のゲームの条件が充たされなければならない。そうしたゲームは、新生児期にみられたいくつかの原始反射[*1]が消失したのちも、かえってより強化されてゆくのである。

それでは乳児は、こうしたゲーム、とくにいわゆる原始反射の域を超えた段階でなりたつゲームにおいて、なにを学んでゆくのであろうか。第一に、およそゲームといったものが存在するということ自体を、つまり、②他者との「無償の」やりとりが存在するということを学んでゆくのだと思われる。さらに、乳児が身につけてゆくものが生理的な欲求をなにほどか離れたゲームの一種であるかぎり、乳児が学ばなければならないものは、第二に、やりとりそれ自体をなりたたせるための。若干の規則であろう。

成人が乳児にいくつかの表情を呈示する場合、たがいの注視、驚きの表情や微笑などが、相互の交渉の準備・開始ならびにその持続を告げるシグナルとして機能することが知られている。そうした相互作用にあってはしばしば「反応の同期化(temporal synchronization)」が観察されるが、そこでは、タイミングそのものをシグナルとして利用しながら、母子がたがいの行動の流れを予期的に読みとっているといわれる。ここでは、言語的な交流それ自体の最小の形式が、非言語的な次元で先行的に形成されているように思われる。伝えるべき内容の獲得に先だって、伝達の形式が習得されるという消息は、ことばがことばであるための最低限の条件について、一定の示唆を与えていよう。

マリノウスキー[*2]はかつて、単にことばを交わすことそれ自体によって仲間同士の絆がつくり出されるような種類のことばに注目して、「ことばによる交流」(phatic communion)という概念を提起した。ヤコブソン[*3]はこれを承けて、言語の「交話的機能」(la fonction phatique)について語り、その機能は、子どもが身につける最初の言語機能であると考える。交話的機能とは、話し手と聞き手の「接触」にかかわり、会話の開始・持続・終止や「経路」の確認等を可能とするはたらきのことである(Jakobson,1963:217)。じっさい、いま問題としたような母子間の社会的ゲームにあっては、こうした機能のかなりな部分が先どりされていると考えることができよう。

子どもが最初に手にするといわれる言語の交話的機能はまた、ことばが存在するかぎり失われることのない機能である。乳児の喃語はすでに交流への意志の顕れであり、自閉的な反響言語[*4]も接触への志向を表している。意味を区別する機能が解体している、ある種の失語症患者にあっても、ことばを交わすことそれ自体は消失しない(滝浦[*5]、一九九二)。

そもそも、ことばの交話的機能とよばれるものが、なんらかの回路を介しての、話し手と聞き手の連結あるいは接触にかかわるものであるかぎり、交話的機能の原型は、思うに、触覚的な次元にもとめられるであろう。誕生したばかりの新生児は、おそらく皮膚を介して最初の重要なコミュニケーションを受容するであろうし、また、会話の開始や終止、聞き手の注意のdカンキにさいして相手の身体の一部に触れる行動は、成人間でも観察される。ヒトの言語行動の系統発生的な原型を類人猿の「社会的毛づくろい」(social grooming)のうちに認定する仮説も、そのかぎりでは十分に検討にあたいしよう(Reynolds[*6],1981:213ff.)。

いずれにせよ、言語の発生をめぐる問いを設定することには、③ある独特な困難がまとわりついている。問いがことばのそもそものなりたちにかかわる以上、もとめられているのは言語それ自体に先行する経験の胎盤である。だが他方、問題がことばのなりたちにあるかぎり、特定されるべき経験の母胎そのものはなにほどか言語的なものでもなければならない。言語がそこから生まれでてくるもの、ことばを可能にするものは、かくして、言語それ自体に先行しながら、言語そのものとなんらか地つづきなものであることになる。

さしあたり問題としたいのは、音声としてのことばの原型も、やりとりゲームの脈絡のなかでまず登場してくるということである。やりとりゲームのうちで、喃語の交換は、まなざしの交換、微笑の交換のあとに出現するといわれるが、ここでは、まずは時期をさらに遡っておく必要がある。

生後間もない新生児がすでに、将来の母語とそれ以外の言語音とに対してことなる注意反応を示す[*7]ことが知られている。このことは、子宮内の胎児が、母体の血流のリズム、自身の拍動と母親のそれとのシンコペーションのほかに、周囲の他者たちの発することばのざわめきを「耳にして」いること、あるいはむしろそれに「耳をすませて」いることを示唆している。ヒトの子どもは、誕生したのちも、ことばをことばとして受容する以前に、つまり有意味な音声を理解するまえに、ことばの響きにかこまれ、他者たちの声に曝されている。乳児に語りかけられることばは、語りかける者にとってはすでにことばであるが、語りかけられる者にとってはいまだことばではない。そうした場合、乳児は、ことばの音の連なりをひとつの旋律として感受しているのであろうと思われる。

音声としてのことばは、アクセントの強弱、音の高低、母音の長短、リズムや休拍などの韻律的(prosodic)な側面をもち、その側面を音楽そのものと共有している。それは、言語における非分節的側面であり、音素や記号素とよばれる非連続的で分節的な言語の側面を、発話の韻律的な側面が縦断し連続化している。発話が示す旋律と拍子は、それ自体ことばのかたちに属するものであるとともに、同時に、④ことばに先行し、いまだことばではないものである。ことばそのものの韻律的側面は、そのかぎりで、ことば以前とことば以後とをつなぐもののひとつであるといってよい。

それればかりではない。乳児をあやし、また語りかけるとき、成人の発話は、しばしばその韻律的な特性が強調され誇張される。音の高低・長短、アクセントやリズムが、通常の会話では見られないほど拡大されることで、語りかけはより強く音楽性を帯びることになる。それはおそらく、それ自体語りかけるように唱われる

「子守唄」へとなだらかに地つづきとなる音声なのである。リズム性の高い現象が一般に共鳴行動を解発[*8]しやすいことを考えあわせるなら、乳児が自発的な音声を発するのは、周囲の成人が「唱う」声に唱和するという面をもっていると思われる。

　文字を必要としない民族は存在するが、音楽をもたない民族は存在せず、子守唄をもたない民族もおそらくはまた存在しない。ことばにとっては、文字で書きあらわされることよりも、韻律化されて唱われることのほうが普遍的なことがらである。音声としてのことばが生まれ、ことばがみずからの声として習得されるに先だって、思うに、共に唱うという経験の胎盤が形成されるのである。一般に喃語の交換といわれる、非言語的な音声のやりとりを一種の唱い合わせと考えるとすれば、この音声の交換そのものはいわば⑤自己目的的なものである。あるいは、交流自体がその目的であるといってもよい。

　成人間の通常の言語的交通もまた、そうした面を強くもつことがあるのではないだろうか。会話はそれ自体としてある種の快感を誘う行為でありえ、あるいは緊張を解きほぐすふるまいとなりうる。ひとはまた、特定の目的とともに会話を開始するというよりは、むしろ多く会話にまきこまれ、気づいたときには会話の流れに身をe委ねてしまっている。ことばによるやりとりには、目的―手段という枠組みでは捉えがたい面が存在する。ことばは単なる手段あるいは道具ではなく、なによりもまず交流のかたちそのものである。じっさい、情報伝達の効率という点からすれば過度にfジョウチョウであったり、逆に情報量としてはゼロにひとしかったりする発話の交換が、ことばによる交流の重要な形態でありうるのである。

　ことばが生まれでようとする現場に身をおくことで、こうして、言語をめぐるイメージのいくつかが拡大される。われわれはそうした場に視点を定めることで、同時にまた、⑥普段は既成の言語理解によって覆いつくされている、ことばの側面に目をむけてゆくことになる。

（熊野純彦「ことばが生まれる場へ」による）

（注）
＊1　原始反射…新生児に見られる種々の反射。通常は成長するにつれて消失する。
＊2　マリノウスキー…イギリスの文化人類学者。
＊3　ヤコブソン…アメリカの言語学者。
＊4　反響言語…相手の言ったことをそのまま機械的に繰り返す現象。
＊5　滝浦、一九九二…滝浦真人の著作物からの引用を示す。
＊6　Reynolds,1981:213ff.…Reynoldsの著作物からの引用を示す。
＊7　シンコペーション…音楽で、拍子で規定された強弱の位置を本来の場所からずらしてリズムに変化を与えること。
＊8　解発…特定の反応が一定のシグナルによって誘発されること。

問一　波線部a～fについて、漢字のものは本文中での読みをひらがなで答え、カタカナのものは漢字に直しなさい。
　a　遂行　　b　ヘダ(て)　　c　若干　　d　カンキ　　e　委(ね)　　f　ジョウチョウ
問二　傍線部①「制御」とあるが、これはどういうことか。ここでの意味を二十五字以内で説明しなさい。
問三　傍線部②「他者との『無償の』やりとり」とあるが、ここで「無償の」という表現をしているのはなぜか。それを次のように説明するとき、空欄に当てはまる最も適当な言葉を、本文中から六字で抜き出して書きなさい。

　他の人とのやりとりが、［　　　　　］を満たそうとするものではないということを示すため。

問四　傍線部③「ある独特な困難」とあるが、それはどのような「困難」か。その説明として適当なものを次のア～オの中から一つ選び、記号で答えなさい。
ア　乳児が言語を身に付けるプロセスを明らかにしようとすると無数の経験が分析の対象となってしまうため、手間や時間かかかってしまうという困難。
イ　言語の発生を考える際には言語になる以前の経験をとらえなければならないが、一方で、その経験は言語的なものでなければならないという困難。
ウ　言語の発生の瞬間を特定するためには、乳児の言語以前の言語らしき兆候をとらえなければならないが、それは主観的になりがちであるという困難。
エ　言語経験に先行する言語的な経験という言葉の理解が難解であり、研究者ごとに定義が異なるために、研究をしても容易に否定されるという困難。
オ　言語は経験と結びつくことで身体に習得されるものであるため、どれほど印象的な経験であっても、言語化できないものは忘れ去られるという困難。
問五　傍線部④「ことばに先行し、いまだことばではないものである」とあるが、これは、乳児にとって「発話が示す旋律と拍子」はどのようなものだということを表しているか。それを、次のように説明するとき、空欄に当てはまる言葉を、三十五字以内で書きなさい。
　乳児にとって「発話が示す旋律と拍子」は、［　　　　　］ものだということ。
問六　傍線部⑤「自己目的的なもの」とあるが、これはどういうことか。本文の内容に即して三十字以内で説明しなさい。

問七　傍線部⑥「普段は既成の言語理解によって覆いつくされている、ことばの側面に目をむけてゆく」とあるが、これはどういうことか。本文の内容に即して八十字以内で説明しなさい。

問八　本文の内容と合致するものとして適当なものを次のア～オの中から一つ選び、記号で答えなさい。

ア　ことばをもたない乳児は自らの欲求を自覚することはできないが、周囲に対して食事の充実や温度管理についてことばにならない願いは持っている。

イ　生後間もない新生児でも周囲の成人が示した表情運動と同様の運動を反復できるが、これは充実感や愛情といった生理的欲求に根ざした行動である。

ウ　ヤコブソンの「交話的機能」はマリノウスキーの「ことばによる交流」という概念とは異なり、子どもの発達の段階に応じて機能が分類されている。

エ　乳児の喃語のように、子どもが初めに手にする交話的機能は、言葉に関する何らかの障がいをかかえる人にとっても失われることのない機能である。

オ　新生児の中には、自分が話すことになる母語とそれ以外の言語の音を聞き分けることができる者もいるが、それは胎児の段階での教育が重要である。

(☆☆☆◎◎◎)

【二】次の文章を読んで、あとの問いに答えなさい。

千葉県に住む大学生、智也（ともや）の祖母は六十七歳になる。祖母は、三十代後半で夫を亡くし、女手一つで四人の子ども(智也の母、辰彦、絹子、温子)を育て上げた。子どもたちが成長し、手が離れてからは、旅行を唯一の趣味としていた。十年前、周囲の反対を押し切って、旅先で出会った堀川雄太郎と宇都宮で暮らすようになった。その雄太郎も五年前に亡くなり、現在は一人で暮らしている。智也は定期的に祖母を訪ねている。


「お前、この後にもう一ヵ所、付き合えるかい」

「……いいけど」

「よし、じゃあ上がろう」

長湯のせいで、汗がにじむほど体が温まっていた。見下ろせば、湯に浸かっていた膝から下の皮膚がくっきりと赤い。買ったタオルで濡れた足を拭いて、車へ戻った。

祖母が言うままに山道を引き返し、途中で道を折れて下り坂を進むと、数分もしないうちにもみじ谷大吊橋という観光名所に辿りついた。大きな吊り橋が水量の豊かな川をまたぐ形でかけられている。青々した山に周囲をぐるりと囲まれた、美しいaケイコクだった。東京の桜はもう散ったのに、標高が高いせいか、山肌では霞のような山桜がいまだにしっとりと輝いている。

土産物屋を素通りし、祖母は受付で二人分の料金を払って智也を呼び寄せた。短い階段を上り、吊り橋の入り口に立つ。さあっと涼しさを感じるほど長い、真っ直ぐな橋がずいぶんと遠くまで延びている。案内によると、三百二十メートルもあるらしい。歩き出して間もなく、先に渡り始めていた中年の女性が橋の手すりにつかまって腰を落としているのに気づいた。具合でも悪いのかと顔を覗くと、照れくさそうに首を振る。

「橋から下を覗くと、高いのよ、思ったより。風が吹くと揺れるし、しかも、橋の真ん中が金網みたいになってて、隙間から川が見えちゃうの。だめだわ、ぞくぞくしちゃって」

祖母は特に怖がる様子もなく先を歩いている。智也も女性にb会釈をして足を進めた。彼女の言う通り、途中から足元が格子状の金網に変わった。真下を流れる川面（かわも）のきらめきが垣間見えて、背筋を冷たいものが通り抜ける。と、と、と、とc悪寒を払うように足を速め、祖母の背中へ寄った。

「さっきの人、高いところがダメだったらしい」

「ああ、私も最初は、足が震えてダメだったよ。何回か来てね、慣れたんだ」

何回も、祖母をここに連れてきたのは、雄太郎だろうか。橋の真ん中に辿りつき、祖母は手すりに腕を乗せた。

「辰彦は他の姉弟がみんな女で、父親が早くに死んだから、自分が一家を守らなければって感覚が強いんだろうね。こんなババアが一人、よそに行ったからって、なにもあるもんかね。心配しすぎなんだよ」

「でも、母ちゃんも心配してる。現にばあちゃん今、一人じゃん。これから足だけじゃなくて他んとこも悪くなるかもしれないし、こっちに帰ってこねえの」

「ユウさんの墓があるからね。それにお前の言う通り、子供らの関係をこじれさせたのは本当だ。今さら帰る気はないよ。それが、①我が儘（わがまま）を通した落とし前さ」

頑固だなあ、と智也は思う。祖母はここで景色を眺めているというので、橋の反対側まで行ってみることにした。四方を囲む春の山が、ゆるやかに自分へ向かって流れてくる。橋の反対側は花が植えられたうららかな公園になっていた。A踵（きびす）を返し、渡り終えたばかりの橋へと顔を向ける。

祖母は、青い山を背負っているように見えた。風が吹くたび、②黄色い花の描かれたワンピースがふわふわとそよぐ。

思い返せば智也が子供の頃、祖母はえび茶色の素っ気のない上着と色の褪せたジーンズばかり穿（は）いていた。

智也以外にも孫の世話をたびたび引き受けながら、辰彦叔父が引き継いだ不動産管理の相談に乗り、智也の母の仕事の愚痴を聞き、離婚して一人で子供を育てている絹子叔母を励まし、会社の寮で一人暮らしをしている四女の温子叔母に野菜や佃煮（つくだに）を送っていた。いつだってしっかりとした、化粧っ気のない頼れる一族の長であり続けた。ゆっくりと、祖母がたたずむ橋の真ん中へ歩いて戻る。

「③ばあちゃん、ワンピース似合うね」

素直に思って口に出しただけなのに、祖母は眉間に皺（しわ）が寄るほど顔をしかめた。

「お前も、さぞろくでもない男になって、女の人生を狂わすんだろうね」

「えー」

「でも、いいんだそれで。ココちゃん[*1]は、かわいいかい」

「相変わらず、超かわいいです」

「たくさん言ってあげな。女はそのままでかわいいわけじゃないから、お前を喜ばせたくてかわいくしてるんだよ」

はい、と神妙に頷いて、祖母と一緒に橋の入り口へ戻った。先ほど腰が引けていた女性は、土産物屋の前で連れ合いとソフトクリームを食べていた。

帰りにスーパーに寄って必要なものを買い足し、祖母の家へと帰る。あちこちに立ち寄ったせいか、気が付けばだいぶ疲れていて、また長い道のりを辿って高円寺（こうえんじ）のアパートまで帰るのが億劫（おっくう）になっていた。物が散らかったちゃぶ台の隣に寝そべり、わざと甘えた声を出す。

「今日、やっぱ泊まりたい」

―中略―


ふいに賑やかな着信音がスマホからあふれ出した。心臓が痛いくらいに跳ね上がる。ろくに画面を見ないまま夢中で緑色の通話ボタンを押し、本体を耳へ押し当てる。

「もしもしっ」

耳に飛び込んできたのは、能天気な母親の声だった。

『あ、智也？　アンタまだばあちゃんちにいる？』

「なんだよ！」

『やーだなに怒ってんのよ』

「なんでもねえよ！　なんか用？」

『そうそう、ばあちゃんちの階段の電球、一個切れてるのわかった？　こないだ替えようと思って新しい電球を用意しておいたんだけど、新幹線の時間が来て交換できなかったの。ばあちゃんじゃ背が届かないから、あんた、やっといてちょうだい』

スマホを耳へ当てたまま、うろうろと電球を捜し回る。母が言う流しの下には見当たらず、結局トイレの横にビニール袋に包まれたまま放り出されているのを見つけた。物置きから折りたたみ式の踏み台を引っ張り出して、階段の踊り場で開く。

ビニール袋の中を覗くと、色や形の違う電球がいくつも詰め込まれていた。

「なんか、何種類かあるんだけど、どれが階段用？」

『ＬＥＤの、ちょっと縦長のやつね！　あとはトイレと玄関の電球の予備だから』

薄いガラスの球体は、触るたびに少し緊張する。慎重に包装を剝がし、片手に持って踏み台に乗った。耳元で、母がしゃべり続けている。

『あーよかったー。あんたに頼もう頼もうと思ってたのに、完全に忘れてたのよ。なに、今夜はそっちに泊まるの？　なら庭の掃除と神棚の埃取りもやっといて、あとねあとね』

母以外の親族がどんなdヒンドで祖母に連絡を取っているのか、智也は知らない。そして、なぜこんなに母が祖母の世話をするのかも。長女だから、という義務感からだろうか。昼間の祖母の言葉を思い出し、放っておけばB立て板に水といった調子であれこれと用事を言いつけそうな声をeサエギった。

「母ちゃん、はじめは反対してたんだろ？」

『ええ？』

「ばあちゃんに聞いた。はじめは、お前の母ちゃんにも反対されたよって。④なんで反対すんのやめて、今はこんなにばあちゃんの一人暮らしを応援してんの」

『あんたたち、そんな話したの』

驚いたような息を吐き、母は数秒沈黙した。智也は踏み台の上で伸び上がり、ペンダントライトのソケットに新しい電球を差し込んだ。きゅ、と音を立てて回転させながら、いつもこの瞬間が怖いと思う。薄くて脆いものに力を入れなければならない。指先が緊張する。回線の向こうで、母がゆっくりと切り出した。

『まだ話し合いが始まったばかりの頃だよ。私は長女だからね、この問題をなんとかしなきゃいけないって気張って、二人きりの時にばあちゃんに、大人なんだから、そんな旅先で恋に落ちてとかみっともないの止めてよって言ったんだ。そうしたらばあちゃんはうつむいて、本当に恥ずかしそうな声で、こう言った』

智也は踏み台から下りた。手元に残った電球の包装をくしゃりと丸め、照明のスイッチに手を伸ばす。

『新しい、きれいなワンピースを着て誰かに見せたいなんて、もう長い間、考えたこともなかったんだ』

ぱちん、と音を立ててスイッチを押し込むと、真新しい昼白色の光が板張りの階段を冴え冴えと照らした。

『私ら姉弟はいつのまにか、ばあちゃんはもうなにも欲しがんないで、変わらないで、このまま、じいっとみんなの世話をして、きれいに衰えて死んでいくもんだって決めつけてたんだよ。あの人が頑固でしっかり者の世話焼きだから、ずっとそれに甘えてた。自分が同じ立場なら、そんな聖人みたいになれるわけないクセにさ』

「でも、雄太郎は死んじまった」

『五年間、ばあちゃんにたくさんワンピースを着せて、色んな所に連れ出してくれたんだ。礼を言いたいぐらいだよ』

仏壇の、高級な羊羹みたいな重々しい艶が目のうらによみがえる。でもねえ、そんなの私の勝手な感じ方だから、辰彦やあんたの叔母さんたちがどう感じてるかは知らないよ？　ばらばらだろうし、それでいいんだと思うよ。そんな締めくくり方をして、母親は通話を切った。踏み台を物置きに片付けて、智也は残った電球を流しの下にしまう。

居間に戻ると、パジャマ姿の祖母が九時のドラマを観ながらビールをすすっていた。

「ばあちゃん、さっき母ちゃんから電話きて、階段の電球替えたから」

「ああ、そういえば切れてたね。ありがとう」

「俺、風呂入ってくる」

「ぼちぼち寝るよ。お前の布団は二階の和室に敷いてあっから」

「わかったー、おやすみ」

前に泊まった時に置いていった着替えを押し入れから引っ張り出し、バスタオルを手に風呂場へ向かう。狭い、水色のタイルが貼られた古い浴室だ。ステンレス製の底の深い浴槽に、ヒノキの入浴剤を溶かした湯が張られている。追い焚き機能がないため、冷めつつある湯を桶で汲んで体を洗うのに使い、どんどん熱い湯を注ぎ足した。祖母の白髪染めシャンプーとは別に、智也や母が泊まる時のために用意してあるリンスインシャンプーのボトルを押す。ざかざがと髪を泡立てながら、排水口の上で渦を巻く泡混じりの湯の流れを眺めた。

怖くなかったの、と足湯に浸かりながら聞いた。祖母は答えなかった。けれどあんなに心弱い望みを一つ抱いて、祖母は雄太郎と暮らすことを選んだのだ。足がすくむほど高く長い橋をたびたび二人で渡り、今では一人で渡れるようになった。モッコウバラのワンピースが風にはためく。泡を流し、草色の湯に体をすべり込ませ、百数えて温まってから智也は風呂場を出た。体を拭き、換気扇を回して寝巻きに着替える。

居間の電気は落とされていた。祖母はもう寝室で休んでいるらしい。台所に立ち寄り、冷蔵庫からスポーツドリンクを取り出してコップに二杯ほどあおる。二階に向かう途中で、居間の隣の仏壇を置いた和室に橙色の常夜灯がともされていることに気づいた。

線香の匂いが強い。祖母が寝る前に手を合わせたのだろう。居たたまれないような気分で、智也はそうっと和室に足を踏み入れた。仏壇を覗く。若い祖父の遺影と、堀川雄太郎と金文字が彫られた位牌。中ほどまで細長い灰となった真新しい線香が一本、香炉の中央に立っている。

リンを鳴らしかけて、やめた。祖母にばれたら恥ずかしい。代わりに線香を一本抜き取り、ライターで先端に火をともした。軽く揺らして炎を掻き消し、祖母が立てた線香の隣に差し込む。

手を合わせて、目をつむった。⑤どうかこれからもばあちゃんを守って。そう、二人の祖父に呼びかけた。

（彩瀬まる『桜の下で待っている』による）

＊1　ココちゃん…智也の恋人

問一　波線部a～fについて、漢字のものは本文中での読みをひらがなで答え、カタカナのものは漢字に直しなさい。

a　ケイコク　b　会釈　c　悪寒　d　ヒント　e　サエギ(った)　f　遺影

問二　傍線部A「踵を返し」・B「立て板に水」について、本文中での意味として適当なものを次のア～オの中から一つ選び、記号で答えなさい。

A　ア　過去を思い出す　イ　気分を変える　ウ　あと戻りする　エ　目を固く閉じる
オ　大きく跳び上がる

B　ア　不意に　イ　とどこおりなく　ウ　まっすぐに　エ　ゆっくりと
オ　何気なく

問三　傍線部①「我が儘を通した落とし前さ」とあるが、ここには祖母のどのような覚悟が込められているか。「我が儘」の内容を具体的に示した上で、五十字以内で説明しなさい。

問四　傍線部②「黄色い花の描かれたワンピース」と対照的なものとして描かれているものは何か。本文中から二十五字以内で抜き出し最初の五字を書きなさい。

問五　傍線部③「ばあちゃん、ワンピース似合うね」とあるが、この言葉を聞いた祖母の心情について説明しなさい。

問六　傍線部④「なんで反対すんのやめて、今はこんなにばあちゃんの一人暮らしを応援してんの」とあるが、母が祖母を応援するようになった理由を、母親の心情の変化がわかるようにしながら九十字以内で説明しなさい。

問七　傍線部⑤「どうかこれからもばあちゃんを守って。そう、二人の祖父に呼びかけた。」とあるが、智也はどのような思いからこのような行動をとったのか。その説明として適当なものを次のア～オの中から一つ選び、記号で答えなさい。

ア　母親の話から、祖母を大切にしていた「二人の祖父」が身近な存在であると感じ、この先も自分と祖母を見守って欲しいという思い。

イ　年老いた祖母の様子を見て不安になり、この先も一人で暮らしていく祖母に災難が起きないよう「二人の祖父」に祈らずにはいられないという思い。

ウ　祖父との縁で祖母が一人で暮らすことになったことで、家族のあり方を見直すきっかけとなり、祖父に感謝の気持ちを伝えたいという思い。

エ　祖母や母の話を聞き、これまでの祖母の人生は、本人にとっては幸せなものであり、今でも「二人の祖父」が祖母に心の中で生き続けているのだろうという思い。

オ　祖母がワンピースを着るようになったいきさつを母親から聞き、これからは冒険をせず、落ち着いた生活を送って欲しいという思い。

(☆☆☆◎◎◎)

【三】次の文章を読んで、後の問いに答えなさい。

さてもこの所[*1]にやすらひて、すでに三年あまりにもなりぬ。心ざしたりし東の方も、ゆかしければ[a]、「命のほども知りがたし」とて、すでに出でむとするに、日頃浅からず馴れ契りし人々集まりて、夜もすがら[b]名残を惜しみて、絃歌[*2]の曲に心をとどめ、たがひに袖をしぼりけり。

折ふし、その夜、月おもしろかりければ、

Ⅰ　君も訪[*3]へわれも偲ばむ先立たば①月を形見に思ひ出でつつ

すでに東の方へ下るに、日数積れば、遠江国天中の渡り[*4]といふ所にて、武士の乗りたりける船に、便船[*5]をしたりけるほどに、人多く乗りて船あやふかりけむ、

「あの法師、下りよ下りよ」

といひけれども、「渡りの習ひ」と思ひて、聞き入れぬさまにてありけるに、②情なく鞭を以て西行を打ちけり。

血など頭より出でて、③よにあへなく見えけれども、西行少しも恨みたる色なくして、手を合はせ、舟より下りにけり。これを見て、供なりける入道、泣き悲しみりければ、西行つくづくと目守(まぼ)り、

「都を出でし時、道の間にていかにも心苦しき事あるべしといひしは、これぞかし。たとひ足手を切られ、命を失ふとも、それ全く恨みにあらず。もしいにしへの心[*6]をも持つべくは、④髪を剃り衣を染めでこそあらめ。仏の御心は、みな慈悲を先として、われらがごとくの造悪不善の者を救ひ給ふ。されば仇(あた)を以て仇を報ずれば、その恨みやまず。『⑤忍を以て敵を報ずれば、仇すなはち滅す』といへり。経の中には、『無量劫[*7]の間修したる善根も、一念の悪をおこせば、みな消失す』ともいへり。また不軽菩薩[*8]は、打たるる杖を痛まず、

我深敬汝等[*9]、不敢軽慢、所以者可、汝等皆行菩薩道

とて、なほ礼拝恭敬し給ひき。これみな利他を旨とし、仏道修行の姿なり。自今以後もかかる事はあるべし。たがひに心苦しかるべければ、⑥汝は都へ帰れ」とて、東西へぞ別れける。

この同行の入道も、西行がそのかみの有様ども思ひ出でて、かかる事を見て心憂くおぼえけるも、ことわりとこそあはれなる。

西行、心強くも同行の入道をば追ひ捨てたりけれども、年頃あひ馴れし者なれば、さすが名残は惜しかりけれども、ただ一人、小夜の中山[*10]、事のままの明神[*11]の御前に侍りて、

若以色見我[*12]　以音声求我　是人行邪道　不能見如来

と礼拝して、⑦小夜の中山を越えてかくなむ。⑧

Ⅱ　年たけてまた越ゆべしと思ひきや　命なりけり小夜の中山

（『西行物語』による）

（注）

＊1　この所…伊勢（現在の三重県）を指す。

＊2　絃歌（げんか）の曲…琵琶や琴などの弦楽器にあわせて歌う曲。

＊3　訪（と）ふ…とむらう。

＊4　遠江国天中の渡り…現在の静岡県にある、天竜川の渡し場。

＊5　便船…折よく来合わせた船に乗ること。

＊6　いにしへの心…武士であった昔の心。西行は出家前は院に仕える武士であった。

＊7　無量劫の間修（ごふ）したる善根…無限の間勤めた善行。

＊8　不軽（ふきやう）菩薩…『法華経』に見える常不軽菩薩のこと。

＊9　我深敬汝等〜…『法華経』の経文。(大意)わたしは深くお前たちを敬い、軽く見たりいやしめたりする心を持つまい。なんとなれば、お前たちはみな仏道を実践して、まさに菩薩になろうとしているのだから。
＊10　小夜の中山…現在の静岡県掛川市にある峠。
＊11　事のままの明神…小夜の中山の登り口にある日坂の八幡宮。
＊12　若以色見我〜…『金剛経』の経文。仏教の真理は色や声の外にあって、見聞きできるものではなく、ただ知性と相応ずるものであることを説いた。

問一　波線部a「ゆかしけれ」、b「夜もすがら」の文中での意味を答えなさい。
問二　二重傍線部「給ひ」について、
　1　敬語の種類を答えなさい。
　2　誰から誰への敬意か。次のア〜カの中からそれぞれ一つずつ選び、記号で答えなさい。
　　ア　作者　　イ　馴れ契りし人々　　ウ　武士　　エ　西行　　オ　不軽菩薩　　カ　同行の入道
問三　和歌Ⅰの傍線部①「月を形見に思ひ出でつつ」には、どのような覚悟が込められているか。それを、次のように説明するとき、空欄に当てはまる言葉を書きなさい。
　東の方へ下れば[　　]という覚悟。
問四　傍線部②「情なく鞭を以て西行を打ちけり」とあるが、武士がそうしたのはなぜか。その理由を六十字以内で説明しなさい。
問五　傍線部③「よにあへなく見えけれども」を現代語訳しなさい。

問六　傍線部④「髪を剃り衣を染めでこそあらめ」について、「髪を剃り衣を染め」とは、ある行為の婉曲表現であるが、これがどのような行為かがわかるようにしながら、傍線部を現代語訳しなさい。

問七　傍線部⑤「忍を以て敵を報ずれば、仇すなはち滅す」とはどういうことか。三十字以内で説明しなさい。

問八　傍線部⑥「汝は都へ帰れ」とあるが、そう言った理由として適当なものを次のア～オの中から一つ選び、記号で答えなさい。

ア　西行は旅をしている途中では、切られたり命を失うような目に会うこともあるだろうと覚悟の上で、同行の入道と一緒に旅をしていたが、仏の慈悲を信じさえすれば大丈夫だと確信したから。

イ　西行が打たれて頭から血を流しているのに、一緒にいた入道はただ泣き悲しむばかりで手当など何もしてくれなかったので、このまま一緒に旅を続けることに対して大きな不安を覚えたから。

ウ　西行は仏道の修行を通して、他者との助け合いが何よりも大切だと考えていたが、船から下ろされたり、鞭や杖で打たれたりしたことで人間不信に陥り、一人で旅を続けようと決意したから。

エ　西行は旅の途中で出会う様々な困難を、耐えて受け入れようとしていたが、同行の入道にそれが理解できないのであればこれから先に互いに辛い思いをすることが起こるだろうと判断したから。

オ　西行がかつて犯した悪事を思い出した同行の入道が、西行と一緒に旅を続けることに対して不安な様子を見せたので、西行はここで別れたほうがお互いのためにはよいのだと強く覚悟したから。

問九　和歌Ⅱについて、

1　傍線部⑦「年たけてまた越ゆべしと思ひきや」を現代語訳しなさい。

2　傍線部⑧「命なりけり」の解釈として適当なものを次のア～オの中から一つ選び、記号で答えなさい。

ア　人生で大切な場面になるのだという強い確信を表している。

イ　懸命に明神を信じるだけだという篤い信仰心を表している。
ウ　運命だから仕方がないのだという潔い覚悟を表している。
エ　命がけでやるべきことだという悲壮な決意を表している。
オ　生きていたからこそなのだという深い感慨を表している。

問十　次の枠内の文章の空欄（　a　）、（　b　）に当てはまる作品名を後の選択肢ア～キの中からそれぞれ一つずつ選び、記号で答えなさい。

西行は、二十三歳の時に出家し諸国を漂泊しながら歌を詠んだ。八番目の勅撰和歌集である『（　a　）』に最も多くの和歌が収録されている歌人である。西行の私家集として、『（　b　）』などがある。

【選択肢】ア　万葉集　イ　古今和歌集　ウ　新古今和歌集　エ　和漢朗詠集　オ　山家集
カ　十訓抄　キ　去来抄

（☆☆☆◎◎◎）

【四】次の文章を読んで、あとの問いに答えなさい。（設問の都合上、一部訓点を省いたところがある。）

漢五年、既殺*1項羽、定天下、論功行封。群臣争功、歳余功不決。*2高祖以*3蕭何功最盛、封為*4*5酇侯、所食邑多。功臣皆曰、「臣等身被堅執鋭、多者百余戦、少者数十合、攻城略地、大小各有差。今蕭何①未嘗有汗馬之労、徒持文墨議論不戦。顧反②居臣等上、何也。」

*6高帝曰、「諸君知猟乎。」曰、「知之。」「知猟狗乎。」曰、「知之。」高帝曰、「a夫猟、追殺獣兎者狗也。而発*7蹤指示獣処者人也。今諸君③徒能得走獣耳。功狗也。至如蕭何、発蹤指示。功人也。b且諸君独以身随我、多者両三人。今蕭何挙*8宗数十人皆随我。功④不可忘也。」群臣⑤皆莫敢言。

（『史記』による）

（注）

＊1　項羽…秦末期の楚の武将。天下を劉邦と争い、当初は圧倒的に優勢であったが、次第に劣勢となって敗死した。
＊2　高祖…劉邦。前漢の初代皇帝。
＊3　蕭何…高祖の臣下。
＊4　封…土地の支配権を与える。
＊5　酇…酇県。今の湖北省にある。
＊6　高帝…高祖と同じ。
＊7　発蹤…綱を解いて放つ。
＊8　宗…一族。

問一　波線部a「夫」、b「且」の読みを送り仮名も含め、ひらがなで答えなさい。
問二　傍線部①「未嘗有汗馬之労」をすべてひらがなで、書き下し文に直しなさい。ただし、現代仮名遣いも可とする。
問三　傍線部②「居臣等上何也」について、
　1　現代語訳しなさい。
　2　このような発言をしたのは、発言した者にどのような思いがあったからか。四十字以内で説明しなさい。
問四　傍線部③「徒能得走獣耳」をすべてひらがなで、書き下し文に直しなさい。ただし、「走獣」は「そうじう」と読むこと。

問五　傍線部④「不可忘也」を現代語訳しなさい。
問六　傍線部⑤「皆莫敢言」を書き下し文に直しなさい。
問七　二重傍線部「蕭何功最盛」とあるが、高祖がこのように考えたのはなぜか。六十五字以内で説明しなさい。
(☆☆☆◎◎◎)

【五】次の枠内の文章は、高等学校学習指導要領(平成三十年三月告示)『国語』の「現代の国語」からの抜粋である。

1　目標　(略)
2　内容
B　書くこと
(1)　書くことに関する次の事項を身に付けることができるよう指導する。
ア　目的や意図に応じて、実社会の中から適切な題材を決め、集めた情報の妥当性や信頼性を吟味して、伝えたいことを明確にすること。
イ　読み手の理解が得られるよう、論理の展開、情報の分量や重要度などを考えて、文章の構成や展開を工夫すること。
ウ　自分の考えや事柄が的確に伝わるよう、根拠の示し方や説明の仕方を考えるとともに、文章の種類や、文体、語句などの表現の仕方を工夫すること。
エ　目的や意図に応じて書かれているかなどを確かめて、文章全体を整えたり、読み手からの助言などを踏まえて、自分の文章の特長や課題を捉え直したりすること。
(2) (1)に示す事項については、例えば、次のような言語活動を通して指導するものとする。
ア　論理的な文章や実用的な文章を読み、本文や資料を引用しながら、自分の意見や考えを論述する活動。
イ　読み手が必要とする情報に応じて手順書や紹介文などを書いたり、書式を踏まえて案内文や通知文などを書いたりする活動。
ウ　調べたことを整理して、報告書や説明資料などにまとめる活動。

指導事項(1)イについて、(2)イのような言語活動を通して指導をする場合、あなたはどのような授業を行いますか。評価規準を明らかにして二〇〇字以上二二〇字以内で具体的に説明しなさい。

(☆☆☆◎◎◎)

解答・解説

【中学校】

【一】問一　a　脈絡　b　証拠　c　奇妙　d　縮約　問二　・「じぶんとはことなるもの」を代理する「あるもの」を「記号」と仮定し、二つのものを等分に見くらべる視点で、一方が他方の記号であると主張するしかた。(七十二字)　・「記号」とは「じぶんとはことなるもの」を代理する「あるもの」と仮定し、「煙」と「火」を等分に見くらべる視点を前提として、煙が火の記号であると主張するしかた。(七十八字)から一つ　問三　エ　問四　・言語を記号としてとらえることは、ものの名前を思い出すことで、ものの占めるべき位置が確定されたように感じられるというような言語経験とはかけ離れた架空のものだから。(八十字)　・言語を記号としてとらえることは、ことばとそれが表現する思考とが同時に成立していることを実感する言語経験の基礎的な次元を跳びこえた架空のものであるから。(七十五字)　・言語を記号としてとらえることは、ことばが物事に対する感受性や思考のかたちそのものをつくりだすものであると実感する言語経験を跳びこえた架空のものであるから。(七十七字)　から一つ　問五　語の情動的意味をもあわせかんがえるとき、言語の基底に、対象のありかたとむすびあった表現の体系が存在しうるという主張。

問六　ウ

〈解説〉問二　それと同じようなしかたの「それ」は、前の例示の文にあるように、じぶんとはことなるものを代理するあるものを記号と仮定する方法を指す。たとえば煙を、火を代理する記号というのは両者を等分に見くらべる視点を前提にした主張である。　問三　ものの色、かたち、匂い、手ざわり、音などのありようは思い出されても、肝心のなまえが思い出せないときのいごこちの悪さも、なまえが呼び戻されることで、その不快感が消失する。つまり、〈もの〉の存在は、そのなまえと一心同体(不可分)で、無縁ではないのである。

問四　筆者は第五段階で、〈もの〉となまえは無縁ではなくなまえによって〈もの〉の占めるべき位置が確定されたように感じられることや第八段落で、怒りの感情が拳をふりあげる行動表現になるようにことばとそれが表現する思考は同時に成立する、と述べている。これらのことを踏まえことばと思考を等分なものとし、ことばが思考を代理する記号とするのは、前述の二つの事例に見る言語経験とはかけ離れた幻想である、というのである。以上のことを要約する。　問五　こうした主張の「こうした」はメルロ＝ポンティの、語の情動的意味は一見恣意的に見えても、その言語の基底に対象のありかたとむすびあった表現の体系が存在しうるという主張を指す。　問六　アとエは、後半が不適切。イは、『言葉が記号である』という主張を、以下が誤り。

【二】問一　a　頑　b　挟(む)　c　暇　d　粋　問二　・祖父の一世一代の写真が無残な結果に終わらないために、少しでも写真撮影に適した場所で撮影をしてほしいが、祖父の腕前を信用していないと思われないよう気を遣う気持ち。(八十字)　・写真は成功してほしいので、少しでも条件のいい場所に移ってほしいが、撮影の腕前を疑っていると思われないようにしようという気持ち。(六十三字)　から一つ　問三　ウ　問四　・師弟のやり取りに口を挟めず、子供からの問いかけにも答えることができないほどの緊密な時間を過ごしていたが、撮影が終了したことでそれまでの緊張から解放された気持ち。(八十字)　・声を出すことも遠慮してしまうような緊張感のある現場で、ただじっと見つめていたが、撮影が終了したことで解き放たれた気持ち。(六十字)　から一つ　問五　・写真は失敗したものと思い込んでいたが、現像するとすばらしい姿が浮かび上がったため、写真の出来や祖父の腕前に驚く気持ち。(五十九字)　・撮影後には写真は失敗したものと思っていたので、現像した写真の見事さに驚く気持ち。(四十字)　から一つ　問六　・いい写真が撮れたという自信があり、出来栄えが予想できているとともに、父や僕の喜び方が大げさで少し照れくさくなったから。(五十九字)　・撮りたいものが撮れた自信があるとともに、家族の喜ぶ様子を見て、十分満足したから。(四十字)　から一つ　問七　イ

〈解説〉問二　写真撮影に選んだ墓地下のカーブは、街灯以外の灯りがなく霧が湧きやすい地形である。また、電車がカーブを全速力で駆け抜ける場所で、撮影にはまったく適さない場所である。祖父が一世一代の写真を

撮ろうとすることを思い、祖父の撮影が成功するように他の適当な場所への移動を促しているのである。永年培ってきた祖父の写真撮影の技術を認めながらの心やさしい父の祖父への助言である。　問三　祖父と父二人のストロボからの強い発光と電車のパンタグラフからの稲妻のような青い火花で暗闇に浮かび上がった都電は、そのまま止まってしまったように見えたのである。　問四　撮影場所のことで互いに譲らない祖父と父の真摯な師弟のやりとりに口を挟むことができず、祖父の頑固さに気がねし語りかけても答えようもなく沈黙していたが、無事に撮影が終わったことで緊張から解放され安堵したのである。　問五　胸がつぶれるほどの溜息とは、ひどく驚くほどの溜息である。父は祖父が撮影に失敗したと思い込んでいたが、すばらしい花電車の影像が現像液の中に浮かび上がったのである。祖父の撮影の腕前に驚嘆した溜息である。　問六　祖父のメリー・クリスマスの言葉は、父と僕が祖父の撮影の腕前に驚きあわてふためく姿を見て、別に驚くほどのことではないという満足しきった語りかけであり、写真に目を向けようとしないのは予想どおりの結果であるという自負と少しの照れによる。　問七　この文章は、「僕」の視点から、祖父、父、母の人間関係を会話を中心に構成されている。クリスマスの夜の「花電車」の撮影をめぐる祖父と父の親子のやり取りと短い表現による場面展開の臨場感や電車のスピード感が光と音とともに立体的に描写されている。

【三】問一　A　順接の仮定条件　B　順接の確定条件　問二　愚かなる人　問三　位が高く、高貴な人を必ずしも優れている人とはいうべきだろうか、いや、そうではない。　問四　ア　問五　・まことの人は、智恵もなく、徳もなく、功績もなく、名声もない、それゆえに誰にも知られず誰も伝えていかないということ(五十六字)　・名誉や利益といった欲を超越した人は、智恵も徳も功績も名声もない、そのために誰にも知られないし誰も語り伝えないということ(五十九字)　から一つ　問六　財産や名声や名誉を得ようとす

ることは愚かであるから、はじめから賢と愚、利と害というような、相反する価値観の境地に立たない生き方

〈解説〉問一　A・Bの「ば」は接続助詞である。活用語の未然形に付けば仮定条件を表し、已然形に付けば確定(既成)条件を表す。Aの前の「言ふ」(ハ行四段活用)の未然形、Bの前の「ざれ」は打消の助動詞「ず」の已然形なので、Aは仮定条件、Bは確定(既成)条件となる。ともに順接である。　問二　アの後で、豪華な車、名馬、金銀に心を奪われる者を筆者は、すぐれて愚かなる人なりと述べている。　問三　位高く、やんごとなきをしも、のやんごとなきは、「やん(む)ごとなし」(形容詞・ク活用)の連体形で、高貴な(人)の意。「しも」は、打消の語と呼応して「必ずしも~ではない」の意を表す。「すぐれたる人とやはいふべき」の「や」は反語の係助詞。「べき」(当然の意の助動詞「べし」の連体形)と呼応して係り結びになっている。　問四　可・不可は一条なりとは、(世間で)可とし不可とするものは、ひとつながりのもので差別のあるものではないの意。可や不可は俗人の相対的な価値判断にすぎない、というのである。

問五　これは近称の指示語で、「まことの人」(道を究めた人)について説明している智もなく、徳もなく、功もなく、名もなし。誰か知り、誰か伝へん。を指す。まことの人は、「本より、賢愚・得失の境にをらざればなり」(賢と愚、徳と失の相対的な価値判断をする世界を脱し)、「可・不可一条の絶対的境地にいること」をいう。　問六　筆者は、冒頭で名利に使はれて心が安まる暇もなく生涯苦しむのは愚かである、と述べている。財産や利益、名声や地位を求める愚かな生き方を戒め、迷いの心を捨て、まことの人のように、賢愚徳失の現実の相対的価値世界での生き方よりも絶対的価値世界の生き方が望ましいと考えている。これは中国の思想家・荘子の考えを受けての筆者の主張である。

【四】問一　吹きおこる　　問二　イ　　問三　イ　　問四　ウ　　問五　季語…天の川　　季節…秋

問六　D、F　問七　以下のD～Gから二つを選ぶ。

D「晴れぎはのはらりきらりと春時雨　川崎　展宏」

　春の明るい日差しの中を時雨が柔らかく降っている情景から、冬の侘しい時雨とは違う春の時雨のもつ美しさを詠んでいる。

「はらりきらり」という擬態語の響きが、春の時雨の明るさや柔らかさをイメージさせ、それが晴れの日差しに映える春らしい華やかな美しさを感じた。

E「雁ゆきてまた夕空をしたたらす　藤田　湘子」

　北に帰る一列の雁が、夕映えの中に黒い影を引いて過ぎ去っていき、視界から消えるとまた別の一群が現れるという情景から、夕暮れの空に感じた美しさを詠んでいる。

「また」の一語で雁が次々に飛び去って行く様子を表現し、それをまるで夕空がしたたるようだとしたところに、春の風情を感じた。

F「枯れゆけばおのれ光りぬ冬木みな　加藤　楸邨」

　冬、葉を落とした木々は、ただ枯れているだけではなく、どの木も自らの内側から光を放っているように見えるという情景から、内にみなぎる生命力を宿していることを詠んでいる。

「おのれ光りぬ」という擬人法を使った表現から、木を人間に見立て、その内にみなぎるエネルギーを感じた。

G「よそに鳴る夜長の時計数へけり　杉田　久女」

　隣家の柱時計の鳴る音を数えているという情景から、秋の夜長の際立つ静けさを詠んでいる。

「よそに鳴る」という音を感じさせる表現により、それが聞こえてくるほどの周囲の静寂が印象付けられ、秋の夜が長いことと、その静けさをより一層感じた。

〈解説〉問一・問二　俳句は、十七音の短詩型の韻文である。短歌の三十一音に比べ、表現に制約があり即物的に瞬間の感動を詠まなければならない。俳句には季語があり、季節感がそれにより句中に盛りこまれる。切れ字は句中や末尾に置かれ表現を言い切り、余韻・余情を醸し出す。①は空欄の後に「今までなかった秋風が俄かに吹き出した」とある。これをヒントにする。②は「吹きおこる秋風」の乱暴さに目をむける。

問三・問四　Bの俳句の「菊」は、秋の季語である。③では、まず冬まで咲き残る菊の何に対して作者の視線が注がれているかを捉え、次に、「枯菊」の老いを見捨てるわけにはいかないという作者の菊への愛情を読み取る。この表現が「心憎い」というのである。　問五　「天の川」は、「七夕」の伝説に関わるが、これは陰暦七月七日のことで、太陽暦では八月中旬ごろにあたる。季語が陰暦によって作られていることにも留意しておくこと。　問六　Dの「春時雨」は春。体言止めである。Eの「雁ゆきて」は春。Fの「冬木」は冬。「みな(皆)」は、名詞(体言)であるので体言止めである。Gの「夜長」は秋。　問七　俳句は、瞬間的な感動を五七五の定型に凝縮させて表現する短詩型文学である。そのため俳句を鑑賞するには、俳句の内容を具体的に主・述関係を明らかにして解釈し作者の心情(感動の中心であるテーマ)を把握することからスタートしなければならない。設問の条件①はこのことを述べている。②は俳句に対する鑑賞である。季語(季題)による季節感を踏まえ、切れ字や体言止めの効果を考えながら、作者の句の中の心情を、表現を通じて把握しその印象を述べることになる。

【五】問一　四月　問二　エ　問三　四句切れ　問四　C　ウ　D　ア　E　エ　問五　向日葵のあたり小暗き日のさかり人は立つべし生に堪へつつ　雨宮雅子　説明…夏の日盛りに大きな葉を広げ、自らの周囲に少しの日陰をつくりながら立っている向日葵の情景を取り上げている。強い日差しを受けながらも決して動じることのない向日葵の様子から、自分の人生に対峙する人間の姿を連想して「人は立つべし生に堪えつつ」と表現し、人としてあるべき一つの生き方を見出した感動をこめている。

〈解説〉短歌は万葉集の雄大で素朴な「ますらをぶり」、古今集の優雅で理知的な「たをやめぶり」、新古今集の「情趣的・幽玄」などそれぞれに歌風の違いがある。この歌風が現代短歌にも継承されている。短歌は作者の感動の表現でありその三十一音の定型に凝縮された心の炎(感動)を読み取るのがいわゆる鑑賞である。

問一　①の後の具体性を帯び、指折り数えて待つようなリアリティが生まれて、をヒントにする。

問二　②の前の少しの迷いもないをヒントにし、②の後の詠いぶりの修飾内容を考える。　問三「句切れ」は、万葉集の時代からの和歌の修辞法で、結句以外で終止し、韻律と深くかかわる。二句切れ、四句切れは力強いリズムを生み、三句切れは優美な女性的な歌風になる。前者は五七調で助詞止めが多く「万葉調」の和歌、後者は七五調で助動詞止めが多く「古今調」の和歌。「新古今集」は、七五調中心で初句切れ、体言止、倒置法が多い。Bの短歌は、第四句「はろばろしもよ」で句が切れている。　問四　Cは、上の句と下の句が倒置している。Dは、「灯をつけに来て火をつけずゐし」が対句になっている。Eは、「我は～流れ雲」が隠喩。

問五「向日葵」の金の油を身に浴びたような輝きとおのれの葉を日除けにして、炎暑の中に毅然と立つ姿に心打たれた作者の感動である。下の句の「人は立つべし生に堪へつつ」には、濁世の人の世を向日葵のごとく明るく輝くように生きよう、という強靭な作者の意志が倒置法によって吐露されている。また向日葵の「ヒ」、小暗き日の「ヒ」、人はの「ヒ」の音の連続に同音にする韻律美がある。

【六】問一　・様々な表現の仕方が、詩(文章)の内容を印象付ける上で、どのような効果を上げているかを根拠に基づいて判断する。　・詩(文章)から根拠を上げて、どのような効果をあげているか(どのような意味をもつ

か)について考える。　・表現の仕方について、根拠を上げて客観的に評価・判断する。から一つ
問二　A　歴史的仮名遣いで表現されていることや「からまつ」を何度も用いることによって、どのような効果を上げているかについて触れるよう助言する。(歴史的仮名遣いが使われることによって(「からまつ」を何度も用いることによって)、どんな効果があるのでしょうか。)　B　リズム感があるということを取り上げ、どうしてそう感じるのか、どこからそう感じるのか、詩から根拠を挙げるように助言する。(どうしてリズムよく感じるのでしょうか。詩から根拠を上げましょう。)
〈解説〉問一　中学校第三学年の「C　読むこと」の指導事項ウの「表現の仕方について評価する」とは、「様々な表現の仕方が、文章の内容や書き手の考えを正確に伝えたり印象付けたりする上でどのような効果を上げているかなどを根拠に基づいて判断し、その意味などについて考えることである。」と示している。この指導を効果的なものにするために、言語活動例の「イ　詩歌や小説などを読み、批評したり、考えたことなどを伝え合ったりする活動。」を導入し、北原白秋の「落葉松」という教材を通して学習活動を行う。　問二　Aの批評文は、文語定型詩の識別と詩の構成や押韻について述べているが、文語による表現効果、韻を踏むことでの韻律の効果、および主題と表現についての説明がないことも助言の対象になる。Bの批評文は黙読と音読による文語詩のリズムの違いについては述べているが、表現上の効果、例えば文語の特色や五七調によるリズム感を詩中の表現を根拠にして判断していない。また表現を通じて書き手の心情をとらえることも助言の対象になる。

【七】問一　①ア　②ス　③エ　④カ　⑤ソ　問二　①コ　②タ　③ウ
④ツ　⑤ス　⑥オ　問三　①タ　②オ　③イ　④サ　⑤エ　⑥ツ
問四　①ウ　②ア　③エ

〈解説〉問一　学年の目標は、従前、「A　話すこと・聞くこと」、「B　書くこと」、「C　読むこと」の領域ごとに示されていた目標が、教科の目標と同じく、(1)「知識及び技能」、(2)「思考力、判断力、表現力等」、(3)「学びに向かう力、人間性等」の三つの柱に整理された。　問二　設問は、各学年の〔知識及び技能〕の「(3)　我が国の言語文化に関する事項」の「読書」に関する内容である。読書は、国語科で育成を目指す資質・能力をより高める重要な活動であるために、自ら進んで読書をし、読書を通して人生を豊かにしようとする態度を養うために、発達段階に応じて系統的に指導することが求められている。　問三　新学習指導要領は学習の三領域「A　話すこと・聞くこと」「B　書くこと」「C　読むこと」を〔思考力、判断力、表現力等〕を構成する要素とした。三領域は生徒の発達段階に応じて指導事項が示されている。　問四　「指導計画の作成と内容の取扱い」についての事項は、国語科の指導計画の作成に当たり、生徒の主体的・対話的で深い学びの実現を目指した授業改善を促進し、国語科の特質に応じて、効果的な学習ができるように配慮すべき内容を示したものである。

【高等学校】

【一】問一　a　すいこう　b　隔(て)　c　じゃっかん　d　喚起　e　ゆだ(ね)　f　冗長

問二　他者のふるまいを自分の思い通りにさせること。(二十二字)　問三　生理的な欲(要)求　問四　イ

問五　響きとして感受されているが、有意味なものとして理解されていない(三十一字)　問六　音声をやりとりすることそのものが目的だということ。(二十五字)　問七　ことばは他の目的を達成する単なる手段あるいは道具ではなく、ことばで交流すること自体が目的であり、ことばが交流のかたちそのものであるという特質を認識すること。(七十八字)　問八　エ

〈解説〉問一　aの「遂」の訓読みは「と(げる)」。cの「若干」は、ここでは、副詞的に「程度がはなはだしく

はないが、多少その気味があること。」を意味する。dは、注意を「カンキ」するとあるので、呼び起こす意味の「喚起」と書く。　問二　「制御」とは、辞書的意味で「自分の思うままに、おさえつけあやつる。」という意である。ここでは傍線部①の前に、ことばを子どもが身につけるのは「他者のふるまいのさらに複雑な制御を可能にするため」とある。　問三　筆者は第五段落で、ことばに先立つ交流のかたち(交流そのものへの欲求)がことばの誕生の準備であり、生理的な要求とは異なることを述べ、その例として第六段落で、新生児は成人の表情運動に対し同型的な運動をするが、これは生理的欲求に根ざすものではなく、むしろ社会的ゲームだとしている。このゲームを「他者との『無償の』やりとり」と言っているのである。　問四　傍線部③の後で、ことばの成立(存在)のために必要なものは、それに先行する経験であるが、その経験も言語的でなければならないという困難さを伴っていると述べている。　問五　傍線部④の前の段落で「子どもは、～ことばをことばとして受容する以前(＝有意味な音声を理解するまえ)に」「ことばの響きにかこまれ」ているが、そのことばは、ことばではなく「ひとつの旋律として感受」されている、と述べている。　問六　筆者は、文字言語より音声言語のほうが普遍的であることを述べ、音声言語が生まれるのに先だって、音声を発し合い共に唱う経験の胎盤が形成されるという。そして、乳児の発する非言語的音声によるやりとりも、一種の唱い合わせと考えるならばその音声の交流(やりとりそのもの)が目的だというのである。　問七　「既成の言語理解」とは、言語(ことば)は、「目的―手段という枠組み」で機能し、情報伝達の効率を高める道具であることをいう。しかし、ことばは、単なる手段や道具ではなく、他者との交流を目的として生まれた文化的特質を持っており、このことばの側面を認識することの重要性を述べている。　問八　ア・イ・オは、後半が不適切。ウは、ヤコブソンはマリノウスキーの「ことばによる交流」という概念を継承して、言語の「交話的機能」を論じているので誤り。エについては第十段落で述べられている。

【二】問一　a　渓谷　b　えしゃく　c　おかん　d　頻度　e　遮(った)　f　いえい
問二　A　ウ　B　イ　問三　周囲の反対を押し切って男と暮らしたのだから、身寄りもない土地で一人で生活していこうという覚悟。(四十七字)　問四　えび茶色の　問五　ほめ言葉は人の人生を左右することがあることを自らの経験から知っている祖母は、智也の発言が軽薄に感じられて不愉快に思う一方で、ほめ言葉が自分の人生を充実したものに変えてくれたことを思いあわせ、智也の発言を肯定する心情。
問六　いい大人が旅先で恋に落ちたことをみっともないと思っていたが、誰かを喜ばせるためにきれいでいたいという祖母の気持ちに気づき、常に家族を優先してきた祖母に甘えてきたことを反省したから。(九十字)
問七　エ
〈解説〉問一　cの「悪」を「オ」と読む熟語に「嫌悪」「憎悪」などがある。eの「遮」を使った熟語には「遮断」「遮光」などがある。　問二　Aの「踵を返し」の「踵」は「足のかかと」の意。「引き返す。あと戻りする」こと。Bの「立て板に水」の「立て板」は、「物に立てかけてある板」の意。「よどみなく(とどこおりなく)話すたとえ」である。　問三　冒頭のあらすじに、三十代で夫を亡くした祖母が、周囲の反対を押し切って旅先で知り合った堀川雄太郎と再婚したことが書いてある。そのため家庭内でもめごとがあり、祖母の会話中にあるように「子供らの関係をこじれさせた」のである。それが、娘や孫の智也と一緒に暮らせない理由である。「落とし前」は、もめごとの後始末である。　問四　「黄色い花の描かれたワンピース」と対照的なものは祖母の若い時の衣服である。「えび茶色の素っ気のない上着と色の褪せたジーンズ」を智也は思い出している。　問五　智也の「ばあちゃん、ワンピース似合うね」は、祖母を喜ばせるための言葉だが、祖母は眉間に皺を寄せて不快な表情をしている。智也の軽口に対しての不機嫌の表情であるが、その後の会話では、智也の軽口が恋人のココの心を温め喜びでつつむと言っている。祖母は女性の心情を高揚させるほめ言葉を軽率だと不快な表情を見せながらも、女性はそれを求めていることを、長年の自分の人生経験を踏まえて智也に諭しているのである。　問六　祖母の再婚に反対した智也の母が、祖母の生活を応援するようになった理由を智也は「長女だから、という義務感からだろうか」と疑っていたが、スマホでの母親との対話でそれが明らかになる。祖母が旅先で恋に落ち「新しい、きれいなワンピースを着て誰かに見せたい」という女心の芽生えを自然な生き方だと考えたこと、祖母に対し、いつまでも子供の世話をしてほしいという自分たちの利己的な願いが母親を犠牲にする甘えであることに気づき、その反省から祖母の面倒を見ようと思ったのである。　問七　智也の「どうかこれからもばあちゃんを守って。」と仏壇で亡き二人の祖父へ呼びかけたのは、二人が、伴侶として祖母の幸福な日々の支えであったことを踏まえ、これからも、祖母を見守ってほしいという願いをこめた祈りである。

【三】問一　a　行きたい(心ひかれる)　b　一晩中　問二　1　尊敬語　2　誰から…エ　誰へ…オ
問三　もう二度と生きては会えないかもしれない　問四　たくさんの人が乗ったために船が危険な状況になり、武士が西行に船から下りるように求めたが、西行が聞き入れなかったから。(五十八字)　問五　まったくどうしようもなくお手上げだと思われたが、　問六　出家しないでいるのがよいだろう　問七　我慢して敵に対応していくと、恨みはなくなるということ。(二十七字)　問八　エ　問九　1　年をとってからまた越えるだろう(越えることができるだろう)と思っただろうか、いや思いもしなかった　2　オ
問十　a　ウ　b　オ

<解説>問一　a　「ゆかしければ」の「ゆかしけれ」は、「ゆかし」(形容詞・シク活用)の已然形。「行く」の形容詞化で「行きたいので」の意。　b　「夜もすがら」は、「はじめから終わりまで通して」の意の接尾語「す

がら」がついたもので、「夜通し」の意。　問二　1　二重傍線部の「給ひ」は尊敬語。「給ふ」（ハ行四段活用）の連用形で、「恭敬し」の補助動詞。会話文中での用法であるから、話し手である西行からの敬意で、対象は「不軽菩薩」。　問三　上の句の「先立たば」は「死」を意識した表現である。下の句は、故人となった知人（日頃浅からず馴れ契りし人々）を月を形見にして、思い出し偲ぶという歌意である。　問四　「情けなく鞭を以て西行を打ちけり」は、情け容赦なく武士が西行を鞭打ちしたことである。これは、天竜川の渡し場で舟の乗客が多く危険であるため武士が西行に「下りよ」と命じても、その指示に従わなかったことによる。問五　「よにあへなく」の「よに」は、下に打消の語を伴って「決して。まったく。」の意の副詞。「あへなく」は、「あへなし」（形容詞・ク活用）の連用形で、「どうしようもない」の意。「見えけれども」の「見え」は、「見ゆ」（ヤ行下二段活用）の連用形で「思われる」の意。「ども」は逆接の確定条件を表す接続助詞。「〜けれども」と訳す。　問六　「髭を剃り衣を染め」は、「髪を下ろす」（剃髪）と黒染めの僧衣のことで「出家」を表す。「髪を剃り衣を染めで」の「で」は、打消の助動詞「ず」の連用形に接続助詞「て」のついた「ずて」の転。「〜しないで。〜ずに。」の意。「こそあらめ」の「こそ〜め」は、強意の係助詞「こそ」と結辞の推量の助動詞「む」の已然形の呼応した係り結び。「出家しないでいる方がよいのである」の意。　問七　「忍を以て敵を報ずれば」とは、「堪忍して敵に対応すること」。「仇すなはち滅す」とは、「仇（恨み）は消滅する」の意である。　問八　「汝は都へ帰れ」と同行の入道に告げた西行の言葉は、「自今以後もかかる事はあるべし。たがひに心苦しかるべければ」を理由とする。今後の旅先での不祥事を予想した西行の、同行の入道へのこころ配りである。　問九　1　「年たけて」とは、「年の盛りがすぎて」の意。「たけ」は「長（た）く」（カ行下二段活用）の連用形。「また越ゆべしと思ひきや」の「べし」は、意志・可能の両方の意味が考えられる。「や」は反語の係助詞。　2　「命なりけり」の「なり」は、断定の助動詞「なり」の連用形。「けり」は詠嘆の助動詞。

「思ってもいなかった寿命であることよ」と訳す。　問十　八番目の勅撰和歌集である『新古今和歌集』は、後鳥羽院の勅命により元久二年(一二〇五)に成立している。Ⅱの和歌「年たけて～」は『新古今和歌集』に収められている。後鳥羽院は西行を「生得の歌人」と讃えた。また、西行の私家集『山家集』は成立年代不詳。西行は建久元年(一一九〇)に没した。

【四】問一　a　それ　b　かつ　問二　いまだかつてかんばのらう(ろう)あらず　問三　1　どうして私たちの上の立場にいるのか。　2　実戦に関与しなかった蕭何を最も高く評価するのは納得がいかないという不満。(三十六字)　問四　ただよくそうじうをうるのみ。　問五　忘れてはならないのだ。
問六　皆敢へて言ふもの莫し。　問七　蕭何は、命令に従って戦場で戦うよりも難しい、作戦を考え人を動かす立場にあり、更に自分だけでなく一族全員が忠誠を誓っていたから。(六十三字)

〈解説〉問一　aの「夫」は発語のことば。bの「且」は、再読文字の場合「まさニ～(セ)ントす」と読む。返り点の有無で判別する。意味は「その上」。　問二　「未」の「いまダ～ず」の再読文字や送り仮名、返り点に注意し訓読に従い書き下す。「嘗」は「かつて」、「汗馬之労」は「かんばのろう」と読む。　問三　1　「居臣等上何也」(臣等の上に居るは何ぞや)の「臣」は、君主(高祖)に対する謙遜の自称。「臣等」は「私たち」。「上」は「上の立場」。「何也」は疑問文で、「何」は疑問詞。　2　蕭何は戦場での「汗馬の労」(戦功)がないのに高く評価されたことへの功臣の不満である。功臣の皆がいう「臣等身被堅執鋭～大小各有差。」や「(蕭何)徒持文墨議論不戦」を踏まえて要約し説明する。　問四　「徒能得走獣耳」の「徒」は「ただ」。「能」は「よく」、「耳」は「のみ」と読む。返り点に従い書き下す。「能」を「あたふ(う)」と読むときは返り点がつく。
問五　「不可忘也」は、「忘るべからざるなりと」と書き下す。「不可」は「～してはならない」の否定を表す。

問六　高祖が「蕭何功最盛、封為酇侯」としたことを群臣は納得したのである。　問七　高祖が蕭何の功績を高く評価したのは、蕭何が「持文墨議論」(作戦計画に議論を戦わせ)、「発蹤指示」(作戦を指示し兵を動かし勝利を収めた功)があり、さらに「挙宗数十人皆随我」(数十人の一族が高祖に従っていた)ことの二点にある。

【五】中学生対象の高校説明会の学校紹介パンフレットを班ごとに作成させる。中学生が知りたいことに応え、自校の魅力を伝えるものとする。写真やインタビューなども適宜取り入れて、構成を工夫しわかりやすいものになるよう指導する。パンフレットを書き上げたならば、作成する際に工夫した点をまとめシートに記述させる。評価基準は、パンフレットにまとめシートを照らし、読み手の理解が得られるよう構成を工夫していると認められたならば「おおむね満足できる」とする。(二百十七字)

〈解説〉「現代の国語」は、実社会における国語による諸活動に必要な資質・能力の育成に主眼を置き、全ての生徒に履修させる共通必履修科目として新設された。「B　書くこと」の(1)のイは、「構成の検討、考えの形成、記述」の指導事項を示している。読み手に自分の主張を正しく捉えさせるために、筋道の通った考えを進め、情報の分量や重要度を考え、読み手に伝えたい情報を的確に伝える工夫をする学習指導である。この指導を効果的にするための言語活動例である(2)のイは、(1)のイの具体的な学習活動を例示したもので、「手順書」(取扱説明書)、「紹介文」(推薦書・学校紹介・広告など)、「案内文」(式典やイベントなどの行事の案内文)、「通知文」(特定の相手への通知で、会議の決定事項や近況報告など)を書く学習である。「案内文」「通知文」は、一定の書式を踏まえることを必要とする。説明では、(1)のイを評価基準にして、(2)のイの言語活動の中から学習指導する内容を選び、設問に答える。

二〇二〇年度　実施問題

【中学校】

【一】次の文章を読んで、あとの問いに答えなさい。

幸福の青い鳥を探す長い旅から帰ったとき、チルチルとミチルは、もともと家にいた鳥が青いことに気づく。チルチルとミチルの以後の人生は、その鳥がもともと青かったという前提のもとで展開していくことだろう。それは、彼らにとって間違いなく幸福なことだ。自分の生を最初から肯定できるということこそが、すべての真の幸福の根拠だからだ。だからわれわれは、そういう物語を、つまり『青い鳥』を、いつも追い求めている。だが、この物語は、同時に、それとは別のことも教えてくれる。つまり、――その鳥はほんとうにもともと青かったのだろうか？　それは歴史のaギゾウではないか？　彼らはいま、鳥がもともと青かったという前提のもとで生きている。過去のさまざまな思い出、現在のさまざまな出来事は、その観点のもとで理解されるだろう。そして逆に、その理解が、鳥がもともと青かったという事実のもつ真の意味を、つまり真の幸福とは何であるかを、いっそう明確に定義することになるだろう。このとき、彼らは解釈学的な生を生きているのである。

青い鳥と共にすごした楽しい幼児期の記憶は、確かな実在性をもつ。なぜなら、それが現在の彼らの生を成り立たせているからだ。たとえ、何らかの別の視点からすれが虚構だといえるとしても、彼ら自身にとっては、彼ら自身を成り立たせている当のものであるその記憶が虚構であるはずはない。それが虚構であるなら、自分自身の生そのものが、つまり自分自身が、虚構ということになるからだ。解釈学的探求は自分の人生を成り立たせているといま信じられているものの探求である。だから、もし彼らに自己解釈の変更が起こるとしても、それは常に記憶の変更と一体化している。①ここでは、記憶が誤っていることは、ことの本質からして、ありえないのだ。

だが、外部の視点から見れば、記憶は後から作られたものであり、その記憶に基づく彼らの人生は虚構でありうる。その鳥はほんとうはもともと［A］のかもしれない。そして、もともと［B］というまさにその事実こそが、彼らの人生に、彼ら自身には気づかれない形で、実は最も決定的な影響を与えているのかもしれない。もともと［C］という記憶自体が、そして、そう信じ込んで生きる彼らの生それ自体が、ほんとうは青くなかったというその事実によって作り出されたものなのかもしれない。記憶は、真実を彼らの目から隠すための工作にすぎないのかもしれないからだ。これが、過去に対する系譜学的な視線である。②系譜学は、現在の生を成り立たせていると現在信じられてはいないが、実はそうである過去を明らかにしようとする。

時間経過というものを素朴なかたちで表象すると、いま鳥がたしかに青いとして、もともと青かったか、ある時点で青く変わったか、どちらかしかないことになるだろう。それ以外にどんな可能性があろうか？　しかし、解釈学と系譜学の対立が問題になるような場面では、そういう素朴な見方はもはや成り立たない。もともと青かったのでもなければ、ある時点で青くなったのでもなく、ある時点でもともと青かったということになったという視点を導入することが、系譜学的視点の導入なのである。それは、鳥がいつから青くなったかを探求することでも、いつから青く見えるようになったかを探求することでも、ない。そういう探求はすべて、解釈学的思考の枠内にあるからだ。それに対して系譜学は、いつから、どのようにして、鳥がもともと青かったということになったのか、を問う。それは、これまで区別されていなかった実在と解釈の間に楔を打ち込み、解釈の成り立ちそのものを問うのであり、記憶の内容として残ってはいないが、おのれを内容としては残さなかったその記憶を成立させた当のものではあるような、そういう過去を問うのだ。だからそれは、現在の自己を自明の前提として過去を問うのではなく、現在の自己そのものを疑い、その成り立ちを問うのであり、いまそう問う自己そのものを疑うがゆえに、それを問うのである。

だが、「ある時点でもともと青かったということになった」という表現には、本来共存不可能なはずの二つの時間系列が強引に共存させられている。「もともと青かった」と信じている者は「ある時点で……になった」と信じる者ではありえず、「ある時点で……になった」と信じる者は、もはや「もともと青かった」と信じる者ではない。だから、「ある時点でもともと青かったということになった」と信じる者の意識は、解釈学的意識と系譜学的認識の間に引き b サかれている。統合が可能だとすれば、それは系譜学的認識の解釈学化によってしかなされない。系譜学的 c タンサクが、新たに納得のいく自己解釈を作り出したとき、そのとき系譜学は解釈学に転じる、青くない鳥とともにすごした、チルチルとミチルの悲しい幼児期の記憶は、確かな実在性をもつにいたる。

それなら、けっして解釈学に転じないような、過去への視線はありえないのだろうか？　他人たちがただ私のためにだけ存在しているのではないように、過去もまた、ただ現在のためにだけ存在しているのではない。過去は、本来、われわれがそこから何かを学ぶために存在したのではないはずだ。それは、現在との関係ぬきに、それ自体として、存在したはずではないか？　過去を考えるとき、われわれは記憶とか歴史といった概念に頼らざるをえないが、ほんとうはそういう概念こそが、過去の過去性を殺しているのではないか？　だから、記憶されない過去、歴史とならない過去が、考えられねばならない。このとき、考古学的な視点が必要となるのである。

そのとき、鳥がもともと青かったか、ある時点で青く変わったか、という単純な時間系列が拒否されるだけではなく、どの時点でもともと青かったことにされたのか、という複合的時間系列もまた、拒否されねばならない。いま存在している視点がいつどのような事情のもとで作られたかという観点から過去を見る視線そのものが、つまり、過去がいま存在している視点との関係のなかで問題にされることそのものが、否定されねばならない。

そうなればもはや、鳥はある時点でもともと青かったことにされたとはいえ、ほんとうはもともと青くはなかった、などとはいえない。もともとというなら、鳥は青くも青くなくもなかった。そんな観点はもともとはなかったのだ。そういうことを問題にする観点そのものがなかった。だがもはや、それがある時点で作られたという意味での過去が問題なのではない。ただそんな観点がなかったことだけが問題なのだ。ほんとうは幸福であったか不幸であったか（あるいは中間であったか）といった問題視点そのものがなかった、彼らはそんな生を生きてはいなかった。鳥はいたが色が意識された事は一度もなく、したがって当時は色はなかったというべきなのである。色がなかったとは、もちろん、無色透明（色概念の内でのその欠如）という意味ではなく、③色概念の外にあるという意味である。このとき、時間系列は複線化されるのではなく無限化される。考古学的事実は、現在との間に、掘り起こされるべき意味上のつながりをもたず、たとえ掘り起こされても、それは意味連関の欠けた単なるエピソード（個的事実）としてしか理解されない。いつか連関が設定され、考古学が解釈学に変わるかもしれないが、それをいま予想することはできないのだ。

自己も現在も、ただそれがたまたま自己であり現在であるという事実以外に、何の意味もない。それゆえ、過去は現在を意味づけるためにあるのではない。過去を救済するとは、どのような仕方であれ、それらをわれわれの解釈学の内部に包み込むことではない。末永くわれわれの記憶に残る人たちが救われたのではなく、むしろ末永くわれわれの記憶に残そうとするわれわれの意志こそが、彼らを決定的に殺そうとする意志なのである。他者はただ無関係に存在するものとされることによってのみ救われるように、過去はただdボウキャクされ、現在と決定的に隔てられることによってのみ救済されるのである。だから、④考古学的視線とは、視線を向けることができないものに対する、不可能な視線の別名なのである。

（永井　均『転校生とブラック・ジャック』による）

問一　傍線部a～dのカタカナを漢字に直して書きなさい。

問二　傍線部①「ここでは、記憶が誤っていることは、ことの本質からして、ありえないのだ」とありますが、「ありえない」と言えるのはなぜですか。その理由を「ことの本質」を明らかにしながら、四十字以上六十字以内で説明しなさい。

問三　本文中の空欄［A］～［C］には、次のア・イのいずれかがあてはまる。それぞれにあてはまるものを一つずつ選び、その記号を書きなさい。

ア　青かった

イ　青くはなかった

問四　傍線部②「系譜学」とありますが、この文章で説明している「系譜学」の内容として最も適切なものを、次のア～エから一つ選び、その記号を書きなさい。

ア　系譜学は、自己の解釈の成り立ちを探求するものであり、現在の自己の起源を探求する自己そのものの虚構を疑い、自己を作り上げた過去をさらに問うものである。

イ　系譜学は、現在の生を成立させる記憶の正しさを探求するものであり、自分の現在の生を自明のものとして捉え、記憶を成立させた過去そのものを問うものである。

ウ　系譜学は、過去をいま存在している現在との関係の中で捉えることをせずに、自分を成り立たせている記憶との統合の中で、過去の価値を探求していくものである。
エ　系譜学は、自明のものとして存在する記憶の解釈そのものを疑い、過去と現在との関連を考えずに、記憶そのものを自分の実在との意味で探求していくものである。
問五　傍線部③「色概念の外にある」とは、どういうことか、二十字以上三十字以内で説明しなさい。
問六　傍線部④「考古学的視線とは、視線を向けることができないものに対する、不可能な視線の別名なのである。」とありますが、なぜ「不可能」なのですか。その理由を、「解釈学」との違いを踏まえながら、六十字以上八十字以内で説明しなさい。

（☆☆☆◎◎◎）

【二】次の文章を読んで、あとの問に答えなさい。


茹(ゆ)で出しうどんで狐南蛮(きつね)を拵(こしら)えたものが料理場から丼(どんぶり)に盛られて、お夜食に店方の者に割り振られた。くめ子もその一つを受取って、熱い湯気を吹いている。このお夜食を食べ終る頃、火の番が廻って来て、拍子木が表の薄硝子(ガラス)の障子に響けば看板、時間まえでも表戸を卸すことになっている。

そこへ、草履(ぞうり)の音がぴたぴたと近づいて来て、表障子がしずかに開いた。

徳永老人の髯(ひげ)の顔が覗く。

「今晩は、どうも寒いな」

店の者たちは知らん振りをする。老人はちょっとみんなの気配いを窺(うかが)ったが、心配そうな、狡(ずる)そうな小声で

「あの——註文の——御飯つきのどじょう汁はまだで——」

と首を屈めて訊いた。

註文を引受けてきた出前持は、多少間の悪い面持で
「お気の毒さまですが、もう看板だったので」

と言いかけるのを、年長の出前持はぐっと睨めて顎で指図をする。

「正直なとこを言ってやれよ」

そこで年少の出前持は何分にも、一回、僅かずつの金高が、積り積って百円以上にもなったからは、この際、若干でも入金して貰わないと店でも年末の決算に困ると説明した。

「それに、お帳場も先と違って今はお嬢さんが取締っているんですから」

すると老人は両手を神経質に擦り合せて
「はあ、そういうことになりましてすかな」

と小首を傾けていたが
「とにかく、ひどく寒い。一つ入れて頂きましょうかな」

と言って、表障子をがたがたいわして入って来た。

小女は座布団も出してはやらないので、冷い籐畳の広いまん中にたった一人坐った老人は寂しげに、そして審きを待つ罪人のように見えた。着膨れてはいるが、大きな体格はあまり丈夫ではないらしく、左の手を癖にして内懐へ入れ、肋骨の辺を押えている。純白になりかけの髪を総髪に撫でつけ、立派な目鼻立ちの、それがあまりに整い過ぎているので薄倖を想わせる顔付きの老人である。その儒者風な顔に引較べて、よれよれの角帯に前垂れを掛け、坐った着物の裾から浅黄色の股引を覗かしている。コールテンの黒足袋を穿いていている

のまで①釣合わない。

老人は娘のいる窓や店の者に向って、始めのうちは頻り（しき）に世間の不況、自分の職業の彫金の需要されないことなどを鹿爪（しかつめ）らしく述べ、従って勘定も払えなかった言訳を吃々（きつきつ）と述べる。だが、その言訳を強調するために自分の仕事の性質の奇稀性（ききせい）に就て話を向けて来ると、老人は急に傲然（ごうぜん）として熱を帯びて来る。

作者はこの老人がこの夜に限らず時々②得意とも慨嘆ともつかない気分の表象としてする仕方話のポーズを茲（ここ）に紹介する。

「わしのやる彫金は、ほかの彫金と違って、片切彫というのでな。一たい彫金というものは、金（かね）で金（かね）を截（き）る術で、なまやさしい芸ではないな。精神の要（い）るもので、毎日どじょうでも食わにゃ全く続くことではない」

老人もよく老名工などに有り勝ちな、語る目的より語るそのことにわれを忘れて、どんな場合にでもエゴイスチックに一席の独演をする癖がある。老人が尚（なお）も自分のやる片切彫というものを説明するところを聞くと、元禄（げんろく）の名工、横谷宗珉、中興の芸であって、剣道でいえば一本勝負であることを得意になって言い出した。

老人は、左の手に鏨（たがね）を持ち右の手に槌（つち）を持つ形をした。体を定めて、鼻から深く息を吸い、下腹へ力を籠（こ）めた。それは単に仕方を示す真似事には過ぎないが、さすがにぴたりと形は決まった。柔軟性はあるが押せども引けども壊れない自然の原則のようなものが形から感ぜられる。出前持も小女も老人の気配いから引緊（ひきし）められるものがあって、炉から身辺を引起した。

老人は厳（おごそ）かなその形を一度くずして、へへへんと笑った。

「普通の彫金なら、こんなにしても、また、こんなにしても、そりゃ小手先でも彫れるがな」

今度は、この老人は落語家でもあるように、ほんの二つの手首の捻（ひね）り方と背の屈め方で、鏨と槌を操る恰好（かっこう）のいぎたなさと浅ましさをaコチョウして相手に受取らせることに巧みであった。出前持も小女もくすくすと笑った。

「しかし、片切彫になりますと――」

老人は、再び前の堂々たる姿勢に戻った。瞑目（めいもく）した眼を徐（おもむ）ろに開くと、青蓮華（しょうれんげ）のような切れの鋭い眼から濃い瞳（ひとみ）はしずかに、斜に注がれた。左の手をぴたりと一ところにとどめ、右の腕を肩の附根（つけね）から一ぱいに伸して、伸びた腕をそのまま、肩の附根だけで動かして、右の上空より大きな弧を描いて、その槌の拳（こぶし）は、鏨の手の拳に打ち卸される。窓から覗（のぞ）いているくめ子は、嘗（かつ）て学校で見た石膏（せっこう）模造の希臘（ギリシャ）彫刻の円盤投げの青年像が、その円盤をさし挟（はさ）んだ右腕を人間の肉体機構の最極限の度にまでさし伸ばした、その若く引緊った美しい腕をちらりと思い泛（うか）べた。老人の打ち卸す発矢（はっし）とした勢いには、③破壊の憎（にく）しみと創造の歓（よろこ）びとが一つになって絶叫しているようである。その速力には悪魔のものか善神のものか見判（みわ）け難い人間離れのした性質がある。見るものに無限を感じさせる天体のbキドウのような弧線を描いて上下する老人の槌の手は、しかしながら、鏨の手にまで届こうとする一刹那（せつな）に、定まった距離でぴたりと止まる。そこに何か歯止機が在るようでもある。芸の躾（しつ）けというものであろうか。老人はこれを五六遍繰返してから、体をほぐした。

「みなさん、お判りになりましたか」

と言う。「　A　」

実はこの一くさりの老人の仕方は毎度のことである。これが始まると店の中であることも、東京の山の手であることもしばらく忘れて店の者は、快い危機と常規のあるcホンポウの感触に心を奪われる。あらためて老人の顔を見る。だが老人の真摯（しんし）な話が結局どじょうのことに落ちて来るのでどっと笑う。気まり悪くなったのを押し包んで老人は「また、この鏨（たがね）の刃尖（はさき）の使い方には陰と陽とあってな――」工人らしいdジフの態度を取戻す。牡丹（ぼたん）は牡丹の妖艶（ようえん）ないのち、唐獅子（からじし）の豪宕（ごうとう）ないのちをこの二つの刃触（はざわ）りの使い方で刻み出す技術の話にかかった。そして、この芸によって生きたものを硬い板金の上へ産み出して来る過程の如何に味のあるものか、老人は身振りを増して、滴るものの甘さを啜るとろりとした眼付きをして語った。それは工人自身だけの娯しみに淫したものであって、店の者はうんざりした。だがそういうことのあとで店の者は④この辺が切り上がらせどきと思って

「じゃまあ、今夜だけ届けます。帰って待っといでなさい」

と言って老人を送り出してから表戸を卸す。

（岡本かの子「家霊」による）

問一　傍線部a～dのカタカナを漢字に直して書きなさい。

問二　傍線部①「釣合わない」とありますが、何が「釣合わない」のですか。それを解説したものとして最も適切なものを、次のア～エから一つ選び、その記号を書きなさい。

ア　老名工ではあるものの、困窮しており、足元だけが立派な装いに違和感があること。

イ　儒者風ではあるものの、薄倖を感じさせる体つきや表情、態度に違和感があること。

ウ　老名工ではあるのだが、顔の造詣の立派さにより、工人の装いに違和感があること。

エ　儒者風ではあるのだが、店内で罪人としての扱いを受けることに違和感があること。

問三　傍線部②「得意とも慨嘆ともつかない気分」とありますが、それはどのようなことですか。「得意」と「慨嘆」の内容を明らかにして四十字以上五十字以内で説明しなさい。

問四　傍線部③「破壊の憎みと創造の歓び」とありますが、これは片切彫のどのような側面を示したものですか。三十五字以上四十五字以内で説明しなさい。

問五　本文中の空欄Aには、「徳永老人」の言葉が入りますが、どのような内容の言葉が入るか簡潔に答えなさい。

問六　傍線部④「この辺が切り上がらせどきと思って」とありますが、この時の「店の者」の心情をこれまでの「徳永老人」の話の展開に沿って、八十字以上百字以内で説明しなさい。

問七　この文章の表現の仕方として、最も適切なものを、次のア～エから一つ選び、その記号を書きなさい。

ア　会話文を中心とした文章構成により、怠惰な店の者と情熱的な徳永老人という人物相関が断続的な言葉の応酬によって表現されている。

イ　対義的な言葉を並列的に並べることにより、背反する価値の中に存在する絶対的な真理を追究しようとするテーマ性を印象付けている。

ウ　二つの事物を直接的に比較して示す技法を多用することにより、外面には表れない内面の窺い知れない心情を個性的に特徴づけている。

エ　話者を三人称の視点で設定することにより、俯瞰して見える一連の場面における人物の姿を写実的な描写を用い丁寧に描き出している。

（☆☆☆◎◎◎）

【三】次の文章を読んで、あとの問いに答えなさい。

問(とふ)。能に、得手得手(えてえて)とて、ことの外(ほか)に劣(おと)りたる為手(して)も、一向(ひとむ)き上手(じやうず)に勝(まさ)りたる所あり。これを上手のせぬは、かなはぬやらん。また、す①まじき事にてせぬやらん。

答。一切の事に、得手得手とて、生得得たる所あるものなり。位は勝りたれども、これはかなはぬ事あり。さりながら、これもただ、よき程の上手の事にて料簡なり。まことに能と工夫との極まりたらん上手は、②などかいづれの向きをもせざらん。されば、能と工夫とを極めたる為手、万人が中にも一人もなきゆゑなり。なきとは、［A］はなくて［B］あるゆゑなり。

そもそも、上手にも悪き所あり、下手にもよき所かならずあるものなり。これを見る人もなし。主も知らず。上手は、名を頼み、達者に隠されて、悪き所を知らず。下手は、もとより工夫なければ、悪き所をも知らねば、よき所のたまたまあるをもわきまへず。されば、③上手も下手も、たがひに人に尋ぬべし。さりながら、能と工夫を極めたらんは、これを知るべし。

いかなるをかしき為手なりとも、よき所ありと見ば、上手もこれを学ぶべし。これ、第一の手立なり。もし、よき所を見たりとも、「我より下手をば似すまじき」と思ふ情識あらば、その心に繋縛せられて、我が悪き所をも、いかさま知るまじきなり。これすなはち、④極めぬ心なるべし。また、下手も、上手の悪き所もし見えば、「上手だにも悪き所あり。いはんや初心の我なれば、さこそ悪き所多かるらめ」と思ひて、これを恐れて、人にも尋ね、工夫をいたさば、いよいよ稽古になりて、能は早く上がるべし。もし、さはなくて、「我はあれ体に悪き所をばすまじきものを」と慢心あらば、我がよき所をも、真実知らぬ為手なるべし。よき所を知らねば、悪き所をも良しと思ふなり。さるほどに、年は行けども、能は上がらぬなり。これすなはち、下手の心なり。

されば、上手にだにも、上漫あらば、能は下がるべし。いはんやかなはぬ上慢をや。よくよく公案して思へ。「⑤上手は下手の手本、下手は上手の手本なり」と工夫すべし。下手のよき所を取りて、上手の物数に入るる事、無上至極の理なり。人の悪き所を見るだにも、我が手本なり。いはんやよき所をや。「稽古は強かれ、情識(じやうしき)はなかれ」とは、これなるべし。

（「風姿花伝」による）

問一　傍線部①の助動詞の働き（意味と活用形）を書きなさい。

（例）（意味）の助動詞「（終止形）」の（活用形）

問二　傍線部②「などかいづれの向きをもせざらん」を口語訳しなさい。

問三　本文中の空欄［A］［B］にあてはまる言葉を、文中から抜き出して書きなさい。

問四　傍線部③「上手も下手も、たがひに人に尋ぬべし」とありますが、どのようなことか、三十字以上四十字以内で説明しなさい。

問五　傍線部④「極めぬ心なるべし」とありますが、その理由を三十字以上五十字以内で説明しなさい。

問六　傍線部⑤「上手は下手の手本、下手は上手の手本なり」とありますが、この言葉を用いてDさんはあいさつをしました。本文の内容を踏まえると、Dさんは誤った用い方をしています。どのような誤りなのか、八十字以上百字以内で説明しなさい。

> C社の新入社員Dさんは、指導担当社員のEさんに対して、「私は、仕事内容についてわからないことが多く、Eさんにはご迷惑をおかけいたしますが、『上手は下手の手本、下手は上手の手本なり』の言葉通り、先輩方の仕事をよくまねて、早く仕事に慣れたいと思います。」とあいさつした。

（☆☆◎◎◎）

【四】次のA～Fの俳句について、あとの問いに答えなさい。

A　春雷は空にあそびて地に降りず　福田　甲子雄
B　白墨の手を洗ひをる野分かな　中村　草田男
C　霜柱はがねのこゑをはなちけり　石原　八束
D　稲雀（いなすずめ）降りんとするや大うねり　村上　鬼城
E　川幅を追ひつめてゆく枯芒（かれすすき）　鷲谷　七菜子
F　向日葵（ひまわり）の一茎一花（いっけいいっか）咲きとはす　津田　清子

【Aの鑑賞文】

俳句の重要な要素として写生ということが言われる。だが、「単に対象を写すだけではなく、対象から生命力を得ることができてはじめて写生を完璧になしたことになる」と彼は語る。対象を写すだけなら俳句は写真に勝つことはできず、写真に写せないものがあるとしたらそれは生命力だ、と言うのだ。そう思ってみると、この句は春の天地の（　①　）生命力を巧みに表出して余すところがない。擬人法の活用という手法的な問題もさることながら、「（　②　）」の一語が句の豊かな品格を決定的なものにした。この情景など、写真に写したところでどろどろとした曇天が写るばかりではあるまいか。ここでは俳句が写真に勝っている。

（金子兜太『現代の俳人101』による）

問一　Aの鑑賞文中の空欄（　①　）にあてはまる語句を次のア～エから一つ選び、記号を書きなさい。

ア　初々しい　　イ　仰々しい　　ウ　騒々しい　　エ　猛々しい

問二　Aの鑑賞文中の空欄（　②　）にあてはまる語句を、Aの句から抜き出して書きなさい。

問三　Bの句の季語と季節を書きなさい。

問四　B～Fの句から擬人法が用いられている句を二つ選び、記号を書きなさい。

問五　C～Fの句から二つ選び、次の【条件】にしたがって〈句の鑑賞文〉を書きなさい。

【条件】

①　一段落目に、作者は、感動をどのような情景を取り上げて詠んでいるか説明すること。

②　二段落目に、それはあなたにどのような印象を与えているか書くこと。

【例】　外にも出よ触るるばかりに春の月　　中村　汀女

　春、空には手を伸ばせば触れることができそうなくらい近く感じる大きな明るい月が出ている。夜空に見事な月が浮かぶ幻想的な情景を詠んでいる。

「外にも出よ」という主情を打ち出した表現と「触るるばかりに」の比喩から、大きな明るい月の迫力ある美しさを感じる。

（☆☆☆◎◎◎◎）

【五】次のA～Fの短歌について、あとの問いに答えなさい。

A　金木犀の或いは大樹花散り敷く根元も奥もすでに夜のとき　　近藤　芳美

【鑑賞文】
『未明』には、八十歳半ばの作品が収められていて、苛立つような字余りの歌が多い。さまざまなことを見尽くしてきた眼に、いま、金木犀の細かい花が散り敷く樹の根元が見えている。もうすっかり夜となってしまって、その樹の全容は朧ろに見えるばかりなのだ。「或いは」と、まるで独り言のように狭まる一語が、一首の（　①　）をぼんやりさせてゆく。それは、或いは大樹であるのかもしれないが、すでに闇に覆われて、一切が不明となった光景を強調するのである。金色の小花の散っている根元も、その奥も、くらぐらとして見えてこない。しかも時代はいよいよ混迷し、見えがたくなってきている。そういう時代への思いも、「（　②　）」という、どこか劇的な表現に託されているのだろう。さりげない光景をうたって、やりきれない不穏な世界状況を暗示させる一首となった。近藤芳美の歌には、暗く濃厚な浪漫性が潜んでいるのだが、その特色が全面に表れた歌である。

（馬場あき子　「現代短歌の鑑賞事典」による）

B　空に鳴る風の響きのみずみずしわれの希求の疼きゆくとき　　水野　昌雄

C　ほととぎす嵯峨へは一里京へ三里水の清滝（きよたき）夜の明けやすき　　与謝野　晶子

D　岡に来て両腕に白い帆を張れば風はさかんな海賊のうた　斎藤　史
E　おとうとよ忘るるなかれ天翔ける鳥たちおもき内臓もつを　伊藤　一彦
F　初花を見出づるごとし春雪を凌ぐ椿の果てのくれなゐ　窪田　章一郎

問一　Aの短歌の鑑賞文中の空欄（　①　）にあてはまる語句を、ア～エから一つ選び、記号を書きなさい。
ア　躍動　イ　調和　ウ　輪郭　エ　情念
問二　Aの短歌の鑑賞文中の空欄（　②　）にあてはまる語句を、Aの短歌から抜き出して書きなさい。
問三　Bの短歌の句切れを書きなさい。
問四　C～Eの短歌について、あてはまる表現技法を、ア～エから一つずつ選び、記号を書きなさい。
ア　倒置　イ　対句　ウ　隠喩　エ　擬態語
問五　Fの短歌は、庭の椿の花の様子を詠んでいる。どのような情景を取り上げ、どのような感動をこめているか説明しなさい。

【例】母山羊と仔山羊がながく呼びかはす合歓の葉すでに眠るゆふべを　石川　不二子
　風に鳴っていた合歓の葉も静かになった夜更けに山羊の声が聞こえる農場の情景を取り上げている。静かな夜に聞こえる山羊の親子の鳴き声を「ながく呼びかはす」と表現し、互いに求め合って鳴き合う母山羊と仔山羊の愛情に対する感動をこめている。

（☆☆◎◎◎）

【六】あなたは、中学校学習指導要領(平成二十九年三月告示)『国語』及び中学校学習指導要領解説国語編(平成二十九年七月)を基に、中学校第三学年の「思考力、判断力、表現力等」における「A話すこと・聞くこと」の学習において、「互いの考えを生かしながら議論や討論をする」言語活動を通して、指導事項「進行の仕方を工夫したり互いの発言を生かしたりしながら話し合い、合意形成に向けて考えを広げたり深めたりすること」を指導したいと考え、次のような〈単元の評価規準〉と〈単元構想表〉で授業をすることになりました。〈単元の評価規準〉と〈単元構想表〉を見て、あとの問いに答えなさい。

〈単元の評価規準〉

〔思考・判断・表現〕
・立場や考えの違いを認めつつ納得できる結論を得るために、それぞれが持っている考えの違いを調整しながら話し合っている。

〈単元構想表〉

一時間目	・これまでの話合い活動を振り返りながら、効果的な話合いの展開の仕方について考える。 ・「〇〇中学校で行う地域ボランティア」について、自分の考えをまとめる。
二時間目	・自分の考えを基にグループで話し合い、「〇〇中学校で行う地域ボランティア」について、全校生徒に提案する内容を決める。
三時間目	・決めたことに基づいて、全校生徒に提案する内容をまとめる。 ・学習を振り返る。

〈二時間目の話合いの様子〉

① A太「地域ボランティアか。私たちの学校では、一年生の時には水質調査も行ったし、年に何回か美化委員会がアルミ缶回収も行っているよね。一学期の終業式の後には、地区生徒会に分かれて地域清掃も行っているよね。新しいものを考えるのではなく、今まで行っているものの中から絞っていく必要があると思うよ。私は地域清掃であれば、これまでの実績もあるし、全校で行えるから良いと思うな。」

② B也「そういえば、去年の総合的な学習の時間の中で、老人ホームの訪問も行ったよね。あれも、地域ボランティアって言えるよね。お年寄りの方々はとても喜んでくれたし、準備は大変だったけど、私たちもやって良かったって、充実感もあった。あの学習、今年の二年生も行うのかな。その後の新聞書きはちょっと大変だったね。私は文章書くのが苦手だから、あの新聞さえなければ、とっても良い活動だったのに。今年の二年生も新聞にまとめるのかな。後輩に書き方のポイント教えておこうかな。」

③ C恵「A太君も言っていたけど、地区生徒会の地域清掃で十分だと思うよ。老人ホームの訪問となると、日程調整や内容打ち合わせとか、私たちだけでは難しいものも出てくるよね？ それに、中にはお年寄りと接するのが苦手だって人もいると思うの。私の班にも苦手な人がいて、訪問している間、ずっと暗い顔でうつむいているんだもの。お年寄りと話すのって、私は楽しいのにな。」

④ D美「私の地区では、中学生はお祭りに参加することになっているの。お祭りの参加だって、地域ボランティアって言えると思うよ。地域の方々はとても喜んでくれるよ。B也君なんか、とて

もはりきっておみこし担いでいたよね。あんまり大きな声を出しているから、私、笑っちゃった。今年もB也君は出るよね。」

⑤　B也「もちろん。でも、こうしてみると、私たちの学校では、いろいろなボランティア活動が行われているんだね。今日の話合いの目的は、『○○中学校で行う地域ボランティア』として、全校生徒で取り組める内容を提案することだよね。とすると、たくさん候補が挙がったから、あとは多数決で決めてしまおうよ。」

⑥　A太「その方法もあるけど……。私たちのグループとして、『地域ボランティア』としてどの活動がいいのか、その理由を確かめる必要があると思うよ。C恵さんは、なぜ地域清掃がいいと思うの？」

⑦　C恵「それはね……、私のおばあちゃんにも褒められたことがあるし、全校生徒で取り組みやすいからかな。終わった後の達成感もあると思うし。それと、お祭りっていっても、私の地区ではやってないのよね。」

⑧　D美「たしかに、私ははじめ、お祭りの参加って言ったけど、すべての地区でお祭りを行っているわけではないものね。全校生徒に提案するためには、どの生徒も参加できることが大切だよね。それを考えると、C恵さんの意見に私も賛成だわ。だったら、B也くんの老人ホーム訪問と同じような内容も含めて、地域のお年寄りにお手紙を出して一緒に清掃活動したらどうかな。日程調整も簡単に私たちでできるし、たくさんのお年寄りが参加したら自然に触れ合えると思うよ。」

⑨　A太「なるほど。『全校で取り組みやすいこと』『地域の方々と一緒に行えること』『準備を生徒で

行えること』の観点で選んだってことだね。では、その観点から、私たちのグループでは『お年寄りと一緒に行う地域清掃』を提案することにしよう。どうですか。」

⑩　C恵「お年寄りと一緒に行うところがポイントだね。」

全員「賛成。」

問一　〈二時間目の話合いの様子〉のうち、良かった発言を、⑤～⑩の中から二つ取り上げ、単元の評価規準に照らし合わせて、発言の良さを具体的に書きなさい。

問二　〈二時間目の話合いの様子〉のうち、改善すべき発言を、⑤～⑩の中から一つ取り上げ、単元の評価規準に照らし合わせて、発言の改善点とその理由を具体的に書きなさい。

(☆☆☆◎◎◎)

【七】次の各問いに答えなさい。

問一　次の文は、中学校学習指導要領(平成二十九年三月告示)第2章「第1節　国語」における「第1　目標」です。

次の［　①　］～［　⑤　］に入る言葉を、あとのア～ソから一つずつ選び、その記号を書きなさい。

言葉による見方・考え方を［　①　］、言語活動を通して、国語で正確に理解し適切に表現する資質・能力を次のとおり育成することを目指す。

(1)　社会生活に必要な国語について、その特質を理解し適切に［　②　］ができるようにする。

(2) 社会生活における［　③　］の中で伝え合う力を高め、思考力や想像力を養う。
(3) 言葉がもつ価値を［　④　］とともに、言語感覚を豊かにし、我が国の［　⑤　］に関わり、国語を尊重してその能力の向上を図る態度を養う。

ア　社会文化　　イ　使うこと　　ウ　身の回り　　エ　働かせ　　オ　社会との関わり
カ　活用し　　キ　言語文化　　ク　把握すること　　ケ　育成し　　コ　自覚する
サ　人との関わり　　シ　尊重する　　ス　認識する　　セ　伝統文化　　ソ　捉えること

問二　次の各文は、中学校学習指導要領(平成二十九年三月告示)第2章「第1節　国語」における各学年の内容〔知識及び技能〕の(1)言葉の特徴や使い方に関する事項について抜粋して示しているものです。次の［　①　］～［　⑥　］に入る言葉を、あとのア～ツから一つずつ選び、その記号を書きなさい。

〔第一学年〕
ウ　事象や行為、心情を表す語句の量を増すとともに、語句の［　①　］意味と文脈上の意味との関係に注意して話や文章の中で使うことを通して、語感を磨き［　②　］を豊かにすること。
〔第二学年〕
オ　単語の活用、［　③　］などの働き、文の［　④　］の順序や照応など文の構成について理解するとともに、話や文章の構成や展開について理解を深めること。
〔第三学年〕
エ　敬語などの［　⑤　］に応じた言葉遣いを理解し、［　⑥　］に使うこと。

ア　段落の役割　　イ　意味　　ウ　特徴的な　　エ　相手や場　　オ　語彙
カ　適切　　キ　種類　　ク　主語と述語　　ケ　目的や意図　　コ　言語
サ　助詞や助動詞　　シ　柔軟　　ス　積極的　　セ　地域の特性　　ソ　語句
タ　辞書的な　　チ　感覚的な　　ツ　成分

問三　次の表は、中学校学習指導要領(平成二十九年三月告示)第2章「第1節　国語」における各学年の内容のうち〔思考力、判断力、表現力等〕について抜粋して示しているものです。
次の〔　①　〕～〔　⑥　〕に入る言葉を、あとのア～ツから一つずつ選び、その記号を書きなさい。

第一学年	第二学年	第三学年
C　読むこと (1)　読むことに関する次の事項を身に付けることができるよう指導する。 イ　場面の展開や登場人物の〔　①　〕、心情の変化などについて、〔　②　〕を基に捉えること。	B　書くこと (1)　書くことに関する次の事項を身に付けることができるよう指導する。 オ　表現の工夫とその〔　③　〕などについて、読み手からの〔　④　〕などを踏まえ、自分の文章のよい点や改善点を見いだすこと。	A　話すこと・聞くこと (1)　話すこと・聞くことに関する次の事項を身に付けることができるよう指導する。 エ　〔　⑤　〕を予測しながら聞き、聞き取った内容や表現の仕方を〔　⑥　〕して、自分の考えを広げたり深めたりすること。

ア　反省　イ　特徴　ウ　相互関係　エ　叙述　オ　吟味　カ　言動の意味
キ　種類　ク　話の展開　ケ　話の中心　コ　評価　サ　構成　シ　比較
ス　効果　セ　話の内容　ソ　助言　タ　感想　チ　行動　ツ　描写

問四　次の各文は、中学校学習指導要領(平成二十九年三月告示)第2章「第1節　国語」における「指導計画の作成と内容の取扱い」について抜粋して示しているものです。
次の[　①　]～[　③　]に入る言葉を、あとのア～エから一つずつ選び、その記号を書きなさい。

> 2　第2の内容の取扱いについては、次の事項に配慮するものとする。
> (1)　ア　日常の[　①　]を振り返ることなどを通して、生徒が、実際に話したり聞いたり書いたり読んだりする場面を意識できるよう指導を工夫すること。
> (2)　第2の内容の指導に当たっては、生徒がコンピュータや[　②　]ネットワークを積極的に活用する機会を設けるなどして、指導の効果を高めるよう工夫すること。
> 3　教材については、次の事項に留意するものとする。
> (2)　エ　科学的、論理的に物事を捉え[　③　]し、視野を広げるのに役立つこと。

[　①　]の選択肢
ア　読書活動　イ　言語生活　ウ　言語活動　エ　社会生活

[　②　]の選択肢
ア　情報教育　イ　情報端末　ウ　情報機器　エ　情報通信

[　③　]の選択肢

ア　整理　　イ　考察　　ウ　俯瞰　　エ　実験

【高等学校】

【二】次の文章を読んで、後の問いに答えなさい。　（☆☆☆◎◎◎）

①私は、千利休を、世界最初のクリエイティブディレクターだと考えています。というのも、千利休という人は歴史上はじめての「ディレクション[*1]はするけど、クラフトはしない人」だったからです。

洋の東西を問わず、美的なものを生み出した人物のほとんどは、彼ら自身が創作者であり、制作者でした。例えばミケランジェロやピカソは言うまでもなく、芸術家というよりもプロデューサーであったと言われる慶派の運慶や快慶も、彫刻家としての高い技能を持った上で、多くの職人を束ねていました。

ところが千利休という人はそうではない。今日、利休が制作に関わったとされる物品は数多く残っていますが、そのうち、利休が手ずから制作したものは、茶杓や花入くらいしかありません。

茶室や庭はもちろんのこと、茶道具である風炉と釜、水指や炭斗（すみとり）、棗（なつめ）や茶入れ、そして茶碗などについては、利休は職人に、コンセプトを伝えて制作してもらう立場、つまりクリエイティブディレクターの立場に徹しています。

私は以前に、利休が職人に指示するために作成した図面を見せていただいたことがあるのですが、例えば漆塗りの手桶のデザインについては脚の付け方や、蓋に段差を設けて噛ませるようにすることで中を覗けないようにするなど、実に細かく指示を出しています。

利休は、言ってみればＣＥＯに該当する織田信長や豊臣秀吉に対して、彼らが支配する社会の美的側面についての領域を担う責任者、いわばチーフクリエイティブオフィサー[*2]の役割を[a]担ったと言えます。信長や秀吉は、自らの権力のもとに利休を保護することで、利休の才能を自らが支配する社会の文化に反映させ、影響力を高めようとしました。

利休のすごいところは、「侘び」という極めて抽象度の高い美的感覚を、一般には芸術メディアとは考えられていなかった茶室や茶碗などの具体的な道具に落とし込んでいったことです。しかも、それを自らが制作者となってクラフトするのではなく、クリエイティブディレクターという立場で、職人を使ってプロデュースしている。もちろん、特に近代以降の歴史を振り返れば様々なコンセプチュアルアートは存在するわけですが、それらの多くはアーティスト自らが製作していますし、コンセプトそのものも個別の作品ごとに設定される一回性の強いものがほとんどです。

一方で利休は、侘び茶という美意識をコンセプトの中心において、そこからブレることなく、建築や茶道具のみならず、書画や、果ては植物や庭などにも拡げながら、これらをプロデュースしている。凡百な［Ⅰ］がこんなことをすれば、無残な結果は目に見えているわけですが、利休の場合むしろ、その範囲を拡げれば拡げるほど、世界観やコンセプトの芯が明確に浮かび上がってくる。正統なアーティストとしての訓練を受けていない人がこんなことをやってのけているわけで、これはちょっと世界史的にも類例がないように思います。

こういった才能を持った人物を、信長や秀吉は、いわば［Ⅱ］として支え、もう一方ではクラフトを担う職人が支えました。

織田信長や豊臣秀吉といった権力者と千利休の関係がどのようなものであったかというと、実はよくわかっていません。ご存知の通り、最後に利休は秀吉から切腹を命じられてしまうわけですが、この理由についても諸説あって定かではない。そこがはっきりすればCEOとチーフクリエイティブオフィサーの関係についても、それなりのbシサが得られるかもしれないと考えると残念でなりませんが、そこは400年前のことなので仕方がありません。

重要なのは、信長や秀吉が、あからさまに側近だけで周りを固める他の武将と比較して、アートを担う［Ⅲ］である千利休を重んじた、という点です。特に秀吉の場合は、アートの側面については利休を、サイエンスの側面については異父弟である秀長を重用することで、政権内における意思決定のクオリティを高い水準に保ちました。

この②「秀吉―利休―秀長」というトライアングルは、おそらく危険なほど絶妙かつ微妙なバランスだったのでしょう。秀長が病死してしまうと、その1ヶ月後には利休は切腹を命じられて亡くなり、その後、秀吉は朝鮮出兵をc敢行して諸大名をdヒヘイさせ、また後継者として迎えていた秀次一族を虐殺するなど、明らかにバランスを欠いた意思決定を連発して自らの政権をeジョジョに崩壊させていきます。

組織の意思決定の品質というのはリーダーの力量だけによって決まるわけではなく、一種のシステムとして機能します。有効な人材を有効なサブシステムとして配置できれば、そのシステムは高品質の意思決定を行うわけですが、一方でそれは、リーダーの力量が変わらなくても、システムとしてのバランスが崩れれば、意思決定の品質もまた毀損してしまうのだということを示してくれているようにも思います。

さて、このようなシサを今日の経営の現場にfトウシャしてみると、CEOとチーフクリエイティブオフィサーの関係についてのシサが得られます。

例えば、ユニクロを展開するファーストリテイリングでは、柳井正社長が大きな権力を持つトップとして経営を仕切りながら、アートの側面についてはクリエイティブディレクターのジョン・ジェイ氏やデザイナーの佐藤可士和氏を重用し、経営のクリエイティブ面について大きく権限委譲しています。

経営におけるアートとサイエンスの問題を考えると、必ず「アカウンタビリティの格差」[*3]という問題が発生し、アートの側面がないがしろにされるという指摘はすでにしました。ファーストリテイリングにおいては、この問題を解消するために、大きな権力を持つＣＥＯの柳井氏が、自らが「これ」と見込んだ一流のクリエイティブディレクターに「直接に権限移譲する」という仕組み、いわば③「アートのガバナンス」を形成しているわけです。

同様の構図は、無印良品ブランドを展開する良品計画にも見られます。無印良品の場合、プロダクトデザイナーの深澤直人氏が、代表取締役会長である金井政明氏から直接依頼を受けた外部のアドバイザーとして、デザインの選定やプロトタイプ[*4]の評価に大きく関わっています。私たちは、無印良品の製品を見ると、家具から雑貨、果ては化粧品に至るまで、一貫したデザインコンセプトを感じますが、それは個人のデザイナーの力量もさることながら、このような経営管理の仕組みにも依っているところが大きい。

ここでもまた、ともすればアカウンタビリティの格差の問題からないがしろにされがちなアート＝美意識の面で、権力者がいわばスポンサーとなることで、アートの側面で声が圧殺されないような仕組みを作っているわけですね。

ユニクロも無印良品も、現在、グローバルに高い競争力を持つに至っていますが、その競争力の大きな要因の一つがデザインであることは論を俟ちません。そして、このデザイン面での競争力は、個人のデザイナーの力量もさることながら、意思決定におけるアート・サイエンス・クラフトの適度なバランスを保つ、経営ガバナンスの仕組みにあるのだという点を忘れてはなりません。

今日、デザイナーやクリエイターが、経営者の相談相手として、デザインやクリエイティブの領域にとどまらず、広く経営全般に関するアドバイザーとして起用されるケースが増えています。

先述したユニクロにおける佐藤可士和氏や良品計画におけるアドバイザリーボード[*5]はもちろんのこと、例えばソフトバンクが旧ボーダフォンを買収し、携帯電話事業へ進出した際に外部からアドバイザーとなったのは、としまえんやカップヌードルの広告で知られるクリエイティブディレクターの大貫卓也氏でした。

経営者に外部からアドバイスする仕事と聞けば、一般的には経営コンサルタントをまず想起する人が多いと思います。しかし今日、多くの企業経営者は、コンサルタントではなく、デザイナーやクリエイターを相談相手に起用しています。

デザインと経営というと、その接点はロゴマークやプロダクトデザインといった領域にしかないように思われるかもしれません。しかし、私は④「デザイン」と「経営」には、本質的な共通点があると思っています。この本質的な共通点があるために、デザインやクリエイティブの世界で一流の仕事をしている人が、経営者に対して付加価値の高いアドバイスができるのです。

では両者に共通する「本質」とは何か？

一言で言えば「エッセンスをすくいとって、後は切り捨てる」ということです。そのエッセンスを視覚的に表現すればデザインになり、そのエッセンスを文章で表現すればコピーになり、そのエッセンスを経営の文脈で表現すればビジョンや戦略ということになります。結果として出来上がる成果物の呼称は異なりますが、知的生産の過程で用いる思考の仕方はとてもよく似ているんですね。デザイナーやクリエイターは、自分がデザインやコピーで表現するエッセンスを磨き上げていくのと同じ思考プロセスを用いながら、経営者と対話し、その企業における戦略やビジョンを磨き上げているわけです。

この「本質の共通性」をちゃんと把握するためには、経営という営みの本質が「選択と捨象」であることを、しっかりと理解することが必要です。

よく「選択と集中」ということが言われますが、これは同語反復＝トートロジーです。選択したものに集中するのは当たり前のことでわざわざ言うまでもない。大事なのは「選択と捨象」、つまり「選択」したら、後は「捨てる」ということです。

ＪＡＬ再生において中心的役割を果たした経営共創基盤ＣＥＯの冨山和彦氏は、その名もズバリ『選択と捨象』という著書において、「強い会社」は「選択」が上手なのではなく、「捨象」つまり「捨てること」に長(た)けているのだ、と指摘しています。

多くの人は、「優れた意思決定」というのは「優れた案を選択すること」だと考えています。しかし、実際にはむしろ逆です。つまり、「優れた意思決定」の本質というのは、「選択すること」にあるのではなく「捨てること」、すなわち「一見すればどれも優れているように見えるたくさんの案を、まとめて思い切って捨てる」ことにこそあるのです。この「思い切って捨てる」点はまた、デザインやクリエイティブにおいても、本質的な重要性を持っています。

なにをしないのか決めるのは、なにをするのか決めるのと同じくらい大事だ。会社についてもそうだし、製品についてもそうだ。

スティーブ・ジョブズ

これまで、経営における「アートとサイエンス」のバランスについて考察してきましたが、ここでは別の角度から、経営における⑤「サイエンスの過度な重視」がもたらす問題について考えてみましょう。

私は、昨今続発している大手企業のコンプライアンス違反や労働問題の根っこには、経営における「過度なサイエンスの重視」という問題が関わっていると考えています。

経営におけるサイエンスの側面を偏重し、過剰に論理と理性を重んじて意思決定をすると、やがては必ず差別化の問題に行き当たることになり、市場は「赤化[*6]」します。そのような市場で生き残ろうとすると、企業の統治や運営は、現状の延長線上にストレッチした数値目標を設定し、現場のお尻を叩いてひたすら馬車馬のように働かせるというスタイルに傾斜せざるを得ません。

もちろん短期間であれば、こういったスタイル、つまり根性だけを武器にして戦うというスタイルでも、ある程度の成果は出せるかもしれません。しかし成長市場であればまだしも、成熟した市場でそのようなスタイルで戦っていれば、いずれ限界が来るのは当たり前のことです。

新しいビジョンや戦略も与えないままに、マジメで実直な人たちに高い目標値を課して達成し続けることを強く求めれば、行き着く先は一つしかありません。イカサマです。


(山口周『世界のエリートはなぜ「美意識」を鍛えるのか？』による)

(注) ＊1 ディレクション…指導。監督。演出。
＊2 オフィサー…役人。役員。
＊3 「アカウンタビリティの格差」という問題が発生し、アートの側面がないがしろにされるという指摘
…経営における意思決定の場面で、「サイエンス」と「アート」の主張が対立した場合、わ

かりやすい説明が困難な「アート」の主張が認められにくいということについて、問題文より前の部分で指摘している。

＊4　プロトタイプ…試作品。
＊5　アドバイザリーボード…諮問委員会。監査役会。
＊6　赤化…共産主義化。

問一　波線部a～fについて、漢字のものは本文中での読みをひらがなで答え、カタカナのものは漢字に直しなさい。
a　担(った)　b　シサ　c　敢行　d　ヒヘイ　e　ジョジョ(に)　f　トウシャ

問二　傍線部①「私は、千利休を、世界最初のクリエイティブディレクターだと考えています」とあるが、筆者は、千利休の役割をどのようなものだと考えているか。次の形式に合わせて本文中から十五字で抜き出して書きなさい。

［　　　　　　　　　　］させる役割。

問三　空欄［Ⅰ］～［Ⅲ］に入る適当な語を次のア～カの中からそれぞれ一つずつ選び、記号で答えなさい。
ア　クラフト　イ　スポンサー　ウ　アーティスト　エ　システム　オ　アドバイザー

問四　傍線部②「『秀吉―利休―秀長』というトライアングル」とあるが、これによりどのような効果がもたらされたか。本文の内容に即してわかりやすく説明しなさい。

問五　傍線部③「『アートのガバナンス』を形成」とあるが、これはどういうことか。本文の内容に即して五十字以内でわかりやすく説明しなさい。

問六　傍線部④「『デザイン』と『経営』には、本質的な共通点がある」とあるが、筆者が考える両者の共通点を十五字以内で答えなさい。

問七　傍線部⑤「『サイエンスの過度な重視』がもたらす問題」とあるが、筆者はどのような問題が生じると考えているか。八十字以内で説明しなさい。

問八　本文の内容と合致するものとして適当なものを次のア～オの中から一つ選び、記号で答えなさい。

ア　信長は、自らの持つ独特な美的感覚を社会に反映させるために利休を保護し、秀吉は、侘び茶という美意識をコンセプトの中心においた正統なアーティストの育成のために利休を支えた。

イ　ミケランジェロやピカソは、彼ら自身が創作者であり制作者であったが、運慶や快慶は、高い技能を持ちつつも創作は行わず、職人を束ねるプロデューサーに徹した。

ウ　ソフトバンクは、外部のクリエイティブディレクターのアドバイスを取り入れ、携帯電話事業への進出に成功したが、ボーダフォンは、デザイナーやクリエイターを相談相手としなかったため買収されてしまった。

エ　ユニクロは、社長が経営を仕切りながらアートの側面の権限を委譲し経営管理を行うことで競争力を高め、無印良品では、プロダクトデザイナーが経営全般に関わる仕組みを作ることにより高い競争力を持った。

オ　ＪＡＬの経営競争基盤ＣＥＯの冨山和彦氏は、「優れた案を選択すること」を重視し再生に成功したが、スティーブ・ジョブズは会社においても製品においても「思い切って捨てること」を重視した。

（☆☆☆◎◎◎）

【二】次の文章は、高橋三千綱の小説「九月の空」の一部である。病弱な画家の息子として生まれた勇は、十五歳になり、剣道に打ち込む日々を送っている。次の文章を読んで、後の問いに答えなさい。


「おまえは、なんだ」

そういわれたのが、父親から伝えられた、勇の脳裏に残っている一番古い言葉だった。

そのとき、勇は石を投げた。幼稚園にも通い出す前だった。満足に駆けることもできない頃だった。勇の食べていたせんべいを年上の男の子がaウバった。勇はしゃにむにむしゃぶりついたが、強い力で振り払われていた。男の子は逃げていきながら、もらいっ子、と大声で叫んだ。とっさに勇は石を拾って、後から投げつけた。石は、門から丁度出てきた父親の太腿に当った。父親は鋭い眼で勇を睨みつけるなり、間髪を入れずに、おまえは、なんだ、といった。そのときの言葉が、①勇の心の中に棲みついて、離れなくなった。父親の気持ちを察することができないままに、勇は言い放たれた言葉を、その後幾度となく、胸の内で反芻していた。低く、地を這うようにこだましてくる父親の声ばかりを、それからは聞くようになった。

幼稚園に通うようになって三月ほど経った頃だった。帰るときになって大雨が降った。近くに住む子供たちの母親は、次から次へと傘を持って迎えに来た。園児たちのはしゃいだbカンセイが、地面をたたく雨音を遮った。ひとしきりの喧噪がやむと、勇の周囲には誰もいなくなっていた。勇は静まり返った園児室前の軒下に、上履き袋と小さな鞄を持って、一人で佇んでいた。雨垂れが軒を伝ってしたたり落ちていた。母親は勤めに出ている時間だった。遠くのブランコも、すべり台も、雨に濡れそぼっていた。勇の足元に、雨のはねが当たってきていた。眼の前は、斜めに叩きつけてくる雨で、灰色に煙っていた。

ふと、勇の視界に、黒い人影が映った。その影は、雨の中をゆっくりと進んできていた。水溜まりを大股にまたいだ。傘が動いて、耳の下まで垂れた長い髪が勇の眼に入った。

おとうちゃーん。

勇は叫んでいた。父親は勇の前までくると、腰をかがめて、小さな水色の長靴を置いた。新品だった。いままで穿いていたものは、底に穴が開いてしまっていた。

むかえにきてくれたの？

父親は何も言わずに、勇に長靴を履かせた。ぴったりと勇の足は長靴に納まった。

あたらしくかったんだね。

ああ。

ほとんど聞きとれないほど、低い声で父親は答えた。幼稚園に、父親が来たのは初めてのことだった。勇は、父親のさす傘の下で歩きながら、②温かい風が胸の中をそよいでいる気がしてきて仕方がなかった。おとうちゃんがきてくれたんだ、何度もそう思って、尖った頬骨を前に向けて、無言で歩き続ける父親を見上げた。跳びはねると、父親におこられることが分かっていたので、足をしっかりと緊張させて歩いた。黙って父親と二人、傘をさして幼稚園から家まで帰る五分ほどの間は、おまえは、なんだといった父親の声が、とてつもなく遠くへ吹き飛んでいってしまったように勇には思えた。秋の運動会にも、父親は、姉や母親と共に、蒼白い顔をしてやってきた。

「おまえのようなやつを、製造した覚えはない」

その父親の言葉を、勇は中学二年のときに聞いた。その頃、勇は反抗期の真只中にいた。いつでも何かにいらついていて、何ものをも解決できない腹立たしさが、常に勇の胸の中で渦巻いていた。そういった焦燥感が、離れにあるアトリエの周囲に透明な棚を張り c メグらせて、決して他者をその中に d マネき入れようとしない父親の世界に、怒りのはけ口を向けさせた。

父親は絵筆を持てない日が続くと、家にある金をすべて懐に入れて、不意に姿を消してしまう。勝手なことをしないでくれ、と勇はある日、旅先からふらりと荷物も持たずに戻ってきた父親にいった。顔が土色のようになっていた父親は、勇を前に、眼を剝いた。③やにわに勇の耳を摑んで引きずり回した。手が耳から離れると、勇は、おとうさんは卑怯だ、自分本位だと叫んだ。だまれ、と父親は怒鳴って、アトリエに入っていこうとした。勇は父親の前に回り込んだ。

仕事がすすまないからって、家族を放り出すなんて無責任じゃないか。おかあさんにくらい何かいって出ていくべきだ。

おまえには関係はない。

ぼくはおとうさんの息子だよ。

おまえのことなど知らん。

おとうさんが僕を製造したんじゃないか。それでも父親なのかよ。

「おまえのようなやつを製造した覚えはない」

そう言い捨てて、［　Ⅰ　］。廊下に佇みながら、そういうことか、と勇は呟いていた。親父は決して僕に自分の世界を覗かせない。甘えさせない。そして、自分は逃げていく。ずっと以前から、父親はそのような眼で自分を見ていたのだろうと勇は思った。生まれたときからかもしれない、とも思っていた。

自分には、何があるのだろう、とりあえずいま、父親とは違う、何があるのだろう、と勇は考えていた。何も思い浮かばなかった。外に出るつもりで玄関に出ると、傘立ての中に④無造作に立てかけてある竹刀が眼についた。剣道がある、これでもいいじゃないか。眩しい空の中から、ひときわ熱い陽光が一筋射して、勇の脳に突き刺さった思いがした。庭に出て、がむしゃらに竹刀を振った。気持が良かった。

――中略――

一瞬、勇は父親が何を言いだしたのか分からなかった。防具をつけた勇に、父親が打ち込んでくるのだと理解したのは、しばらくたってからだった。

「剣道をやったことがあるの」

「二段だ」

答えてから、相撲と剣道は強かった、とつけ加えた。勇は体操衣の上から防具をつけた。竹刀を父親に向けて構えながら、もう三十年近く親父は竹刀を握っていないのだろうと勇は思った。素振りをする父親の姿は、肩に力が入り過ぎていて、ぜんまい仕掛けのロボットのように動きがぎごちなかった。

父親は大上段から竹刀を降り下してきた。竹刀が面に当ってはね上がると、口を喘ぐように大きく開き、眼玉を血走らせて、馬のように大量の鼻息を吐いた。

二度目に打ち込んできたとき、勇は軽く父親の竹刀を払った。父親は前のめりになり、軀を立て直すと、ヒェーッ、と叫んで、胴を狙ってきた。勇は肘を上げて胴を開けた。竹刀は胴には当らず、勇の腰骨を垂れの上からしたたかに打ちつけた。父親は頓着せずに、上体を揺るがせて、竹刀を振り上げ、勇の首筋を叩いた。それだけで、呼吸がきれていた。

勇は退屈していた。父親の動きが、スローモーションの画像を見るように、ゆっくりと観察できた。ただ、打ちこんでくるときの気魄はたいしたものだった。面を通して、顔を真っ赤にさせてしゃにむに打ち込んでくる父親を見て、⑤こいつがこの人の正体なのだな、と思った。茹(ゆ)で上がった鬼のようなその顔は、以前にも夢の中で見たような気がしていた。

　勇は、父親の動きに合わせて、軀(からだ)を移動させた。面を打ってくるときには竹刀(しない)でよけ、脇(わき)の下を打たれそうになると、横にとんだ。

「動くな」

と父親は怒鳴(どな)った。肩で荒い息をして、嚙(か)みつかんばかりのf形相で勇を睨(にら)んでいた。

「そこでじっとしていろ」

　勇は啞然としていた。竹刀を下げて、どうして、と訊(き)いた。立っていればいいのだ、と父親はいった。防具をつけていないので、勇の方からは反撃を仕掛けることができず、やることといえば、前後左右に動いて、父親の攻撃を避けることぐらいだった。

「でも、相手はただ立っていないよ。ポストじゃないんだから」

　勇は少々あきれた面持ちでいった。父親は顔をくしゃくしゃにして怒鳴った。

「そんなことはわかっている」

　勇はいわれた通り、竹刀を下げて、佇(たたず)んだ。父親は雄鶏(おんどり)のようにはばたいてとび込んできた。掛け声の代わりに、熱い息を吹きつけてきた。重い当りが、面や小手(こて)に走った。いつでもこんな風に殴(なぐ)られてきたようだ、と勇は思っていた。でも、⑥いまは殴らせてやっているのだ、と思い直した。住む世界が違うのだし、めったにないことなのだから。

　十本ほど打ち続けて、父親は動きをとめた。赤い顔がさっと引いて、ひきつったような蒼白(あおじろ)い表情になった。勇は面をはずした。味のない寒天を食わされたような思いが残っていた。父親は掌(てのひら)を見下した。人差指の付け根の皮がめくれ上がっていた。悲痛な顔で、それを見ていた。

竹刀を勇に返しながら、おまえは、と父親はいった。視線を掌にあてて、また勇を見つめた。戦いの通過したあとの空虚な瞳（ひとみ）だった。

「おまえは筋がいい」

勇はおどけた表情をして、首を竦（すく）めた。父親は玄関に足を向けた。

「打たれているときでも、眼を開けて、ちゃんと相手を見ている」

そういって、背中を曲げて家の中に入っていった。父親が勇に、剣道の話をしたのは、あとにも先にも、その一度だけだった。父親は⑦二度と勇に、打たせろとは言わなかった。

母親が、賑やかな声をたてて帰ってきた。姉は、すぐに話相手を母親に求めにいった。勇は暗がりの中で蒲団（ふとん）を敷き、下着一枚になって毛布にもぐり込んだ。すぐに意識が遠のいた。

問一　波線部a～fについて、漢字のものは本文中での読みをひらがなで答え、カタカナのものは漢字に直しなさい。
a　ウバ(った)　b　カンセイ　c　メグ(らせ)　d　マネ(き)　e　懐　f　形相

問二　傍線部①「勇の心の中に棲みついて、離れなくなった」とあるが、なぜ離れなくなったのか。次の形式に合わせて三十五字以内で説明しなさい。
「おまえは、なんだ」という言葉が、［　　　　　］から。

問三　傍線部②「温かい風が胸の中をそよいでいる気がしてきて仕方がなかった」とあるが、この表現は勇のどのような心情を表しているか。二十字以内で説明しなさい。

問四　傍線部③「やにわに」の本文中での意味として適当なものを次のア～オの中から一つ選び、記号で答えなさい。

ア　そこで　　イ　すぐに　　ウ　そうして
エ　そういうわけで　　オ　そのたびごとに

問五　空欄［Ｉ］に当てはまる表現として適当なものを次のア～オの中から一つ選び、記号で答えなさい。

ア　父親はアトリエに入っていった。部屋の中のものを投げつける音が聞こえた。
イ　父親はアトリエに入らず、玄関に向かった。そしてまた家を出て行った。
ウ　父親はアトリエに入っていった。絵筆を取ってキャンバスに向かった。
エ　父親はアトリエに入らず、むちゃくちゃに怒鳴り廊下の壁を壊した。
オ　父親はアトリエに入っていった。鍵（かぎ）を回す音が聞こえた。

問六　傍線部④「ひときわ熱い陽光が一筋射して、勇の脳に突き刺さった思いがした」とあるが、この表現は勇のどのような心情を表しているか。竹刀に眼をつける前後の心情の変化に触れながら、七十五字以内で説明しなさい。

問七　傍線部⑤「こいつがこの人の正体なのだな、と思った」とあるが、この「正体」を勇はどのようなものと思っているか。説明として適当なものを次のア～オの中から一つ選び、記号で答えなさい。

ア　普段は冷淡であるが、対象に本気で向き合うときは、感情をあらわにして、なり振り構わず必死にぶつかる性質。
イ　普段は病弱ではあるが、気性は荒く、自分より弱い立場と思われる対象に対しては、敵意をむき出しにする性質。

ウ　普段は何をするにもくよくよしているが、家族に対してはいっさい遠慮することがなく、本能的に行動する性質。
エ　普段は対象をじっくりと観察するが、息子の悪い面については許容できず、嫌悪感を隠せずに行動する性質。
オ　普段は思慮深く行動するが、息子に対しては愛情をうまく表現できず、気持ちだけが前に出てしまう性質。

問八　傍線部⑥「いまは殴らせてやっているのだ、と思い直した」のはなぜか。九十字以内で説明しなさい。

問九　傍線部⑦「二度と勇に、打たせろとは言わなかった」とあるが、この表現からわかる、父親の勇に対する心情の変化の説明として適当なものを次のア～オの中から一つ選び、記号で答えなさい。

ア　息子に対して干渉しつづけていた父親が、剣道で打ちのめされたことで、息子に無関心になった。
イ　息子にいらだつ姿を見せていた父親が、剣道をすることで、息子の実力を認め、尊重するようになった。
ウ　息子に嫌悪感を持っていた父親が、感情のままに竹刀を振り下ろすことで、爽快感をおぼえ、わだかまりがなくなった。
エ　息子に勝てないと思っていた父親が、「ちゃんと見る」ことは画家の自分でもできると、息子をライバル視するようになった。
オ　息子に張り合う気持ちを持っていた父親が、息子に打ちのめされることで自信が薄れ、息子を避けるようになった。

（☆☆☆◎◎◎）

【三】次の文章を読んで、後の問いに答えなさい。

永観律師[*1]といふ人ありけり。a年ごろ念仏の志深く、名利を思はず、世捨てたるがごとくなりけれど、さすがにあはれにもつかうまつり、知れる人を忘れざりければ、ことさら、深山を求むることもなかりけり。東山禅林寺といふ所に籠居しつつ、人に物を貸してなん、日を送る[*2]はかりことにしける。借る時も、返す時も、ただ、来たる人の心にまかせて沙汰しければ、bなかなか仏の物をとて、いささかも不法のことはせざりけり。いたく貧しき者の返さぬをば、前に呼びよせて、もののほどに随ひて念仏を申さAせてぞ、あがはせける。

東大寺別当[*3]のあきたりけるに、白河院、この人をなし給ふ。聞く人耳を驚かして、「①よも、うけとらじ」といふほどに、思はずに②いなび申すことなかりけり。

その時、年ごろの弟子、つかはれ　Ⅰ　人なんど、我も我もとあらそひて、東大寺の庄園を望みBにけれども、一所も人のかへりみにもせずして、みな、寺の修理の用途によせられたりけり。みづから本寺に行き向ふ時には、③異様なる馬に乗つて、かしこにゐるべきほどの時料[*4]、小法師に持たせてぞ入りける。

かくしつつ三年のうちに修理こと終りて、すなはち辞し申す。君、また、とかくの仰せもなくて、こと人をなされにけり。よくよく人の心を合せたるしわざのやうなりければ、時の人は、「寺の破れたることを、この人ならでは、心やすく沙汰すべき人もなしとおぼしめして、仰せ付けけるを、④律師も心得給ひたりけるなむめり[*5]」とぞいひける。深く罪を恐れける故に、年ごろ寺のこと行なひけれど、寺物をつゆばかりも自用のことなくてやみにけり。

―中略―

ある時、かの堂に客人の詣で来たりけるに、⑤算[*6]をいくらともなく置きひろげて、人には目もえかけざりければ、客人の思ふやう、

「律師は出挙[*7]をして命つぐばかりをことにし給へりと聞くに、あはせてその利のほど数へ給ふにこそ」と見居るほどに、置きはてて、取りをさめて、対面せらる。その時、「算置き給ひつるは、何の御用ぞ」と問ひければ、「年ごろ申し集めたる念仏の数のおぼつかなくて」とぞ答へられける。

（鴨長明『発心集』による）

（注）＊1　律師…僧正・僧都に次ぐ僧官。
＊2　日を送るはかりことにしける…生活費にしていた
＊3　別当…寺務を総轄する僧官。
＊4　時料（じれう）…生活費。
＊5　なむめり…〜ていたのだろう
＊6　算…計算用の棒。
＊7　出挙（しゆつきよ）…金品を有利子で貸し付けること。

問一　波線部a「年ごろ」、b「なかなか」の文中での意味を答えなさい。
問二　空欄 I に助動詞「き」を文法上適当な形に活用させて入れなさい。
問三　二重傍線部の助動詞A「せ」、B「に」、C「らる」について、それぞれ文法的意味を答えなさい。
問四　傍線部①「よも、うけとらじ」について、
　1　主語を補って現代語訳しなさい。
　2　「聞く人」がこのように判断した理由を説明しなさい。

問五　傍線部②「いなび申すことなかりけり」を現代語訳しなさい。

問六　傍線部③「異様なる馬」とは、この場合どのような馬のことか。適当なものを次のア～オの中から一つ選び、記号で答えなさい。

ア　異国の珍しい馬　　イ　飾り立てた立派な馬　　ウ　ひどくみすぼらしい馬

エ　ありがたく尊い馬　　オ　人に馴染まない気の荒い馬

問七　傍線部④「律師も心得給ひたりける」について、

1　「律師」が「心得」た内容を説明しなさい。

2　「時の人」がこのように判断した理由を七十字以内で説明しなさい。

問八　傍線部⑤「算をいくらともなく置きひろげて、人には目もえかけざりければ」とは、どういうことか。適当なものを次のア～オの中から一つ選び、記号で答えなさい。

ア　「客人」が、律師の命が後どのくらいあるかを計算していたので、「律師」に知られたら大変なことになるため人目を避けようと考えていたということ。

イ　「客人」が、寺の修理にかかったお金を計算すると、人々が見たことがないような金額になり、「律師」が莫大な財産を持っていたことに驚いたということ。

ウ　「律師」が、自分がこれまで唱えた念仏の回数がわからなくなったので、念仏の回数を計算することに夢中になってしまい、「客人」に目を向けることができなかったということ。

エ　「律師」が、人々がつらい目を見ることなく幸福な生活を送ることができるようになるには、自分がこれからどれだけ念仏を唱えればいいかを計算していたということ。

オ　「律師」が、これまで自分が生活のために人に貸した金の利子がどれほどかを計算することに必死で、客人の都合は気にかけなかったということ。

問九　次の枠内の文章の空欄に当てはまる適当な作品名を（ａ）は漢字で答え、（ｂ）・（ｃ）は後の選択肢ア～オの中から適当なものを、それぞれ一つずつ選び、記号で答えなさい。

> 『発心集』は随筆『（ａ）』の作者として知られる鴨長明によって編集された説話集である。『発心集』と同じく、文学史のジャンルとして説話に分類される作品として『今昔物語集』、『（ｂ）』、『（ｃ）』等がある。

【選択肢】ア　万葉集　イ　宇治拾遺物語　ウ　平家物語　エ　大鏡　オ　十訓抄

（☆☆☆◎◎◎）

【四】次の文章を読んで、後の問いに答えなさい。（設問の都合上、一部訓点を省いたところがある。）

高祖五日一朝*1太公。①如家人父子礼。太公*2家令説太公曰、「②天無二日、土無二王。今高祖雖子人主也。③太公雖父人臣也。奈何④令人主拝人臣。如此、則⑤威重不行。」後高祖朝。太公擁篲迎門*3却行。⑥高祖大驚、下扶太公。太公曰、「帝人主也。

奈何ゾ以テレ我ヲ乱ラント二天下ノ法ヲ一。於是高祖乃尊ビテ二太公ヲ一為ス二太上皇ト一。心ニ善ミシ二家令ノ言ヲ一、賜フ二金五百斤ヲ一。

〔『史記』による〕

（注）＊1　太公…父のこと。
＊2　家令…家事を取り締まる役。
＊3　却行…後ろへ下がって敬意を表すこと。

問一　波線部 a「於是」、b「乃」の読みを送り仮名も含め、ひらがなで答えなさい。ただし、現代仮名遣いも可とする。

問二　傍線部①「如家人父子礼」とはどのようなことか。適当なものを次のア～エの中から一つ選び、記号で答えなさい。

ア　家族の人間ならば、父と子に対して同じような礼を行うべきだということ。
イ　家に行った時は、人として親子の礼を尽くすべきだということ。
ウ　一般家庭の子が親に対してするような礼節ある態度であったということ。
エ　一般家庭のように親が子に対して礼節を教えていたということ。

問三　傍線部②「天無二日、土無二王」を、書き下し文にした場合、適当なものを次のア～エの中から一つ選び、記号で答えなさい。

ア　天に二日無くして、土に二王無からんや。

イ　天に二日と無きは、土に二王無し。

ウ　天に二日と無くんば、土に二王無かるべし。

エ　天に二日無く、土に二王無し。

問四　傍線部③「太公雖父人臣也」を書き下し文にしなさい。

問五　傍線部④「令人主拝人臣」に、返り点と送り仮名を施しなさい。

問六　傍線部⑤「威重不行」とあるが、この内容を説明したものとして適当なものを次のア～エの中から一つ選び、記号で答えなさい。

ア　皇帝の重厚な威厳のため誰も従わなくなります。

イ　皇帝の威厳は厳重に規定されることはなくなります。

ウ　皇帝の重厚な権威は天下に行われなくなります。

エ　皇帝の権威は重すぎて父は拝礼に行かなくなります。

問七　傍線部⑥「高祖大驚」とあるが、なぜか。二十五字以内で説明しなさい。

問八　傍線部⑦「尊太公為太上皇」とあるが、高祖がこのような行動をとったのはなぜか。六十字以内で説明しなさい。

問九　傍線部⑧「賜金五百斤」とあるが、なぜか。この理由として適当なものを次のア～エの中から一つ選び、記号で答えなさい。

ア　高祖が父子の礼をとることで国がよりよく治まることに気づくきっかけをくれた家令に感服したから。

イ　高祖の父子の礼が、結果的に天下を乱すことになるという指摘を行った家令に感謝したから。
ウ　高祖が以前から気にかけていた太公の言動を諫め、親子関係を修復してくれた家令に感謝したから。
エ　高祖に太公を軽んじていたことを気付かせ、行動を改めるきっかけをくれた家令に感服したから。

（☆☆☆◎◎◎）

【五】次の枠内の文章は、高等学校学習指導要領(平成二十一年三月告示)『国語』の「国語総合」からの抜粋である。

1　目標　(略)
2　内容
A　話すこと・聞くこと
(1)　次の事項について指導する。
ア　話題について様々な角度から検討して自分の考えをもち、根拠を明確にするなど論理の構成や展開を工夫して意見を述べること。
イ　目的や場に応じて、効果的に話したり的確に聞き取ったりすること。
ウ　課題を解決したり考えを深めたりするために、相手の立場や考えを尊重し、表現の仕方や進行の仕方などを工夫して話し合うこと。
エ　話したり聞いたり話し合ったりしたことの内容や表現の仕方について自己評価や相互評価を行い、自分の話し方や言葉遣いに役立てるとともに、ものの見方、感じ方、考え方を豊かにすること。

(2) (1)に示す事項については、例えば、次のような言語活動を通して指導するものとする。

ア 状況に応じた話題を選んでスピーチしたり、資料に基づいて説明したりすること。

イ 調査したことなどをまとめて報告や発表をしたり、内容や表現の仕方を吟味しながらそれらを聞いたりすること。

ウ 反論を想定して発言したり疑問点を質問したりしながら、課題に応じた話合いや討論などを行うこと。

内容「A 話すこと・聞くこと」の(1)アについて、(2)イのような言語活動を通して指導をする場合、あなたはどのような授業を行いますか。どのような話題を取り上げるかを具体的に示し、評価規準を明らかにして、二〇〇字程度で具体的に述べなさい。

(☆☆☆◎◎◎)

解答・解説

【中学校】

【一】問一 a 偽造 b 裂(かれて) c 探索 d 忘却 問二 ・自分の生を成り立たせているといま信じられているものの探求が解釈学の本質であり、記憶が虚構ならば、自分が虚構となるから。(五十九字）　・実在性のある記憶が自分の生を成り立たせているという解釈学の本質を踏まえると、記憶が虚構ならば、自分の生も虚構となるから。（六十字）　・解釈学的探求は記憶が正しいことが前提なので、記憶の誤りは、自分を否定することになるから。（四十四字）から一つ。　問三　A　イ　B　イ　C　ア　問四　ア　問五　・鳥の存在を「色」という意味概念でつなぐ観点がないということ。（三十字）　・鳥はいたが、色で意識されたことがなかったということ。（二十六字）　・鳥はいたが、色を問題にする観点がないということ。（二十四字）から一つ。　問六　解釈学は、過去と現在に意味連関をもたせるのに対して、考古学は、現在と過去に意味連関をもたせないため、考古学には過去に対する視線というものが存在しないから。（七十七字）

〈解説〉問一　漢字は一画一画、はっきり丁寧に書くこと。　問二　「ことの本質」についての説明と、記憶が虚構でありえない理由を記述する。「こと」とは、「解釈学」「解釈学的探求」を指し、その本質は、自分の生を成り立たせていると、いま信じられているものの探求である。記憶が虚構でありえない理由は、記憶が虚構であれば、自分自身が虚構となってしまうからである。　問三　空欄前後の文に注目し、文脈から判断すること。第三段落は、仮定から始まっていることに注意する。　問四　第三段落及び第四段落に注目する。「系譜学」は、現在の自己の虚構を疑い、過去を明らかにしようとするものである。　問五　傍線部③を含む段落を冒頭から見ていく。鳥は青かったかそうでなかったかということを問題にする観点はもともとなく、「鳥はいたが色が意識された事は一度もな」かった、と筆者は述べている。これらの部分から、鳥と色についての存在認識の関係性を具体的に説明する。　問六　過去と現在を関連づけたり意識づけたりする「解釈学的視線」と、過去と現在を関連づけない「考古学的視線」の説明をした上で、古学的視線が存在し得ない理由を、第六段落及び最終段落などで述べられていることを参考にしてまとめる。

【二】問一　a　誇張　b　軌道　c　奔放　d　自負　問二　ウ　問三　・自分が行う片切彫の特殊性を誇らしく思うと同時に、大変な精神力や体力がいることをうれい、嘆く気持ち。（四十九字）　・自らの技術の高さを誇りつつも、どじょうを食べなければ続けられないと嘆く気持ち。（三十九字）　から一つ
問四　・勢いよく槌を打ち下ろす作業を通して、生きものを板金の上へ産み出すこと。（三十五字）　・金で金を截るやり直しのきかない作業を続けることで、生きたものを硬い板金の上へ産み出すこと。（四十五字）　から一つ　問五　・どじょうを食べなければならないということ。　・どじょうを食べさせてほしいということ。　から一つ　問六　勘定を払えない言訳から、片切彫についての独演に移り、話についつい引き込まれてしまっていたが、職人にしかわからない感覚の話になりうんざりしてきたので、そろそろ話を終わらせたいという気持ち。（九十三字）　問七　エ

〈解説〉問一　文脈に整合する漢字を考える。　問二　傍線部①の前の表現から考える。純白になりかけの髪を総髪に撫でつけ、立派な目鼻立ちだが、服装とも釣り合っていないと感じているのである。　問三　傍線部②の前の「自分の仕事の性質の奇稀性」、後の「精神の要るもので、毎日どじょうでも食わにゃ全く続くことではない」などより、片切彫の特殊性を「得意」に思うとともに、大変な精神力や体力がいることを「慨嘆」している。　問四　ここでいう「破壊」とは、槌を力を籠めて打ち下ろすことであり、「創造」とは、硬い板金の上に生きたもの産み出すことである。　問五　空欄Aのあとで、「だが老人の真摯な話が結局どじょうのことに落ちて来る」とある。したがって、ここには、どじょうを食べなければならない意味の言葉が入る。
問六　徳永老人の話の展開に合わせて、老人の勘定を払えない言訳を聞き、店の者は「片切彫の独演についつい引き込まれ、職人独特の感覚の話にうんざりし、話を終わらせたい」という心情をまとめる。　問七　話者を三人称の視点で描いており、人物描写が細かく写実的であることからエが適当。

【三】問一　禁止の助動詞「まじ」の連体形　問二　どうしてどの方面(向き・種類　等)の芸であろうと、やらないことがあろうか。いや、やる。　問三　A　工夫　B　慢心(上慢)　問四　・上手な役者も下手な役者も、それぞれ人から批評を受ける必要があるということ。(三十七字)　・どんな役者であっても、人から長所や欠点を聞くことが大切だということ。(三十四字)　・上手な人も下手な人も、どちらも人の批評を仰ぐことが大切だということ。(三十四字)　から一つ　問五　・他人の優れたところを見つけても、自分の方が優れていると慢心すると、自分の欠点に気づかないから。(四十七字)　・相手の良さを認めても、自分より下手なのにと思ってしまうと、自分の悪い所が見えなくなるから。(四十五字)　・相手を認めず自惚れた気持ちでいると、欠点を自覚できないから。(三十字)　から一つ　問六　この言葉は、本文の意味を踏まえると「他の欠点から自分の欠点に気づいたりすることが大切だということ」であり、仕事に熟達したものが自己の戒めに使う言葉であり、新人が使うには適切ではない。(九十一字)

〈解説〉問一　助動詞「まじ」の活用型は形容詞型で、ここでの意味は禁止である。これ以外にも、打消推量、打消意志、打消当然、不可能の意味があり、文脈による判断が必要である。　問二　「などか」は下に打消しの表現を伴う場合、反語の意になり「どうして～か、いや～ない」のように訳す。　問三　この文章は「稽古は強かれ、情識はなかれ」という言葉で締め括られている。「情識」とは、「強情であること。かたくなに凝り固まった。」という意で、稽古は常に厳しくあり、頑固な心はなくすという能における心構えが示されている。本文を踏まえるとこの言葉は、稽古は工夫を凝らしながら毎日積み重ねることが大事で、慢心せず挑戦し続けなければならないと解釈できる。　問四　上手と下手が人の意であるととらえて説明する必要がある。「たがいに」は「それぞれ、どちらも」の意で、そのまま「お互いに」と訳さないこと。また、「尋ぬ」は、「人から長所や欠点を聞く。批評を仰ぐ」の意である。　問五　説明には、「よき所を見たりとも(長所を認めたとしても)」と「我が悪き所をも、いかさま知るまじきなり(自分の欠点をも自覚できないであろう)」の二点を書くことが求められる。また、「情識」という言葉は「慢心・自惚れ」などの言葉に置き換えて説明する。

問六　傍線部⑤の言葉で「上手は下手の手本」は、「上手な人にも欠点がある。ましてや下手な自分には欠点がある」という意味。「下手は上手の手本」は、「下手な人の優れた所を学ぶことが自分の欠点を自覚することにつながる」という意味で、あわせて「自分の欠点に気づくこと」の意味となる。Dさんの誤りは、言葉の意味の正しい理解と使用場面の二点にある。言葉の意味を誤って使用していること、この言葉を新入社員が先輩を例に挙げて使うことは不適切であることを指摘する。

【四】問一　エ　問二　あそびて　問三　季語…野分　季節…秋　問四　C、E　問五　※以下のC～Fから二つを選ぶ。

C「霜柱はがねのこゑをはなちけり　石原　八束」

冬の朝、歩いていて霜柱を踏みつけると、ザクザクと音がした。細い氷柱群に、刃金をイメージし、それが自ら放つように響いた音を耳にした驚きを詠んでいる。

霜柱が砕ける音を「はがねのこゑをはなち」とした表現には臨場感があり、冷え込む冬の厳しさを感じた。

D「稲雀降りんとするや大うねり　村上　鬼城」

秋、群をなした雀が稲穂に向かって降りようとしている。鳴子などで追い払うが、遠くへは逃げず、繰り返し一体となって稲穂に降りようとする雀の生命力あふれる光景を詠んでいる。

追い払われても遠くに逃げずに、群れでうねるように繰り返し稲穂に向かう雀の姿に逞しさを感じる。

E「川幅を追ひつめてゆく枯芒　鷲谷　七菜子」

　冬、水かさの減った川面を風に吹かれた枯芒が覆っている。川幅を狭めるように岸辺に生える存在感のある枯芒を中心に詠んでいる。

「枯芒が川幅を追ひつめてゆく」という、枯芒が意思をもつかのような表現に緊張感を感じる。

F　「向日葵の一茎一花咲きとほす　津田　清子」

　夏の暑い日に、大輪の向日葵が太陽に向かって咲いている。一つの茎に一つの花をつけ、真っすぐに生えるその凛とした姿を中心に、向日葵の力強さを詠んでいる。

「咲きとほす」という表現から、真夏の暑さの中、直立して咲き続ける向日葵の逞しい生命力が感じられる。

〈解説〉問一　「猛々しい」は「気性・行動などが荒々しく激しい。」の意。Aの俳句に描かれた春に鳴る雷の情景から、荒々しく激しい生命力を感じ取ったのである。　問二　「あそびて」は、春雷の様子を豊かな感性でとらえた見事な言葉である。この一語によって、春雷のいきいきとした動きが鑑賞者にも感じられる。

問三　「野分」は秋から冬にかけて吹く激しい風のことである。　問四　Cの句は、霜柱の砕ける音を霜柱自身が出しているかのように表現している。Eの句は、枯芒が意思をもって川幅を追いつめていく(狭めていく)ように表現している。　問五　二段落構成とし、一段落目には、Cの句については、霜柱を踏む情景をとらえ、「はがねのこゑ」に喩えられているものに触れて書く。Dの句については、稲が実った田園の情景をとらえ、「大うねり」が群れをなす雀の様子を表していることに触れて書く。Eの句については、枯れた芒の生える冬の川岸の情景をとらえ、「追ひつめてゆく」と喩えた表現に触れて書く。Fの句については、夏に向日葵が直立して咲いている情景をとらえ、力強く咲く様子に触れて書くことが必要である。二段落目には、説明した情景を踏まえて書くことが原則であるが、詠まれた情景と表現の、どちらかの観点を取り上げて印象を書いてもよい。

【五】問一 ウ　問二 すでに夜のとき　問三 三句切れ　問四 C イ　D ウ　E ア
問五 咲ききって萎れそうな椿が、春の雪を積もらせながら、紅の色をうっすらと滲ませている情景を取り上げている。春の雪を凌いであらわれた椿の紅色を「果てのくれなゐ」と表現し、「初花」のようだと歌いながら、いつもとはちがった新鮮な美しさを発見した感動をこめている。
〈解説〉問一 鑑賞文にあるように、あたりは闇に包まれて景色は不明瞭な状態になっている。朧ろに見えるものが金木犀であるか、大樹花であるかわからない状態を「或いは」という語を使うことで一首の輪郭をぼかして表現している。　問二 先が見えない時代を、周りが見えない夜の風景と重ねて表現している。　問三 句切れは、句点が入る場所にある。Bの句では「みずみずし」という終止形の言葉があるので三句切れとなる。　問四 Cの句は、「嵯峨へは一里」と「京へ三里」が対句になっている。Dの句は、風の音を海賊のうたに喩えて表現している。Eの句は、忘れてはならない内容を、語順を入れかえて「忘るるなかれ」の後に詠んでいる。　問五 情景と感動の二点について説明する。情景については、薄く積もった雪の下に紅色を滲ませている椿の様子を的確にとらえて説明していることが必須である。感動については、新鮮な美、美しさ、珍しさ、「春雪を凌ぐ椿」の強い力、「果てのくれなゐ」というあわれ深さ、雪の白色と椿の紅色の対比等に触れて書くこと。

【六】問一 良かった発言…⑧　・D美　・それぞれの発言に対して立場や考えの違いを認めつつ、納得できる結論を目指して、建設的な意見を述べている。　・C恵の発言にあった課題点を克服する改善策を示しながら、C恵とB也の発言内容の良さを評価し、それぞれの内容を生かしながら新たな活動を提案している。
・C恵とB也の意見の違いを調整しながら、グループが納得できる結論を導き出している。　から一つ良かった発言…⑨　・A太　・これまでの話合いの経緯を振り返って、提案する内容の観点を整理している。
・これまで出された意見を『全校で取り組みやすいこと』『地域の方々と一緒に行えること』『準備を生徒で行えること』の観点であると整理し、話合いをまとめている。　良かった発言…⑥　・A太　立場や考えの違いを明らかにするために、発言の理由を求め、立場や考え方を尊重しようとしている。　・考えの違いを明らかにするために、C恵の「地域清掃」を提案した理由を求めている。　・短絡的に結論を出そうとせず、全員が納得できる結論を導くために、G恵の提案理由を求めている。　から一つ
問二　改善すべき発言…⑤　・B也　合意形成のための話合いにもかかわらず、各自の考えの違いを十分に聞かないうちから、結論を求めようとしている。考えの違いを認めつつ納得出来る結論を目指す合意形成となっていない。　・合意形成に向けた話合いの際には、安易に多数決で決めるのではなく、様々な意見のどこまでが一致し何が違うのか明らかにしながら、話合いの参加者が納得できる結論を目指す必要があるから。
・結論を出すためには、それぞれの発言を目的に照らして取捨選択したり結びつけたりして話し合う必要があり、それぞれの考える活動内容を発言しただけで、その理由を明らかにしないうちから結論を求めるべきではないから。　・考えを十分に広げたり深めたりする話し合いになっていないうちから結論を出そうとしているから。　から一つ
〈解説〉問一　どの部分なのか、発言の具体的な部分を取り上げて説明すること。　問二　多数決に至る前の過程が不足していることを指摘すること。

【七】問一　①　エ　②　イ　③　サ　④　ス　⑤　キ　問二　①　タ　②　オ　③　サ
④　ツ　⑤　エ　⑥　カ　問三　①　ウ　②　ツ　③　ス　④　ソ　⑤　ク　⑥　コ

問四 ①ウ ②エ ③イ

〈解説〉問一 目標の「言葉による見方・考え方を働かせる」については、国語科では、言葉を通じた理解や表現、そこで用いられる言葉そのものを学習対象としているため、「言葉による見方・考え方」を働かせることが、育成を目指す資質・能力をよりよく身に付けることにつながることとなる。 問二 言葉の特徴や使い方に関する事項では、「言葉の働き」、「話し言葉と書き言葉」、「漢字」、「語彙」、「文や文章」、「言葉遣い」、「表現の技法」に関する内容が整理され、系統的に示されている。〔第一学年〕のウは「語彙」、〔第二学年〕のオは「文や文章」、〔第三学年〕のエは「言葉遣い」に関する内容である。 問三 〔思考力、判断力、表現力等〕の内容は、「A話すこと・聞くこと」、「B書くこと」、「C読むこと」からなる三領域の構成である。そして、(1)に指導事項、(2)に言語活動例が示されている。

【高等学校】

【一】問一 a にな(った) b 示唆 c かんこう d 疲弊 e 徐々(に) f 投射

問二 職人に、コンセプトを伝えて制作 問三 Ⅰ ウ Ⅱ イ Ⅲ オ 問四 政権内の意思決定のクオリティを高い水準に保つという効果。 問五 権力者がスポンサーになることにより、アートの側面からの意見が排除されないようにする仕組みを作ること。(五十字) 問六 選択したら、後は捨てる点。(十三字) 問七 経営において、サイエンスを過度に重視し意思決定をすると、企業は高い数値目標を設定するようになり、コンプライアンス違反や労働問題が発生する恐れがあると考えている。(八十字) 問八 エ

〈解説〉問一 cの「敢」は「思い切って」などの意味をもつ。 問二 千利休は自らが制作をせず、職人にコンセプトを伝えて制作してもらう立場であると、第四段落で述べている。それは、「つまり」クリエイティブディレクターの立場なのである。 問三 文脈から適切な語を選択する必要がある。Ⅰを含む文の後の文

に「正統なアーティスト」とあり、これがヒントとなる。「凡百」は「さまざま、かずかず」などの意味で、転じて「ありふれた、平凡な」という意味もある。Ⅱは直後に「支え」とあることから「スポンサー」が適当。Ⅲは主語が信長・秀吉で、千利休は「アドバイザー」に当たる。　問四　②の前の「この」から、前段を見る。段落末尾で、トライアングルが、政権内における意思決定のクオリティを高い水準に保っていたと述べている。問五　ともするとないがしろにされがちな美意識の面で権力者がスポンサーになることで、アートの側面からの意見が圧殺されないような仕組みを作ったのである。　問六　経営という営みの本質は「選択と捨象」であり、それはデザインにも共通していると筆者は述べている。　問七　筆者は、「赤化」した市場で企業が生き残ろうとすると、高い数値目標を設定するようになり、それによってコンプライアンス違反や労働問題が発生する可能性があると考えている。　問八　経営面とクリエイティブ面を分けている構図はユニクロに、プロダクトデザイナーが外部アドバイザーとして経営に関わる構図が無印良品に見られ、エが合致している。

【二】問一　a　奪(った)　b　歓声　c　巡(らせ)　d　招(き)　e　ふところ　f　ぎょうそう
問二　どのような意図で自分に発せられたのかわからないまま忘れられない(から)(二十一字)　問三　父親の愛情を感じて、うれしい心情。(十七字)　問四　イ　問五　オ　問六　自分には父親と違う何があるのか思い浮かばず焦燥感を抱いていたが、今の自分にとって、自分らしさを感じられるものを剣道に見出し意欲的になっている心情。(七十三字)　問七　ア　問八　剣道では、自分が優位だと気づくとともに、父親とは異なる夢中になるものを持っていると実感し、一方的になぐられても、父親が本気で自分と向き合う貴重な機会を大切にしたいと思ったから。(八十八字)　問九　イ
〈解説〉問一　傍線部①の直後に「父親の気持ちを察することができないままに、～言い放たれた言葉を、その

後幾度となく、胸の内で反芻していた」「父親の声ばかりを、それからは聞くようになった」とある。父親の発言の意図がわからなかったからこそ何度も思い出し、何度も思い出すことで忘れられない記憶となったと考えられる。　問三　父親の「おまえは、なんだ」という言葉や、幼稚園に父親が迎えに来たのは初めてのことだったという記述から、この場面まで勇は父親からの愛情を感じてこなかったことが推測できる。　問四　旅先からふらりと戻った父親に、勝手なことをするなと言った勇に対する父の行動から読み取る。「目を剝く」は「怒ったり驚いたりして目を大きく開く」ことで、父親の怒りの程度を表している。そのため「やにわに」勇の耳を摑んで引きずり回したのである。　問五　父親の I という行動を見た勇は、「親父は決して僕に自分の世界を覗かせない。～そして、自分は逃げていく」と思ったのである。父親が出奔する前の部分の「離れにあるアトリエの周囲に透明な棚を張り巡らせて、決して他者をその中に招き入れようとしない父親の世界」という表現も参考にする。　問六　傍線部④の直前に描写された勇の心情をまとめる。傍線部④では、父親と違うことについて前向きな感情を抱くことができた様子が表現されている。　問七　ア　父親は「顔を真っ赤にさせてしゃにむに打ち込んで」きたのである。冷静さを欠いた、衝動に駆られた動作である。イの「病弱」、ウの「何をするにもくよくよしている」、エの「対象をじっくり観察」などは、本文からは読み取れない。
問八　「殴らせてやっている」とあるように、父親の竹刀をかわすことは可能であるが、それをせずにいるのである。それは、傍線部⑥の後で、「住む世界が違うのだし、めったにないことなのだから」とあるように、初めて本気で自分に向かってくる父親に対して向き合いたいという気持ちがうかがえる。　問九　アの「息子に対して干渉」、ウの「爽快感をおぼえ」、エ・オは文全体が本文からは読み取れない。

【三】問一　a　長年　b　かえって　問二　し　問三　A　使役　B　完了　C　尊敬
問四　1　永観律師は、まさか引き受けないだろう。　2　永観律師は名誉や利益を願わず、世を捨てたような人物だったから。　問五　お断り申し上げることはなかった　問六　ウ　問七　1　白河院が東大寺の修理には自分以外には安心して頼める人がいないと考えて、自分に命じたということ。　2　東大寺の修理が終わるとすぐに律師が別当をやめたことと、白河院が何も言わず新しい別当を任命したことが、二人が心を合わせていたようだったから。（六十九字）　問八　ウ　問九　a　方丈記　b　イ　c　オ
〈解説〉問一　現代でも使われている語だが意味の違いに注意する。Aの「年ごろ」は「長年の間。数年間。」という意味。bの「なかなか」は副詞で、「かえって。むしろ。中途半端に。」などの意味。　問二　直後に名詞が続くことから、連体形の形が適当。　問三　A　使役の助動詞「す」の連用形である。「いたく貧しきもの」が貸したものを返さないときに、貸したものの値に対して念仏を唱えさせたので、ここでは尊敬や謙譲ではなく、使役である。　B　完了の助動詞「つ」の連用形である。完了・強意の助動詞である「つ」や「ぬ」の下に推量の助動詞が接続する場合は、強意の意味を示す。　C　尊敬の助動詞「らる」の終止形である。「る」「らる」については、受身・尊敬・可能・自発の意味を表す場合があるため、前後の接続関係や文脈などから意味を判断すること。　問四　1　「よも、～じ」は、まさか、いくらなんでも、と訳すことができる。傍線部①の直前に、東大寺の別当の欠員に、白河院が永観律師を任命したとあることから、主語を考えたい。
2　永観律師がどのような人柄であったかを踏まえて解答する。永観律師については第一段落冒頭より書かれているため、そこをまとめればよい。　問五　「いなび」は「いなぶ（否ぶ）」の連用形で、断る、辞退する、拒むことを意味する。「申す」で謙譲表現がされているため、お断り申し上げると訳せる。「なかりけり」は「なし」の連用形「なかり」に伝聞の助動詞「けり」の終止形が接続した形である。　問六　「異様なり」は、

普通とは違う、風変わりな様子を指す。また、永観律師の名誉や利益を求めない人柄の場合、立派な馬や珍しい馬に乗っていることは考えにくい。　問七　「心得」た内容については、傍線部④の直前から読み取ることができる。「時の人」がこのような判断をしたのは、傍線部④を含む段落の前半から読み取ることができる。律師と白河院が息を合わせたような行動をしたことを知ったことで「時の人」は、律師の心得を察したのである。　問八　客人とのやりとりの最後に律師は、これまで唱えた念仏の数を数えていた、と言っている。問九　説話のジャンルでは、その他に、『古今著聞集』『沙石集』『雑談集』『今物語』などがある。

【四】問一　a　ここにおいて　b　すなは(わ)ち　問二　ウ　問三　エ　問四　太公は父なりと雖も人臣なり。　問五　令メン三人主ヲシテ拝セ二人臣ヲ一。　問六　ウ　問七　父が門前を清め、礼を尽くして高祖を迎えたから。(二十三字)　問八　君主が臣下たる父を拝礼しては法を乱すことになると気づき、父の位を高めることで父子の礼に妥当性を持たせようとしたから。(五十八字)　問九　イ

〈解説〉問一　a　「於是」は「ここニおイテ」と読み、「そこで」という意。　b　「乃」は、ここでは「すなはチ(すなわチ)」と読み、順接の意を表す。　問二　傍線部①とその直前の部分を訓読すると、「高祖五日に一たび太公に朝し、家人の父子の礼のごとくす。」となる。すなわち、高祖は五日に一度は太公にお目通りして挨拶すること、一般家庭における父と子の礼儀のようであった、という意味である。「朝」は「(天子に)お目にかかる」という意。「家人」は「家族」や「一般の人民」の意、「父子」は「父と子」の意。　問三　「天無二日」と「土無二王」とで対句的な表現をなし、各々の文法構造が似ていることに注意する。「天には二つの太陽はなく、領土に二人の王はいない」という意味。　問四　訓点を付けると「太公ハ雖モ　レ　父ナリト人臣也。」となる。返読文字「雖(いへどモ)」の用法と、文末の「也(なり)」をひらがなに直す点に注意して訓

読する。傍線部③直前の「今高祖ハ雖モ子ナリト人主也。」が解答のヒントとなる。問五　傍線部④を訓読すると「人主をして人臣を拝せしめん。」となる。「令」を用いる使役形の句法と、傍線部④直前の「奈何(ゾ)」を用いる反語形の句法とに注意して、返り点と送り仮名を施す。問六　傍線部⑤とその直前を訓読すると「此くのごとくば、則ち威重行はれじ。」等と書き下せる。すなわち、人主に人臣を礼拝させてしまうと皇帝の重厚な権威が天下に行われなくなる、という意味である。「威重」は「おごそかでおもおもしい」・「威厳があって重厚なさま」という意。問七　傍線部⑥直前の本文には「後高祖朝。太公擁箒迎門却行。」とあり、これを受けて「高祖大驚、下扶太公。」と述べられている。つまり、高祖が太公のもとに伺ったとき、太公が箒で門前を清め、後ずさりして敬意を表して迎えたため、高祖は大いに驚き、車から下りて太公をささえたのである。問八　傍線部⑦までの文脈に着目する。高祖は太公に対して礼儀を尽くすが、それが皇帝として望ましくない行為であると家令に諫められた。また、父だからといって人主である高祖に敬意を払わせ天下の法を乱してはならない(帝人主也。奈何以我乱天下法)と太公に言われたため、高祖は皇帝である自分が不都合なく父子の礼儀を守れるよう、太上皇の位を太公に与えたのである。問九　家令に「金五百斤」を与えたのは、高祖が家令の言葉をよしとしたからである。本文中の家令の発言内容より、適切な選択肢は「イ」である。

【五】「コンビニの二十四時間営業」をテーマにグループでプレゼンテーションを行わせる。その際幅広く資料を参照し、根拠に基づいて様々な立場から考察を加え、発表の構成を工夫するよう留意させる。聞く側には聞き取りカードを用いて発表の内容や方法を確認しながら聞かせる。評価規準は、発表側は「多角的に分析し、根拠と考察がよくわかるよう説明している」、聞く側は「カードを活用して聞いている」と認められたならば「おおむね満足できる」とする。(二百九字)

〈解説〉現行の学習指導要領からの出題である。今後も似た形式の出題があることを念頭に置き、ただ学習指導要領を読むのではなく、その記述から具体的にどのような授業が作れるかというところまで考えながら読み込むことが必要である。現行の学習指導要領ではなく、新学習指導要領(平成三十年告示)から出題されることも十分考えられるため、こちらも目を通しておく必要があるだろう。

二〇一九年度　実施問題

【中学校】

【一】次の文章を読んで、あとの問いに答えなさい。

　視覚が読書に際して働く状態については、心理学者によって、近来種々の実験的考察が遂げられている。その結果の一つとして注目すべきは、視力は書きものの上をけっして水のごとくaナメらかに流れ通るものではなく、ある視覚的単位を足場として跳び渡るものであるということである。この現象は欧文ならば音節または綴り上げた一語一語を、国文ならば一字一字を単位として行われる。その状態は、例えば写真の速写(スナップショット)のごときでごく瞬間的であるが、その時間は読みものの内容によって違い、また読み手の年齢によっても違う。また、スナップ・ショットは一度切りのこともあり、同一箇所を幾度も繰り返す――すなわち読みの停頓(ていとん)する――こともある。

　このスナップ・ショットとスナップ・ショットとの間には、ポーズ(休止)がある。ポーズの置かれる数は一般には読みものの親疎・難易によるので、例えば新聞や小説にはポーズの数が比較的少なく、これに対して哲学書や論理学書にはポーズの数が多い。また、形式からいうと、いわゆる校正読みにポーズの数が多い。①さらにまた、子供は大人よりもポーズを多く設ける。

　スイート〔ヘンリー・スイート。イギリスの英語学者、音声学者。一八四五―一九一二〕氏は、かつて音の移調について述べ、「談話(スピーチ)」は流水のごとくであるに対し「音楽」は跳進(hopping)のごとくであると指摘して区別を立てた。この場合のスピーチは自律的な言語表出であるだけに自然性に富んでいる。――が、これをもし初めて接する書きものからの読書形式に移すとなると、しかく流暢(りゅうちょう)なものでないのみか、理会の捗(はかど)りに準じて正直に表出するとなると、その音調は恐らく楽譜を読み取るのと同様のホッピングとなろう。――読書練習の初期にある児童は、その正直さをもって、視覚の摂取と音声化とをほとんど一致した姿において行っている。この点では、読書に慣れた大人は、視覚のよどみを音声に直接表さないだけの余裕をもって、音声を自然化することを心得ている。

しかし、これもある限られた範囲内のことであって、ある程度を越すと、即席の理会――すなわち「音」・「意」の連合作用が得られなくなって、②音声化にもその不完全を暴露することになる。すなわち、「わかる」ということなくして、真の「よめる」ということはあり得ないのである。

なお、国語の「よむ」という音で表す語に「 A 」と「 B 」とがある。ごく普通の場合に見立てて、前者は本来他人の作をよむこと、後者は自分の作をよむことといわれないことはない。こう区別してみると、後者は最初から音・意の連合をもって生まれ出たものであり、前者は受動的に視覚刺激によって、新たに音・意の連合を行うものであり、もしこれが行えなければ、その音声化は不可能ということが明瞭である。――この場合の「詠む」は「言う」と同じである。

だいたい、「読む」は「話す」と同様に「聴く」の期待語であるから、「読む単位」は「聴く単位」と認めて差し支えないのである。言いかえると、「発表単位」は「理会単位」であり、「音声化」は「意義化」の形式にすぎないわけである。俗に「うわのそらの聴き手」があるように、「うわのそらの読み手」では、真心の聴き手に通ずるはずはないのである。これも要するに音・意の連合如何が分かれ目である。

このような観点から「読むこと」は重要な二つの型に分けて考えられる。一つは「言葉読み」(reading for

words)で、他は「思想読み」(reading for thought)である。この両者の区別は必ずしも常に截然(せつぜん)たるものではなく、種々の度合いにおいて b ユウワし合っているものであるが、しかも読書の型を論ずる上からは一つの根柢〔根底〕と看做(みな)すに足るものである。

言葉を読む場合、または言葉と文字を読む場合の典型的なのは校正読みである。この校正読みにおいては、孤立した言葉を読むときにおけるとほとんど同様の心理的な補足作用(supplementing)が働くものである。それも文脈とか前にある言葉とかによって主観的統制作用が影響を受けないで、読み手の頭にふと浮かぶ心象によって行われて行く場合においても然りである。また、校正読みにおいては、幾度ものポーズででも知られるように、大部分の注意力は文字に注がれていて、しかもその注意力は他の読書の型におけるほども注がれてはいないのである。さらに校正読みでは、③誤植が見落とされる事実に徴しても知れるように、補足作用が介在している。――この種の読書では、補足作用は普通視覚単位として個々の文字(欧文ならば単語)である。文字(または単語)はその個々の明瞭さに c サイはあるが、ともかく、字(または別語)でもって印刷面に視られる視覚単位である。また、これらは話される場合にはそれぞれの音声でもって補足せられている。

思想を読む場合とは、文体がよほど晦渋(かいじゅう)〔むずかしくて意味のわかりにくいこと〕なとき以外は言葉というものを全く無視してしまうものである。ローマの修辞学者クインティリアヌスのように「言葉とは著者の思想を窺うために通る仲介物にすぎない。それで言葉に d ケッカンがあるときにだけ言葉自体が批評を受けたものだ」と観るごときは極端な一例である。このような場合は補足は全然言葉ではなく、非談話的(nonverbal)な性質の心象にすぎない。

思想読みは、実際上、言葉というものが注意せられないのであるから、絵画またはその他の内容物が示指(しじ)〔指示〕され、言語的無意識の状態となる。――つまり、感覚印象自体の覚醒がなくて、非常に限定的な感覚印象に基づく意義を鑑賞する概念の解説図を見るわけである。

（大西雅雄「朗読学――教育的言語学序説――」による）

問一　傍線部a～dのカタカナを漢字に直して書きなさい。

問二　傍線部①「さらにまた、子供は大人よりもポーズを多く設ける」とありますが、その理由を二十字以上三十字以内で書きなさい。

問三　傍線部②「音声化にもその不完全を暴露することになる」とは、どのようなことですか。「読書」と「スピーチ」と対比させながら、八十字以上九十字以内で説明しなさい。

問四　本文中の空欄［A］、［B］にあてはまる二字の言葉を、文中から抜き出して、それぞれ書きなさい。

問五　傍線部③「誤植が見落とされる事実」とありますが、なぜこのようなことが起こるのか、具体的に、四十字以上五十字以内で説明しなさい。

問六　この文章の内容と一致するものを、次のア～エから一つ選び、その記号を書きなさい。

ア　読書とは、視覚と文字の関係が、カメラの速写のように瞬間的であることから、限定した狭い範囲の中に書かれた個々の文字を映像として捉え、その映像を次々と連結させていくことである。

イ　「読む」ということは、「話す」と同様に「聴く」の期待語であることから、書き手の真心を捉えることであり、最初から音と意の連合をもって生まれたものを、正直に表出することである。

ウ　思想を読むということは、文章で表された思想を心象で補いながら捉えることから、文章を概念の解説図として見るようなもので、そこに表現されている思想的意義を読み味わうことである。

エ　「言葉読み」とは、「思想読み」との区別が必ずしも截然たるものではないことから、読書練習の初期にある児童が、視覚の摂取と音声化を区別させながら、言葉を獲得していくことである。

（☆☆☆◎◎◎）

【二】次の文章を読んで、あとの問いに答えなさい。

進級期がきた。少年は当然のような顔で級の総代にえらばれ、校庭のはずれにずらりと並んだ棟割長屋の一つである受持教師の家へ行って、進級式での作法や進退を教えられた。教師は茶っぽい和服を着て出てきて、少年を狭い玄関の土間に立たせて練習をさせた。

「それから三歩すすんで礼をして」と、教師が言った。

三歩すすむと、あがり框(かまち)に中腰になっている教師との間は、もう何寸もなかった。礼をすると、少年の頭はいやでも、教師の着物の膝がしらにつかえた。少年は教師の体臭をかいだ。煙草のやにと、もう一つ、何かいいようのないじめじめした臭いがした。少年はそれを絶えず石鹸の香りをぷんぷんさせている、おしゃれな父親のにおいに思いくらべた。そして、きっとこの先生は不仕合せなのだ、と思った。①同情と一しょに、不快さがこみあげてきた。相手にたいする不快さではない。同情という心理にたいする先天的な不快さであった。

とっつきの(と云っても、その先はもう縁側なのだが)六畳ほどの部屋では、先生の奥さんが、夕食の膳をととのえていた。そこからは、やはり湿っぽい、焼魚の臭いがした。少年は次第に胸がむかついてきた。あれやこれやの不快感を、進級式の作法の練習という緊張とaゲンシュクの表情の下にかくすことは、さほど難かしいことではなかった。少年はそれに成功し、教師も満足して、やがて少年を解放した。

少年が帰ろうとすると、小柄な奥さんがちょこちょこ出て来て、着物の裾を少しはだけながら、しゃがんで、

「御苦労さま。はい、これは御褒美(ごほうび)」といって、小さな紙包みをくれた。少年は厭な気がして、蒼白い顔を赤らめた。

校門を出て、人家のまだまばらな辺りで、少年はそっと、その半紙の包みをあけてみた。何かカサカサした、豆ねじのようなお菓子だった。少年は包みを元通りにすると、道ばたの溝にわたした板の下へ、かくすように棄てた。

修業式の五日ほど前に、祖母が息をひきとった。持病はなかったから、つまり b ロウスイ死である。その死顔も、また死そのものとの接触感も、ともに少年の意識にのぼらなかった。父がおいおい手ばなしで、まるで子供のように泣きながら家の中をうろうろしているのを、少年は何か不思議な観物を見るように眺めた。お別れに、割箸の先へつけたガーゼで祖母の口を c フかされた時にも、土色に窄(すぼ)まって開いている老女のしなびきった唇。みにくいと感じただけに過ぎない。もう一つ、② そんな醜いものを半公開の儀式にまで仕立てる大人たちの愚かさに、へんな軽蔑の情をおぼえただけにすぎない。少年はむしろ祖母に同情した。彼女の死への同情ではなかったけれど。

そんな少年にとって、もし何か死の実感に似たものがあったとすれば、それは祖母の死ぬ日の朝から(臨終は夕方だった)、近所の大きな黒犬が庭へまぎれこんで来て、前脚を縁側にかけながら、しきりに遠吠えをしたことである。いくら追われても水をぶっかけられても、犬は出て行かなかった。ますます牙を剥きだして吠えさかった。少年は、いよいよ祖母が息を引きとったあと、あの犬が見ていた何か人間の目に見えぬものが、つまり死なのだと思った。

葬列も葬式も、あらゆる大人たちのする儀礼の例にもれず、長たらしく退屈な、無意味な行事の連続にすぎなかった。※少年は南国の春の砂ぼこりの中に、小さな紋付羽織を着せられて、みじめな曝(さら)し物にされている自

分だけを意識していた。腹だたしく、口惜しかった。

少年は、あの吠えさかる犬が見ていたものが死なのだと、漠然と感じてはいたけれど、これには勿論、③想像のへだてとでも言うべき一皮かぶった気持があった。少年が祖母の死を、はっきり現実として受けとったのは、いよいよ修業式が済んで、小さな免状と大きな優等証書の二枚を筒巻きにして、ぼんやり家に帰って来たあとである。父は役所だった。家には母だけがいて、その筒巻きを手にすると、ちょっと拡げてみて、「そう」と、にこりともせず、呟(つぶや)くように言った。そして、また巻いて、父の机の上に置いた。

少年は勿論、ほめられようと思って帰って来たわけではない。第いち少年自身にしてからが、その日のことをさっぱり嬉しいとも誇らしいとも思ってはいない。勝気で、無口で、そのくせ胸の奥に何か少年には窺(うかが)い知ることのできない情愛や智慧を、じっと包みこんでいるような母の性格も、少年には分りすぎるぐらい分っている。そういう母を、少年はたしかに心のどこかで愛してはいるのだが、その一方やはりその母に、一種の嫌悪と反撥を、たえず感じずにはいられなかった。自分自身の影に、無限に愛情を感じる人もあれば、無限の嫌悪をいだく人もある。その中間の人は極めて珍らしい。少年は明らかに後者の型だった。④少年は母のなかに、自分の影を嗅ぎつけていたのである。……そんな母から少年は「そう」という呟きのあとに「よかったね」という言葉が添わることを、最初から予期していたわけではない。しかしその日だけは、何か無性に、それに類する慰めの一言が欲しかった。少年は疲れていたのかも知れない。死や葬式や修業式が、たてつづけに続いたのである。少年は甘えたかった。ほんの少し。ただ、ほんの少し。……

少年は自分の勉強机の前へ行って、ゆっくり袴の紐をときながら、ふと祖母のいない空虚さを、焼けつくように頭の一隅に感じた。祖母ならば、「よかったのう」と言ってくれるばかりか、痩せ細ったカサカサの手で、頭を撫でたり、何かその辺をごそごそいわせて、褒美を出してくれ、撫でられたり、褒美をもらって嬉しそうな顔をつくろうのは、少年にとって迷惑なことだったが、それをしてくれる人は、五日ほど前から、突然いなくなったのだ。あのインキョ部屋には、たしかに誰もいないのだ。……この不在の感覚が、痛いほど少年をしめつけた。

そうした少年の心の動きは、祖母への追慕などというものとは、およそ縁のない、裏はらなものに違いなかった。そこには一種の罪障感と自責の念が、黒々とよどんでいた。祖母は、……あんなにも自分が甘えぬき同時にまた避けぬいた祖母は、自分からの何の感謝のしるしも受けとらずに、黙って死んで行ったのだ。この取り返しのつかないものが、つまり「死」というものなのだ。

少年は、この空虚感と、自分への怒りとに、どうにも堪えられなくって、縁側に寝そべったまま、ふと口に出してみた。

「お母さん……お祖母さんは？」

「え？」

座敷の暗いところで、何か片づけ物をしていた母は、怪訝（けげん）そうに少年を見た。そして、哀れむようにじっと見つめた眼を、またよそへそらした。

少年はその瞬間、しまった、と思った。ちらりと目にうつった母の眼のうるみのなかに、⑤少年は明らかな誤解の影をとらえたのである。

「ううん、そうじゃないの……」と、少年は打ち消そうとして、言葉につまった。

「何が？」

母は小声で聞き返して、また哀れむように少年を見た。

（神西　清「少年」による）

※少年は南国の春の砂ぼこりの中に…このとき少年は、台湾総督府の官吏であった父親とともに家族で台北に暮らしていた。

問一　傍線部a～dのカタカナを漢字に直して書きなさい。
問二　傍線部①「同情と一しょに、不快さがこみあげてきた」とありますが、この時の少年の心情を説明しているものとして最も適切なものを、次のア～エから一つ選び、その記号を書きなさい。
ア　教師の身なりや暮らしぶりに対して同情するとともに、無意識のうちに相手を哀れみの目で見てしまう自分の心持ちそのものを不快に感じる気持ち。
イ　自分自身の窮状に関心のない教師に同情するとともに、無意識のうちに相手と比較することでしか幸せを感じない心のあり方を不快に感じる気持ち。
ウ　不幸せな環境の中で暮らす教師に対して同情するとともに、無意識のうちに同情されることに抵抗を覚える自分の心のあり方を不快に感じる気持ち。
エ　誰よりも貧しい生活を送っている教師に同情するとともに、無意識のうちにその思いを表情や態度として表してしまう心持ちを不快に感じる気持ち。
問三　傍線部②「少年はむしろ祖母に同情した」とありますが、祖母に抱いたこの時の少年の心情を、二十字以上三十字以内で説明しなさい。
問四　傍線部③「想像のへだてとでも言うべき一皮かぶった気持ちがあった」とは、どういうことですか、十五字以上二十五字以内で説明しなさい。
問五　傍線部④「少年は母のなかに、自分の影を嗅ぎつけていたのである」とありますが、「自分の影を嗅ぎつけていた」とはどういうことですか。「自分の影」が何であるのかを明らかにしながら、三十字以上四十字以内で説明しなさい。

問六　傍線部⑤「少年は明らかな誤解の影をとらえたのである。」とありますが、少年がとらえた母親の誤解を、少年の思いと対比させて、七十五字以上八十五字以内で説明しなさい。

問七　この文章全体の表現の仕方を説明したものとして最も適切なものを、次のア～エから一つ選び、その記号を書きなさい。

ア　象徴的な語句と比喩により、思春期の息子と母親との心のすれ違いを印象的に描いている。
イ　嗅覚や触覚など五感に訴える描写を随所に用いて、登場人物の心情を写実的に描いている。
ウ　話者を三人称視点で設定し、少年が抱く思春期特有の複雑な気持ちを分析的に描いている。
エ　多様な意味をもつ心情語彙をテンポ良く用いて、主人公の心の成長を客観的に描いている。

(☆☆☆◎◎◎)

【三】次の文章を読んで、あとの問いに答えなさい。

或大福長者の言はく、「人は万をさしおきて、ひたふるに徳をつくべきなり。貧しくては生けるかひなし。富めるのみを人とす。徳をつかんと思はば、すべからく、まづその心づかひを修行すべし。その心と言ふは、他のことにあらず。①人間常住の思ひに住して、かりにも無常を観ずる事なかれ。これ第一の用心なり。次に②万事の用をかなふべからず。人の世にある、自他につけて所願無量なり。欲に随ひて志を遂げんと思はば、百万の銭ありといふとも、暫くも住すべからず。所願は止む時なし。財は尽くる期あり。限りある財をもちて、かぎりなき願ひにしたがふ事、得べからず。所願心にきざす事あらば、我をほろぼすべき悪念来れりと、かたく慎み恐れて、小要をも為すべからず。次に、銭を奴のごとくして使ひもちゐる物と知らば、永く貧苦を免るべからず。君のごとく、神のごとく畏れ尊みて、従へもちゐることなかれ。次に、恥に臨むといふとも、怒り恨むる事なかれ。次に、正直にして約を固くすべし。この義を守りて利を求めん人は、富の来る事、③火のかわけるにつき、水のくだれるにしたがふがごとくなるべし。銭積りて尽きざる時は、宴飲・声色を事とせず、居所を飾らず、所願を成ぜざれども、心とこしなへに安く楽し」と申しき。

抑人は、所願を成ぜんがために、財を求む。銭を財とする事は、願ひをかなふるが故なり。所願あれどもかなへず、銭あれども用ゐざらんは、全く貧者とおなじ。何をか楽しびとせん。このおきては、ただ人間の望みを断ちて、貧を憂ふべからずと聞えたり。欲を成じて楽しびとせんよりは、［ア］、財なからんには。癰・疽を病む者、水に洗ひて楽しびとせんよりは、病まざらんにはしかじ。ここに至りては、貧富分く所なし。究竟は理即に等し。④大欲は無欲に似たり。

（「徒然草」による）

問一　傍線部Ａ・Ｂの動詞の活用の種類と活用形をそれぞれ書きなさい。

問二　傍線部①「人間常住の思ひ」とありますが、無常観に対してどのような考えのことですか。簡潔に口語で書きなさい。

問三　傍線部②「万事の用をかなふべからず」とありますが、それはどのような理由からですか。三十五字以内で口語で書きなさい。

問四　傍線部③「火のかわけるにつき、水のくだれるにしたがふがごとくなるべし」を口語訳しなさい。

問五　本文中の空欄［ア］にあてはまる言葉を、文中から抜き出して書きなさい。

問六　傍線部④「大欲は無欲に似たり」とありますが、その説明として最も適切なものを、次のア～エから一つ選び、その記号を書きなさい。

ア　大福長者のような安楽な生き方を求める「大欲」も、その実現のために恥をかき、恨みを買うことになるのだから、結局「無欲」には敵わない。

イ　大福長者のような莫大な財産を求める「大欲」も、その実現のためにその他の願望を絶ち、節制していくのならば、結局「無欲」と同じである。

ウ　大福長者のような高尚な人徳を目指す「大欲」も、その実現のために修行にいそしみ神の領域に到達するのだから、結局「無欲」と同じである。

エ　大福長者のような貧しさを恐れない生活を目指す「大欲」も、その実現のために毎日銭に使われ支配されるならば、結局「無欲」には敵わない。

（☆☆☆◎◎◎）

【四】次のA～Fの俳句について、あとの問いに答えなさい。

A　滝となる前のしづけさ藤映す　　鷲谷　七菜子

【鑑賞文】
『銃身』(昭和四四年)所収。水面とは乱れやすいもの。ところがこの水は藤の花が映るほどにまっ平らとなって滝口へと進んでいる。滝口では流れてきた水の厚みのままに、なめらかな水面がふいにアーチをなして落ち込み、透明な水の厚みはいきなり宙に浮いて砕け散る。水はその瞬間まで全く静かな水として、垂直に花房を垂らす重たげな藤の花の下をゆくのだ。一字目にある「滝」の語はすでに轟音を内包しているので、この句は最初に轟いた音が、一句を読み進むにつれ時を（　①　）して無音になってい く印象を与える。
　状況は全く違うが、この句は次の句に似ている。
　（　　　②　　　）
　次の瞬間というものがなく、常に現在の瞬間、瞬間しか存在しない自然界とはそういうものであろう。滝はやがて、滝の句としては最も有名な、
　　滝の上に水現れて落ちにけり　　後藤夜半
の句そのままに、引力に身をまかせるのである。七菜子の師山口草堂にも次のような厳しい滝の句があり、掲句の（　③　）と対照的である。
　　涸瀧の巌にからみて落つるかな　　山口草堂

（正木ゆう子「現代秀句　増補版」による）

B　ぱらぱらと星生みてゆくしぐれかな　　中戸川　朝人
C　雲雀落ち天に金粉残りけり　　平井　照敏
D　枯山を水の抜けゆく琴柱(ことじ)かな　　吉田　汀史
E　白光の天上天下那智の滝　　成田　千空
F　強霜(つよじも)の富士や力を裾までも　　飯田　龍太

問一　Aの句の鑑賞文中の空欄（　①　）にあてはまる語句を、ア～エから一つ選び、記号で書きなさい。

ア　順行　イ　遡行　ウ　潜行　エ　巡行

問二　Aの句の鑑賞文中の空欄（②）にあてはまる句を、ア～エから一つ選び、記号で書きなさい。

ア　たちまちに蜩（ひぐらし）の声揃ふなり　　中村　汀女
イ　火の迫るとき枯草の閑かさよ　　橋　閒石
ウ　水音のしてきしほかは依然霧　　藤崎　久を
エ　雪はしづかにゆたかにはやし屍室　　石田　波郷

問三　Aの句の鑑賞文中の空欄（③）にあてはまる語句を、ア～エから一つ選び、記号で書きなさい。

ア　たけだけしさ　イ　おもおもしさ　ウ　よわよわしさ　エ　みずみずしさ

問四　Bの句の季語と季節を書きなさい。

問五　C～Fの句から二つ選び、次の【条件】にしたがって〈句の鑑賞文〉を書きなさい。

【条件】
① 一段落目に、作者は、感動をどのような情景を取り上げて詠んでいるか説明すること。
② 二段落目に、それはあなたにどのような印象を与えているか書くこと。

【例】月一輪凍湖一輪光あふ　　橋本　多佳子

空には寒く澄んだ満月が冴えわたり、その下には凍った湖が鏡のように光を放っている。その満月と凍った湖が互いに照らし合う幻想的な光景を詠んでいる。

明鏡と明鏡が照らし合う夜の光景が目に浮かんでくるようで、何とも言えない神秘的な美しさを感じる。

（☆☆☆◎◎◎）

【五】次のA～Eの短歌について、あとの問いに答えなさい。

A　楽章の絶えし刹那の明るさよふるさとは春の雪解なるべし　馬場　あき子

【鑑賞文】
『地下にともる灯』(昭34)収載。昭和三十一年作。楽章のとだえた一瞬、明るい思いがひろがる。ふるさとはいま爽やかな春の雪解けのころだろうと言うのである。音楽のとだえた一瞬の「(　①　)」は、その楽章の明るい余韻からの思いであるが、そのままふるさとの「春の雪解」の清冽なイメージが豊かにひろがる。四、五句への懐かしく清らかなイメージには、作者の(　②　)ような気分があるのは言うまでもない。もう一つ言えば、この作の調べも姿もすっきりとしており、とくに一首の響き、韻律に注意させられる。きらめくような(　③　)の律動がある。

馬場あき子ははやくに歌集『早苗』(昭30)があった。巻頭歌の、

春の水みなぎり落つる多摩川に鮒は春ごを生まむとするか

など、清純柔軟な抒情が、韻律に溶け込むような作である。『早苗』は文字どおり初々しい青春歌集である。

(武川忠一「作品鑑賞による　現代短歌の歩み」による)

B　みづうみの氷は解けてなほ寒し三日月の影波にうつろふ　島木　赤彦
C　ぽつかりと月のぼる時森の家の寂しき顔は戸をとざしける　佐佐木　信綱
D　行けど行けど限りなきまで面白し小松が原のおぼろ月夜は　香川　景樹
E　浪の秀（ほ）に裾洗はせて大き月ゆらりゆらりと遊ぶがごとし　大岡　博

問一　Aの短歌の鑑賞文中の空欄（　①　）にあてはまる語句を、Aの短歌から抜き出して書きなさい。
問二　Aの短歌の鑑賞文中の空欄（　②　）にあてはまる語句を、ア～エから一つ選び、記号を書きなさい。
　ア　恥じる　　イ　崇める　　ウ　悔いる　　エ　憧れる
問三　Aの短歌の鑑賞文中の空欄（　③　）にあてはまる語句を、ア～エから一つ選び、記号を書きなさい。
　ア　生命感　　イ　静寂感　　ウ　成就感　　エ　重厚感
問四　Bの短歌の句切れを書きなさい。
問五　CとDの短歌について、あてはまる表現技法を、ア～エからそれぞれ一つずつ選び、記号を書きなさい。
　ア　倒置　　イ　対句　　ウ　直喩　　エ　擬態語
問六　Eの短歌は、月が昇る様子を詠んでいる。比喩表現を用いて、どのような月の情景を取り上げ、どのような感動をこめているか説明しなさい。

【例】向日葵は金の油を身にあびてゆらりと高し日のちひささよ　前田　夕暮

「金の油」という比喩表現を用いて、向日葵に照りつけている太陽の陽射しを表しており、向日葵の花の大きさと、空高く輝いている太陽の大きさを対比させながら、何とも頼もしい活力に満ちている向日葵に対する感動をこめている。

（☆☆☆◎◎◎）

【六】あなたは、中学校学習指導要領（平成二十年三月告示）『国語』及び中学校学習指導要領解説国語編（平成二十年九月）を基に、第二学年の「読むこと」の学習において、指導事項ウ「文章の構成や展開、表現の仕方について、根拠を明確にして自分の考えをまとめること。」を指導したいと考え、「小説を読み、内容や表現の仕方について感想を交流する」言語活動を通して、次のような〈単元の評価規準〉と〈単元構想表〉で授業をすることになりました。評価規準と単元構想表を見て、あとの問いに答えなさい。

〈単元の評価規準〉

【読む能力】

・感想を交流するために、「走れメロス」の表現の工夫やその効果に着目し、具体的な部分を取り上げて表現の仕方について自分の考えをまとめている。

〈単元構想表〉

一時間目	・表現の仕方についての感想交流会を開くという学習の見通しをもつ。 ・感想交流会に必要な読みの観点を捉え、学習計画を立てる。
二時間目〜五時間目（本時）	・表現の仕方について自分の考えをもちながら内容を読む。 ・感想交流会に向けて自分の考えをまとめる。
六時間目	・感想交流会を行い、学習を振り返る。

問一　「読むこと」における「自分の考えの形成に関する指導事項」において、第一学年では、表現の特徴について自分の考えをもつこと、第二学年では、表現の仕方について自分の考えをまとめることなどが示されています。ここでの「表現の仕方」とはどのようなものですか。「表現の特徴」との違いを明確にして説明しなさい。

問二　ある生徒が、五時間目(本時)の感想交流会に向けて自分の考えをまとめています。あなたは、あとの【自分の考えをまとめたノート】の記述を見て、単元の評価規準と照らし合わせ、生徒にどのような助言をしますか。第二段落、第三段落それぞれについて、具体的な箇所を取り上げて助言内容を書きなさい。

【生徒が取り上げた「走れメロス」の一場面】

私は、今宵、殺される。殺されるために走るのだ。身代わりの友を救うために走るのだ。王の奸佞（かんねい）邪知を打ち破るために走るのだ。走らなければならぬ。そうして、私は殺される。若いときから名誉（めいよ）を守れ。さらば、ふるさと。若いメロスは、つらかった。幾度か、立ち止まりそうになった。えい、えいと大声上げて、自身を叱りながら走った。村を出て、野を横切り、森をくぐり抜け、隣村に着いた頃には雨もやみ、日は高く昇って、そろそろ暑くなってきた。メロスは額の汗を拳で払い、ここまで来れば大丈夫、もはや故郷への未練はない。妹たちは、きっとよい夫婦になるだろう。私には、今、なんの気がかりもないはずだ。まっすぐに王城に行き着けば、それでよいのだ。そんなに急ぐ必要もない。ゆっくり歩こう、と持ち前ののんきさを取り返し、好きな小歌をいい声で歌いだした。ぶらぶら歩いて二里行き三里行き、そろそろ全里程の半ばに到達した頃、降って湧いた災難、メロスの足は、はたと止まった。見よ、前方の川を。昨日の豪雨で山の水源地は氾濫し、濁流とうとうと下流に集まり、猛勢一挙に橋を破壊し、どうどうと響きをあげる激流が、こっぱみじんに橋げたを跳ね飛ばしていた。彼は茫然（ぼうぜん）と立ちすくんだ。あちこちと眺め回し、また、声を限りに呼び立ててみたが、繋舟（けいしゅう）は残らず波にさらわれて影なく、渡し守（もり）の姿も見えない。流れはいよいよ膨れ上がり、海のようになっている。メロスは川岸にうずくまり、男泣きに泣きながらゼウスに手を上げて哀願した。「ああ、しずめたまえ、荒れ狂う流れを！　時は刻々に過ぎていきます。太陽も既に真昼時です。あれが沈んでしまわぬうちに、王城に行き着くことができなかったら、あのよい友達が、私のために死ぬのです。」

濁流は、メロスの叫びをせせら笑うごとく、ますます激しく躍り狂う。波は波をのみ、巻き、あおり立て、そうして、時は刻一刻と消えていく。今はメロスも覚悟した。泳ぎ切るより他にない。ああ、神々も照覧あれ！　濁流にも負けぬ愛と誠の偉大な力を、今こそ発揮してみせる。メロスはざんぶと流れに飛び込み、百匹の大蛇のようにのたうち荒れ狂う波を相手に、必死の闘争を開始した。満身の力を腕に込めて、押し寄せ渦（うず）巻き引きずる流れを、なんのこれしきとかき分けかき分け、獅子（しし）奮迅の人の子の姿には神も哀れと思ったか、ついに憐愍（れんびん）を垂れてくれた。押し流されつつも、見事、対岸の樹木の幹にすがりつくことができたのである。

（光村図書「国語２」による）

【自分の考えをまとめたノート】

1 私が取り上げた場面は、メロスがまさに走り始める場面、そして最初の困難に立ち向かう場面です。ここには読者を引きつけるための工夫がたくさん見られます。

2 走り始めの場面では、「殺される」と「走るのだ」という言葉がそれぞれ三度繰り返されます。私はそこを読んで、これからメロスが命を懸けて走るのだという緊張感を感じるとともに、そもそもの走る理由の理不尽さが強く印象に残りました。

3 濁流に立ち向かう場面では、哀願するメロスに対して濁流を擬人化して表現しています。また、覚悟を決めてからのメロスについて「必死の闘争」「満身の力」「獅子奮迅」といった言葉を使って表現しています。

※ 1 2 3 は段落番号を示す

（☆☆☆◎◎◎）

【七】次の各問いに答えなさい。

問一　次の文は、中学校学習指導要領(平成二十九年三月告示)の『国語科』の目標です。

次の【　①　】～【　⑤　】に入る言葉を、あとのア～ソから一つずつ選び、その記号を書きなさい。

> 言葉による見方・考え方を働かせ、言語活動を通して、国語で【　①　】理解し適切に表現する資質・能力を次のとおり育成することを目指す。
>
> (一)　社会生活に必要な国語について、その【　②　】を理解し適切に使うことができるようにする。
>
> (二)　社会生活における人との関わりの中で伝え合う力を高め、【　③　】を養う。
>
> (三)　【　④　】を認識するとともに、【　⑤　】を豊かにし、我が国の言語文化に関わり、国語を尊重してその能力の向上を図る態度を養う。

ア　言葉がもつ価値　　イ　基礎　　ウ　思考力や想像力　　エ　概念　　オ　読解力や創造力

カ　特質　　キ　柔軟に　　ク　言葉がもつ響き　　ケ　言語感覚　　コ　思考力や表現力

サ　言語環境　　シ　的確に　　ス　言語形成　　セ　言葉がもつよさ　　ソ　正確に

問二　次の各文は、中学校学習指導要領(平成二十九年三月告示)の『国語科』における各学年の内容〔知識及び技能〕の(2)情報の扱い方に関する事項について抜粋して示しているものです。

次の【　①　】～【　⑥　】に入る言葉を、あとのア～ツから一つずつ選び、その記号を書きなさい。

〔第一学年〕
イ　比較や分類、関係付けなどの情報の〔　①　〕の仕方、引用の仕方や〔　②　〕の示し方について理解を深め、それらを使うこと。
〔第二学年〕
ア　意見と〔　③　〕、具体と抽象など情報と情報との〔　④　〕について理解すること。
〔第三学年〕
イ　情報の〔　⑤　〕の確かめ方を〔　⑥　〕し使うこと。

ア　選択　イ　出典　ウ　事実　エ　関係　オ　正確性　カ　把握　キ　信頼性
ク　特徴　ケ　関連　コ　整理　サ　奥付　シ　構成　ス　根拠　セ　妥当性
ソ　検討　タ　主張　チ　目次　ツ　理解

問三　次の表は、中学校学習指導要領(平成二十九年三月告示)の『国語科』における各学年の内容における〔思考力、判断力、表現力等〕について抜粋して示しているものです。
　次の〔　①　〕～〔　⑥　〕に入る言葉を、あとのア～ツから一つずつ選び、その記号を書きなさい。

第一学年	第二学年	第三学年
A 話すこと・聞くこと (一) 話すこと・聞くことに関する次の事項を身に付けることができるよう指導する。 ア 「 ① 」に応じて、日常生活の中から「 ② 」を決め、集めた材料を整理し、伝え合う内容を検討すること。	C 読むこと (一) 読むことに関する次の事項を身に付けることができるよう指導する。 エ 「 ③ 」を明確にして文章を比較するなどし、文章の構成や「 ④ 」、表現の効果について考えること。	B 書くこと (一) 書くことに関する次の事項を身に付けることができるよう指導する。 ウ 「 ⑤ 」を考えたり資料を適切に「 ⑥ 」したりするなど、自分の考えが分かりやすく伝わる文章になるように工夫すること。

ア 目的や意図　イ 事柄の展開　ウ 目的や相手　エ 論点　オ 話題
カ 課題　キ 問題　ク 論理の展開　ケ 視点　コ 表現の工夫
サ 目的や場面　シ 引用　ス 記述　セ 観点　ソ 表現の意図
タ 挿絵　チ 表現の仕方　ツ 段落の構成

問四 次の各文は、中学校学習指導要領(平成二十九年三月告示)の『国語科』における「指導計画の作成と内容の取扱い」で示されている部分の抜粋です。

次の[①]〜[③]に入る言葉を、あとのア〜エから一つずつ選び、その記号を書きなさい。

一 指導計画の作成に当たっては、次の事項に配慮するものとする。
(七) 言語能力の向上を図る観点から、[①]など他教科等との関連を積極的に図り、指導の効果を高めるようにすること。
二 第2の内容の取扱いについては、次の事項に配慮するものとする。
(三) 第2の内容の指導に当たっては、[②]などを目的をもって計画的に利用しその機能の活用を図るようにすること。
三 教材については、次の事項に留意するものとする。
(二) ウ 公正かつ適切に判断する能力や[③]を養うのに役立つこと。

[①]の選択肢
ア 道徳科　イ 外国語科　ウ 総合的な学習の時間　エ 特別活動

[②]の選択肢
ア コンピュータ　イ 公共施設　ウ 学校図書館　エ プロジェクター

[③]の選択肢
ア 創造的精神　イ 協調的精神　ウ 奉仕的精神　エ 文化的精神

(☆☆☆◎◎◎)

【高等学校】

【一】次の文章を読んで、後の問いに答えなさい。

　どのようなアートでも、作品を残すことが最低条件であり、そのためには身体を用いた表現が必要となる。美術家の創造性の背景には、豊かな発想(イメージ)や応用力があると思われがちだが、それ以前に①「基礎・基本」を身につけることの前提がある。「まなぶ」の語源が「まねぶ(まねる)」にあると言われるが、訓練を積んだ熟練した画家でも、本格的に絵画を学び始めた頃は、まねることから技術の習得を始めたはずだ。模倣は学習のための重要な手段であり、スペシャリストになるための出発点でもある。

　脳の中には、自分が全く体を動かさなくても、他人の身体の動きを観察するだけで活動が高まる場所が三つある。一つは、側頭葉の上側頭溝という場所であり、口の動きや手の動き、身体の全身の動作など、コミュニケーションに必要な身体の動きをそれぞれ専門的に受けもって処理する場所だ。二つ目は頭頂葉の運動野であり、自分が動かなくても、見た後でまねをしようとする意図があるときに活動が高くなる。脳内で動作の再現をして、自分が動くときの準備をしているということだ。三つ目は、前頭葉の後下側にある場所(下前頭回)で、自分自身がある目的をもって動作を実行する場面でも、他者が同じ動作をしているのを観察するときでも活動が高まる。鏡映しのように反応するので、この脳の場所にある神経細胞は、ミラーニューロンとよばれている。これらの三つの脳の場所は、模倣や行動の学習に必要であり、ミラーシステムとよばれることがある。

では、どのように技術は習得されるのであろうか。日本伝統芸能の演者のaジュッカイには、彼らがどのように基本の動きや身のこなしを習得していったかがしばしば述べられている。たとえば歌舞伎役者の場合、基本的に代々の家系によって受け継がれ、幼いころからその特殊な環境に身を置きながら、伝統を体現していくことが求められていく。いくら幼い子どもでも、彼らの周りがそうだから、芸事や稽古はみな日常的なものとなる。彼らは、幼い頃から何度も稽古を重ね、身体に身振りを染みこませ、身体に覚えさせるのだという。

このような経験に基づいて得られた身体的な知とは「暗黙知」とか「身体知」とよばれている。自転車に乗るように、スポーツをするように、なかなか言葉では言い表せないような体に染みついた知識となっている状態だ。一度b獲得してしまうと、それが当たり前のような状態になる。もともと化学者であったマイケル・ポランニー*は、科学上の発見や創造には「我々は語ることができるより多くのことを知ることができる」と、言葉で表現しえないこと(暗黙知)の重要性を強調した。②このことは、芸術表現にも同様のことは当てはまるし、これまでにも多々指摘されてきたことだ。

伝統的に歌舞伎の世界では、次世代に伝えるべきことを書いて残すことをしない。彼らはあえて書かないのではなく、卓越者の演じ方や振る舞いについてはそもそも書けないのだという。やり方やきまりについては書こうと思えば書けるけれども、卓越者の表現に見られる彼らの気持ちの問題、感性の部分については書きようがない、というのだ。

そのことはやはり美術の表現でも同じことだ。色彩や形や構図、さらには先達の偉業の細かな分析や美の概念の構築について、多くの本が書かれてきたし、美術学校や大学でもそれぞれについては教えられてきた。しかし、人々が美しいと感じる絵を描くにはどうすればいいのかについては、誰も教えてはくれない。

ある歌舞伎役者は、基本的な動きや身のこなしができるようになってはじめて役になりきることができ、そのような基礎が身につかなければ芸の面白さが見る人たちに伝わらないのだとも述べている。書き記し、マニュアル化することができるものは、知識や理解の断片に過ぎない。もちろん、これらがきちんと習得されなければ、その先にある面白さを伝えることはできない。

そしてそれらの断片の全てがつながったとき、それ以上のものが発揮されるのだろう。③全体は部分の総和ではない。これはゲシュタルト心理学の考え方に詰め込まれている。ゲシュタルトというのはドイツ語で(まとまった)形、形態を意味する言葉だ。まとまりの感じ方は、一つひとつの部分ではなく部分同士の関係による。全体は部分の総和以上のものである、という言葉は、心理学では使い古された言葉ではあるが、面白さや美しさといった芸術のメッセージの伝わり方が、個々の技術や表現の総和を超えたものであることにcフヘン性を与えてくれる。

歌舞伎役者の身のこなしの習得がそうであるように、暗黙知は体を動かして練習を重ねることで身に付けられたものだ。自転車に乗ることもネクタイを締めることも、キーボードのタイピングも、言葉でその仕方を記述しようとしてもなかなかうまくいかない。認知心理学では、技術や習慣に関する記憶である「手続き記憶」は、物事の意味などの事実や出来事に関する記憶である「宣言的記憶」とは区別され、その背後にある脳の神経機構も異なっているとされる。

手続き記憶に関係する脳の場所は、実際に体を動かすことに関係する運動野以外にも、脳の中央部にある線条体、そして小脳などが挙げられる。大雑把にいうと、線条体は習慣の形成に、小脳は技術の定着に関わっている。先ほど述べたミラーシステムの働きとともに、アートの表現を可能にする脳の仕組みだ。優れた表現者には、素人には理解できない「当たり前」がたくさんあるが、それは彼らの練習とそれによって作り上げられていく脳の働きによるのだ。

ここで紹介したいのは、④言葉にすることによる弊害についてだ。犯罪捜査で行われる目撃証言の研究で注目されているものに「言語d隠蔽効果」がある。顔の記憶実験で、まず顔の画像をいくつか覚えてもらうとする。その後、覚えた顔について、具体的に覚えた顔の特徴を記述する。たとえば、目が細かった、眉毛が太かった、肌が白かった、というふうに特徴を思い出しうる限り挙げてもらうということだ。事件現場にeソウグウして犯人の顔を見たとして、その後に警察官からの聴取で「どういう人だったか」説明するのと同じだ。覚えた顔の特徴を報告した後で、顔がたくさん並んだリストのなかから、覚えた顔がどれだったかを当ててもらうという課題を行う。並べられた顔は、覚えた顔に似たものや、もともと覚えた顔を画像加工して変形した顔が含まれている。そうすると、顔の特徴について言語化する場合としない場合とで比較すると、言葉にした場合においてf顕著に記憶成績が低くなってしまうという。つまり、顔の特徴を言語的に説明することで記憶にある顔のイメージが歪められてしまい、正しく思い出せなくなるということだ。

言葉にすることで記憶が歪み混同され、正しい記憶が妨害されるこの効果は、顔だけでなく色や音、声、味などのさまざまなものに当てはめられることが示されている。面白いことに、ワインの味の記憶実験を行った研究でもそのことは確かめられている。ワインをふだん飲まない人、ワイン好きの素人、ワインの製造や販売を生業とするプロとで、顔の実験と同じようにワインの味を口に含んでその味を覚えてもらい、その後、味の特徴を言語化した後にワインのリストから先に飲んだものを当ててもらうという課題だった。そうすると、［A］と［B］とでは言語隠蔽効果はないが、［C］においてのみ、言葉にすることの弊害が現れて、正しく思い出せなくなってしまうことが示されている。［A］の場合には、ワインに関する感覚的経験も言語的経験も乏しく、［B］の場合には両方の経験が豊富だ。一方、［C］は、感覚的なものには熟練があるものの、言語的経験には乏しい。このような普段慣れている感覚を言葉にすることがないと、なおさら言葉にしたときに記憶が歪んでしまうのだろう。

熟練した歌舞伎役者は、身のこなしや基本的な動きなどの仕方については、言葉にしようと思えばできるという。さまざまなプロにおいてもそれは同じだろう。しかし、その途中段階にある者の場合、自らの感覚に対して過剰に意識したり、言語化したりすると、それがいろいろな妨害になり、スランプや失敗を招く可能性もあるだろう。技を言葉にできるというのは、熟練した者にだけ許された特権なのだ。それだけに、言葉にすることに躊躇するのも当然だといえる。

しばしば、歌舞伎は「型」の芸術だという。演目や役には、型や様式がある。能や狂言や落語でもそれは同じだが、多くの古典演目を抱える芸術は、型を守ることも重要だとされている。ただ、⑤型や様式の習得は基本に過ぎず、その伝達は芸の目的ではない。師匠や先生の模倣は欠かせないが、それだけで一人の演者の独自の芸が確立する訳ではない。独自の芸には型から抜けたところに個性(色)が生じる。「かたやぶり(型破り)」はあっても「かたなし(形無し)」であってはならないのだ。

日本の伝統芸能や稽古事でしばしば登場する言葉に「守・破・離」というものがある。その言葉の由来には諸説があり、能を完成させた世阿弥の『風姿花伝』であるとも、千利休が茶道の精神を伝えるために詠んだとされる利休道歌にある「規矩作法守りつくして破るとも離るるとても本を忘るな」であるともいわれている。「守」とは師匠に示された「型」を何度も繰り返すことによって模倣する段階、「破」は型を破りつつも試行錯誤しながら技術を磨く段階、「離」では師匠から離れて自分らしい色のある技を発展させていく段階、ということだ。教育哲学者の生田久美子は、「守・破・離」が、技能習得の過程に起きる視点の転換の段階を表すことを指摘する。段階を経るごとに、自分の技を客観的にとらえられるようになっていくのだ。

(川畑秀明『脳は美をどう感じるか――アートの脳科学』による)

(注)
＊マイケル・ポランニー…一九五〇年代のハンガリー出身の科学哲学者。

問一　波線部a～fについて、漢字のものは本文中での読みをひらがなで答え、カタカナのものは漢字に直しなさい。

a　ジュッカイ　b　獲得　c　フヘン　d　隠蔽　e　ソウグウ　f　顕著

問二　傍線部①「『基礎・基本』を身につける」とあるが、「『基礎・基本』を身につける」ための脳の場所はどこか。空欄ア、イにあてはまる言葉として最も適当なものを本文中からそれぞれ※印で指定された字数で抜き出して書きなさい。

［　ア　※八字　］に必要なミラーニューロンが存在する脳の場所のほか、技術や習慣といった［　イ　※十字　］脳の場所。

問三　傍線部②「このことは、芸術表現にも同様のことは当てはまる」について、次の問いに答えなさい。

1　「このこと」とあるが、これはどのようなことを指すか。三十五字以内で説明しなさい。

2　「芸術表現にも同様のことは当てはまる」とあるが、「歌舞伎役者」を例にした説明として本文の内容と合致するものとして適当なものを次のア～エの中から一つ選び、記号で答えなさい。

ア　歌舞伎役者は伝統を体現するため、幼い頃から身体を動かして稽古を重ねていく。

イ　歌舞伎役者はあえて書くことをせず、感性を卓越者に同調させるよう稽古に臨む。

ウ　歌舞伎役者は幼い頃に身体知を習得するため、それらの持つ意味については無自覚である。

エ　歌舞伎役者は芸の面白さを伝えるべく、規格化された稽古の方法を伝統的に継承している。

問四　傍線部③「全体は部分の総和ではない」について、美術の説明として適当なものを次のア～オの中から一つ選び、記号で答えなさい。

ア　「部分」とはマニュアル化された美の知識のことであるが、これらが一つのアートとして結実した時に、その鑑賞者に伝統の継承により演者が体現した価値を感得させる作品となる。
イ　「部分」とは分析可能な独立した美の構成要素のことであるが、これらが一つのアートとして結実した時に、その鑑賞者に時空を超える包括的な価値を与えられるような作品となる。
ウ　「部分」とは美の構築に関わる知識や理解のことであるが、これらが一つのアートとして結実した時に、その鑑賞者に要素の総和を超える美を感受せしめることのできる作品となる。
エ　「部分」とは卓越者のみが言語化しうる美の概念のことであるが、これらが一つのアートとして結実した時に、その鑑賞者にとって予想を超える面白さと美しさを伝える作品となる。
オ　「部分」とは断片的に感得しうる美への理解のことであるが、これらが一つのアートとして結実した時に、その鑑賞者にゲシュタルト心理学で言う総和的な美を打ち消す作品となる。

問五　傍線部④「言葉にすることによる弊害」とあるが、これはどのようなことか。歌舞伎役者の場合を例に用い、本文の内容に即して六十字以内で説明しなさい。

問六　空欄Ａ～Ｃに入る適当な語を次のア～ウの中からそれぞれ一つ選び、記号で答えなさい。
ア　ワイン好きの素人
イ　ワインをふだん飲まない人
ウ　ワインの製造や販売を生業とするプロ

問七　傍線部⑤「型や様式の習得は基本に過ぎず」とあるが、伝統芸術の分野においてそのように考えるのはなぜか。本文の内容に即して六十字以内で説明しなさい。

問八　本文の内容と合致するものとして適当なものを次のア～オの中から一つ選び、記号で答えなさい。
ア　模倣によって学習し、訓練によって習得されるような技術の持ち主が、スペシャリストとして身体知を定着させる過程でアート表現を生む。

イ　卓越した表現において発揮される演じ方や振る舞いにおける身体の特徴を認知しうるのは、言語化が不可能な感性に属する脳領域であると言える。

ウ　運転や着衣などの、アートと無関係な日常的な身体動作を記憶して統御する脳の仕組みは、優れたアート表現の記憶をも伝達していると考えられる。

エ　身体に染み込ませるようにして習得した技術を持つ表現者が、熟練することによって自身の表現を言語化することを許される域まで達する。

オ　自分の表現への客観的な視点を段階的に育てていくことが、技能習得の過程で積み重ねられた稽古の総和を超える成果を生み出すことにつながる。

（☆☆☆◎◎◎）

【二】次の文章は、開高健の小説「裸の王様」の一部である。小学校二年生の「太郎」は、「ぼく」の友人である山口の紹介で、「ぼく」の画塾へやってきた。「太郎」の実母は亡くなっており、継母(大田夫人)と父親に育てられているが、父親にはかまってもらえず、継母からは厳しい教育としつけをされている。「太郎」は内気で神経質そうであり、感情を顔に出すことはなく、他の子供のように行動することはなかった。太郎が描く画には人間がひとりも登場しなかった。次の文章を読み、後の問いに答えなさい。

はじめのうち、ぼくは太郎に疲労感をおぼえていた。①彼の家庭の状況を知ってみると、いよいよ手のつけられないような気がした。大田夫妻は何年もかかって彼をそれぞれの立場から黙殺するか、扼殺(やくさつ)するかしてきたのだ。家庭のつめたい子は何人もいる。しかし彼らはたいてい貧しいか、富みすぎていないかで、生活をもち、友人があり、土の匂いを身につけていた。ところが太郎にはなにもないのだ。それぞれ忠告はしたものの、大田氏にも夫人にもぼくは期待をかけなかった。ぼくは自分ひとりでやれるところまでやってみようと考えた。ただ、お化け[*1]を赤で殺して帰ってゆく彼の後姿をみると、ぼくは彼を待つ美しい廃墟を考えて何度も憂鬱を感じ、つぎの日曜にやってくる彼を迎えるのが不安であった。

その不安は、しかし、やがてぼくのなかでおぼろげな期待にかわりだした。②太郎がすこしずつ流れはじめたのだ。ぼくと話しあったり、画塾の空気になじんだりしているうちに、エビガニや、さいづち頭[*2]や、ゴロやサブなどと彼はaエンリョがちながらもまじわって、いっしょに公園や川原で遊ぶようになったのだ。綱ひきや相撲にも彼は非力ながらも仲間に席をあたえられ、ブランコ[*3]にのせても汗ばまなくなった。そうした変化はb緩慢であった。何日もかかって彼はそっと仲間のなかに入っていき、めだたぬ隅に身をおいて、まわりでひしめく力や声をおびえつつ吸収した。家庭や学校にまったく生活のないことが、この場合かえって彼をアトリエにひきつける大きな原因となったようだ。彼はひとつの画を描くと、一週間かかってそれを醗酵（はっこう）し、つぎにアトリエへくると前の週のつづきを描いた。あるとき彼は家を描いて点を画面にいっぱい散らばしてぼくに説明した。

「みんな遊んでるのを、ボク、二階からみてるんだよ」

彼はそういって点をさした。そのひとつずつが運動場の子供であり家は校舎であった。風邪をひいて遊べなかったときのことをいっているのだ。つぎの日曜には家はなくなり、点の群れだけになって、彼はc稚拙な子供の像をそれにそえていった。

Ⅰ「ボク、走ってるんだよ」

「風邪がなおったんだね」

「うん。それに運動会がもうすぐあるからね。練習してるんだよ」

「子供がメダカみたいにいるね」

「運動場、せまいもの」

ぼくは彼を仲間といっしょに公園へつれていき、競走をさせた。彼は栄養のゆきとどいた均斉のとれた体をしていたが、あまり運動をしたことがないために、長い手足をアヒルのようにぶきっちょにふって走った。ひとしきり競走をしたあとで、ベンチにひろげたビニール布にもどると、さっそく彼は一枚の画を描きあげてぼくのところへもってきた。

Ⅱ「先生、ボクが走ってるんだよ」

画には点がなくなり、ひとりの子供が筆太になぐり描きされていた。彼は自己主張をはじめたのだ。いちばんびりだったので彼は他の子供を黙殺して自分だけ描いたのである。ぼくは脇腹にぴったり肩をおしつけてくる彼の細い体と、そのなかでぴくぴくうごく骨や、やわらかい肉の気配を感じながらうめいた。

「すごいなあ。ザトペック[*4]みたいじゃないか。は、みんなみえなくなったぞ!……」

太郎のくちびるから吐息がもれ、眼に光が浮かんだ。

Ⅲ「ボク、もっと走ったよ!」

彼は描いたばかりの画をd オしげもなくみすててベンチに駆けていった。
もう二度と彼はチューリップや人形を描かなくなった。そのときどきの気持にしたがって彼は仲間や動物や山口やぼくをつぎつぎと画にしていった。物の形といった点からみると彼の画は乱画にちかいものであったが、描くたびにそこにはなにかのつよい表徴、訴えや、喜悦や、迷いやあえぎの呼びかけがあらわれた。彼の画に人間が登場してうごきはじめた以上、③ぼくは整形をあせる必要がなかった。じじつ遠近法やeキンコウの計算は外界と彼との関係が回復されるにつれて画のなかに自然におこなわれるようになった。ぼくは彼の姿勢がくずれないようにうしろから支えていてやればよかった。ぼくは何回と知れず彼にさまざまな行動を教えてやったがその末にわかったことがひとつあった。やはり彼はどうしても父や母の像を描かなかった。

——中略——

(ある日、太郎は、前日にぼくが話して聞かせた童話を五枚の画に描いて持ってくる。)

ぼくは五枚の作品を一枚ずつ観察してはベッドのよこにおいた。さいごの一枚が色の泥濘(でいねい)のしたからあらわれたとき、思わずぼくはショックを感じて手をおいた。ぼくはすわりなおしてその画をすみからすみまで調べた。④この画はあとの四枚とまったく異質な世界のものであった。越中フンドシをつけた裸の男が松の生えたお堀端を歩いているのである。彼はチョンマゲを頭にのせ、棒をフンドシにはさみ、兵隊のように手をふってお堀端を闊歩していた。その意味をさとった瞬間、ぼくは噴水のような［　　］のfショウドウで体がゆらゆらするのを感じた。

「……！　……！」

ぼくは画を投げだすと大声をあげて笑った。ぼくは膝をうち、腹をかかえ、涙で太郎の顔がにじむほど笑った。ベッドのよこの机にころがっていた中古ライターに没頭していた太郎はぼくの声にふりかえり、きょとんとした表情で、笑いころげるぼくを眺めた。ぼくはベッドのスプリングをキイキィ鳴らしながら太郎にとびつき、肩をたたいた。

「助けてくれ、笑い死しそうだ！」

太郎はぼくのさしだす画を眺めたが、すぐつまらなそうに顔をそむけてライターをカチカチ鳴らせにかかった。ぼくはベッドからとびだすと机のひきだしをかきまわして、ねじまわしをみつけ、太郎の膝に投げた。

「ブンカイしてごらんよ」

「こわれてもいいの？」

「いいよ、いいよ。それは君にあげる」

太郎の眼と頬に花がひらき、火花が散った。彼はねじまわしをつかむと、皮だけになったふとんに腹這いになり、ライターを攻撃にかかった。

ぼくはなおもこみあげる笑いで腹をひくひくさせながら彼のそばに体をのばした。⑤実験は完全に成功した。途方もない成功だ。昨日、ぼくは『皇帝の新しい着物』を話してやったのだが、話すまえにぼくはこの物語がほかの物語よりはるかに装飾物がすくないことを発見して、即興で抽象化を試みたのだ。

「むかし、えらい男がいてね、たいへんな見え坊な奴でな、金にあかせて着物をつくっちゃあ、一時間おきに着かえては、どうだ男前だろう、立派にみえるだろうと、いばっていた……」

そんな調子でぼくはこの物語を骨格だけの寓話に書きかえてしまったのである。この物語にふくまれた「王様」や「宮殿」や「宮内官」や「御用織物匠」などという言葉はたとえ内容が分かっても子供を絵本のイメージに追いこむ危険があった。『シンデレラ』や『錫の兵隊』や『人魚のお姫様』ではこんな操作ができなかった。太郎の描いたあとの四枚の作品は根本的に書物の世界である。外国の童話を話せば外国の風物が児童画にまぎれこむのは当然だ。だからぼくは子供がほんとに描きたくて描くのなら絵本の既成のイメージが画にまぎれこんでもしかたがないと思う。しかしぼくはネッカチーフをかぶった少女やカボチャの馬車を描かせることを目的としているのではないのだ。『皇帝の新しい着物』では権力者の虚栄と愚劣という、物語の本質を理解させてやりたかったのだ。

太郎はそれを「大名」というイメージでとらえた。そのため背景には松並木とお堀端が登場したのだ。ぼくは大田夫人のジュッカイを思い出す。太郎は父親にすてられて生母といっしょに村芝居をみにいった。自家用車や、唐草模様の鉄柵や、芝生や、カナリアなどというものにかこまれて暮らしていながら越中フンドシとチョンマゲがさまよいこんだのはぼくの話が骨格だけで、なんの概念の圧力もないために、むかしの記憶が再現されやすかったからだ。おそらくこの画のイメージは村芝居の役者と泥絵具の背景であろう。この画は薄暗い荒筵（あらむしろ）の桟敷（さじき）から生まれたのだ。汗や足臭や塩豆の味やアセチレンガスの生臭い匂いなどが充満した鎮守の境内から生まれたのだ。そしてそれはエビガニとともに太郎がもっとも密着して暮らしていたにちがいない世界であった。

⑥ベッドに寝そべってライターいじりに夢中になっている太郎をぼくは新しい気持で眺めた。彼は孤独を救うために午後いっぱいかかって画を描いたのに、もうふりむこうともせずライターを鳴らしたり、たたいたりしていた。こんな子供の精力にはいつものことながらぼくは圧倒される。新しい現実から現実へ彼らはなんのためらいもなくとびうつってゆくのだ。どんな力のむだも彼らは意に介しないのだ。ぼくは太郎がライターの注油孔のねじをはずすのを待って針金をわたした。

（開高健『裸の王様』による）

（注）

＊1　お化けを赤で殺して…友人のいない太郎は仲間に対して圧迫を感じていた。子どもはお化けであり、画に描いたお化けを画の具の赤で塗りつぶすことによりその圧迫を排除しようとした。

＊2　さいづち頭や、ゴロやサブ…画塾に通う子供達の呼び名やあだ名。
＊3　ブランコにのせても汗ばまなくなった…以前ブランコに乗せた時、太郎が必死になってロープにしがみつき、笑いも叫びもしなかったことを指す。
＊4　ザトペック…チェコスロバキアの長距離走者。

問一　波線部a～fについて、漢字は読みを、カタカナは漢字に直しなさい。
a　エンリョ　b　緩慢　c　稚拙　d　オ(しげ)　e　キンコウ　f　ショウドウ
問二　傍線部①「彼の家庭」を象徴的に表している語句を文中から五字で抜き出しなさい。
問三　傍線部②「太郎がすこしずつ流れはじめたのだ」とあるがどういうことか。本文に即して具体的に二十字以内で説明しなさい。
問四　傍線部Ⅰ「ボク、走ってるんだよ」、Ⅱ「先生、ボクが走ってるんだよ」、Ⅲ「ボク、もっと走ったよ！」とあるが、このときの太郎の様子の説明として適当なものを次のア～オの中からそれぞれ一つ選び、記号で答えなさい。
ア　走ることで自分を表現することができると考え、走ることに喜びを感じ始めている。
イ　今まで自分が関わろうとしなかった仲間たちに少しずつではあるが親しみを感じている。
ウ　早く走れないことで自分は仲間にはなれないことを痛感し、改めて孤独を感じている。
エ　画が先生にほめられたことから、画に自信を持つと共に自分の内面を表現し始めている。
オ　仲間たちとの交流から、自分の存在を意識し、自信を持つと共に劣等感も感じている。
問五　傍線部③「ぼくは整形をあせる必要はなかった」とあるが、この「整形」とは何をすることか。説明として適当なものを次のア〜カの中から一つ選び、記号で答えなさい。

ア　太郎が外界をより現実的に描くため、遠近法などの技法に合うようにものの形を整えたり配置を変えることを教えること。

イ　太郎は外界の物の形を描くことが下手なので、日常の行動の中で画を描くことに必要な身体の動きや使い方を教えること。

ウ　太郎はそのときの気持ちで描ける画や描けない画、画題の得意や苦手があるので、画題の扱い方を教えること。

エ　太郎の内部世界と外界とのつながりをつくり、画を描くために必要となる技術や技法、知識などを教えること。

オ　太郎の自己主張が強くなり、仲間を自分の中から排除しようとするので人間性を大切にすることを教えること。

問六　傍線部④「この画はあとの四枚とまったく異質な世界のものであった」とあるが、「この画」と「あとの四枚」はどのような点で異質なのか。六十字以内で説明しなさい。

問七　空欄に当てはまる語句として適当なものを次の中から一つ選び、記号で答えなさい。

ア　微笑　　イ　嘲笑　　ウ　哄笑　　エ　苦笑　　オ　冷笑

問八　傍線部⑤「実験は完全に成功した」とあるが、「成功」とはどういうことか。三十字以内で説明しなさい。

問九　傍線部⑥「ベッドに寝そべってライターいじりに夢中になっている太郎をぼくは新しい気持で眺めた」とあるが、「太郎をぼくは新しい気持で眺め」ることができたのはなぜか。九十字以内で説明しなさい。

（☆☆☆◎◎◎）

【三】次の文章を読んで、後の問いに答えなさい。

あまの河あさせしら波たどりつつわたりはてねば①あけぞしにける

この歌の心は、あまの河の深さに、あさせ白波たどりて、河の岸に立て[A]るほどに、明けぬれば、「今はいかがはせむ」と、逢はでかへりぬるなり。さることやはあるべき。ただの人すら、ひととせを、夜昼恋ひくらして、たまたま、女逢ふべき夜なれば、いかにしても、[a]かまへて渡るらむものを。まして、②たなばたと申す星宿には、おはせずや。あまの河、深しとて、かへり給ふべきにあらず。いかにいはむや。その河には、かさ[*1]さぎありて、紅葉をはしに渡しともいひ、わたしもりふねはや渡せともいひ、③君渡りなば楫（かぢ）かくしてよとも詠めり。かたがたに、④渡らむことは、さまたげあらじ。わたしもりの、人を渡すは、知る知らぬはあるべき。七夕の、心ざしありて、渡らむとあらむに、わたしもり、⑤などてかいなび申さむ。また、河も、さまでやは深からむ。かたがたに、⑥心得られぬことなり。

〈 中略 〉かやうのことは、古き歌の、ひとつの姿なり。恋ひ[b]かなしみて、立ちゐ待ちつることは、ひととせなり。たまたま、待ちつけて、逢へることは、ただ、ひと夜なり。その程の、まことにすくなければ、まことには、逢ひたれど、[c]中々にて、逢はぬかのやうにおぼゆるなり。されば、程のすくなきに、逢はぬ心ちこそすれと詠むべけれど、歌のならひにて、さもよみ、⑦また、逢ひたれど、ひとへに、まだ逢はぬさまに詠めるなり。たとへば、月の[*2]、山のはに出でて、山のはに入る、と詠むがごとし。いつかは、月、山より出でて、山には入る。されども、うち見るが、さ見ゆ[B]るを、さこそおぼゆれとはいはで、ひとへに、山より出づるやうに詠むなり。これのみかは。⑧紅葉を、錦に似せなどするも、ひとへに、それにこそはなすめれ。ことたが[*3]ふもの、人の物いふは、似たる物をも、ひとへになし、聞かぬ事をも、聞きたるやうにこそはいふめれ。それがやうに、歌も逢ひながら、逢はずとはいふなり、とこそうけ給はりしか。

（『俊頼髄脳』による）

（注）

＊1　かささぎ・紅葉をはしに渡し・わたしもりふねはや渡せ・君渡りなば楫かくしてよ…いずれも古歌からの引用。

＊2　月の、山のはに出でて、山のはに入る…古歌からの引用。

＊3　ことたがふもの…人以外の生物。

問一　波線部a「かまへて」、b「かなしみて」、c「中々にて」の本文中の意味として、適当なものを次のア～エの中からそれぞれ一つ選び、記号で答えなさい。

a「かまへて」　ア　決して　イ　身構えて　ウ　緊張して　エ　なんとかして

b「かなしみて」　ア　いとおしんで　イ　かわいそうで　ウ　寂しがって　エ　興味を持って

c「中々にて」　ア　難しくて　イ　まずまずで　ウ　中途半端で　エ　すばらしくて

問二　二重傍線部A、Bの「る」について、それぞれ文法的に説明しなさい。

問三　冒頭の和歌について、次の問いに答えなさい。

1　この和歌に用いられている技法の説明として、適当なものを次のア～エの中から一つ選び、記号で答えなさい。

ア「あまの河」は「あさ」を導く枕詞である。

イ「あまの河あさせしら波たどりつつ」は「わたり」を導く序詞である。

ウ　「しら」は「知ら」と「白」を掛けた掛詞である。
エ　「せ」、「波」、「わたり」、「あけ」は「河」の縁語である。
2　傍線部①「あけぞしにける」の主語を答えなさい。
問四　傍線部②「たなばたと申す星宿には、おはせずや」とあるが、ここには筆者のどのような心情が表れているか。説明として適当なものを次のア～エの中から一つ選び、記号で答えなさい。
ア　彦星と織姫星であるからには、逢って当然であるという思い。
イ　彦星と織姫星の宿命は、非常につらいものであるという嘆き。
ウ　彦星と織姫星が、この夜空に本当に存在するのかという疑い。
エ　彦星と織姫星が、実際には存在しなかったことに対する驚き。
問五　傍線部③「君渡りなば楫かくしてよ」とあるが、これは「久方の天の河原の渡し守君渡りなば楫かくしてよ」という古歌からの引用である。「楫かくしてよ」に込められた心情を含めながら傍線部を現代語訳しなさい。
問六　傍線部④「渡らむことは、さまたげあらじ」、⑤「などてかいなび申さむ」をそれぞれ現代語訳しなさい。
問七　傍線部⑥「心得られぬこと」とあるが、これは彦星のどのような行動に対して述べたものか。二十字以内で説明しなさい。
問八　傍線部⑦「また、逢ひたれど、ひとへに、まだ逢はぬさまに詠めるなり」とあるが、なぜこのように詠むのか。六十字以内で具体的に説明しなさい。
問九　傍線部⑧「紅葉を、錦に似せなどする」とあるが、これと同じような表現の工夫で詠まれた和歌として、適当なものを次のア～エの中から一つ選び、記号で答えなさい。

ア　もろともにあはれと思へ山桜花よりほかにしる人もなし
イ　人はいさ心もしらずふるさとは花ぞ昔の香ににほひける
ウ　桜花咲きにけらしなあしひきの山のかひより見ゆる白雲
エ　大空は梅のにほひに霞みつつくもりもはてぬ春の夜の月

問十　次の枠内の文章の空欄に当てはまる適当な語句を後のア～キの中からそれぞれ一つ選び、記号で答えなさい。

> 『万葉集』の素朴でおおらかな歌風は「［a］」と呼ばれ、『古今和歌集』の優雅で繊細な歌風は「［b］」と呼ばれた。また、『新古今和歌集』では、藤原定家が提唱した「有心」や、藤原俊成が唱えた「深遠な余情美」である「［c］」が、その歌風に影響を与えている。

ア　幽玄　イ　粋　ウ　あはれ　エ　ほそみ　オ　たをやめぶり　カ　わらはべぶり
キ　ますらをぶり

（☆☆☆◎◎◎）

【四】次の文章を読んで、後の問いに答えなさい。（設問の都合上、一部訓点を省いたところがある。）

温*1人之(a)周。周不納。問曰、客*2耶。対曰、主*3人也。問其巷*4而不知也。①吏因囚之。②君使人問之曰、③子非周人、而自謂非客、何也。④対曰、(A)臣(b)少而⑤誦詩。詩曰、普*5天之下、莫非王土、率*6土之浜、⑥莫非王臣。今周君天下、(c)則(B)我天子之臣、而又為客哉。故曰主人。⑦君乃使吏出之。

（『戦国策』による）

（注）
*1 温…魏の町の名。
*2 客…他国の人。よそもの。
*3 主人…自国の人。
*4 巷…町。
*5 普天之下…空の下。天下。
*6 率土之浜…土地の続く限り。

問一　波線部ａ「之」ｂ「少」ｃ「則」の読みを送り仮名も含め、ひらがなで答えなさい。ただし、現代仮名遣いも可とする。
問二　傍線部①「吏因囚之」とあるが、その理由を三十字以内で説明しなさい。
問三　傍線部②「君使人問之曰」を書き下し文に直しなさい。
問四　傍線部③「子非周人、而自謂非客、何也」を現代語訳しなさい。
問五　傍線部④「対曰」の内容は、どこまでか。本文中から最後の四字(句読点を含まない)を抜き出して答えなさい。
問六　二重傍線部Ａ「臣」、Ｂ「天子」は誰のことか。それぞれ具体的に答えなさい。
問七　傍線部⑤「誦詩」の「詩」とは、儒家が重んじた「五経」の一つで『詩経』のことであるが、「五経」に含まれない作品を次のア～オの中から一つ選び、記号で答えなさい。
ア　易経　　イ　書経　　ウ　春秋　　エ　大学　　オ　礼記
問八　傍線部⑥「莫非王臣」に、返り点と送り仮名を施しなさい。
問九　傍線部⑦「君乃使吏出之」とあるが、周王が「之」を釈放させたのはなぜか。五十五字以内で説明しなさい。

(☆☆☆◎◎◎)

【五】次の枠内の文章は、高等学校学習指導要領(平成二一年三月告示)『国語』の「国語総合」からの抜粋である。

1　目標　(略)
2　内容
C　読むこと
(1)　次の事項について指導する。
ア　文章の内容や形態に応じた表現の特色に注意して読むこと。
イ　文章の内容を叙述に即して的確に読み取ったり、必要に応じて要約や詳述をしたりすること。
ウ　文章に描かれた人物、情景、心情などを表現に即して読み味わうこと。
エ　文章の構成や展開を確かめ、内容や表現の仕方について評価したり、書き手の意図をとらえたりすること。
オ　幅広く本や文章を読み、情報を得て用いたり、ものの見方、感じ方、考え方を豊かにしたりすること。
(2)　(1)に示す事項については、例えば、次のような言語活動を通して指導するものとする。
ア　文章を読んで脚本にしたり、古典を現代の物語に書き換えたりすること。
イ　文字、音声、画像などのメディアによって表現された情報を、課題に応じて読み取り、取捨選択してまとめること。
ウ　現代の社会生活で必要とされている実用的な文章を読んで内容を理解し、自分の考えをもって話し合うこと。

エ　様々な文章を読み比べ、内容や表現の仕方について、感想を述べたり批評する文章を書いたりすること。

指導事項「C読むこと」の(1)イについて、(2)エのような言語活動を通して指導をする場合、あなたはどのような授業を行いますか。「様々な文章」としてどのようなものを取り上げるかを示し、評価規準を明らかにして、二〇〇字程度で具体的に述べなさい。

（☆☆☆◎◎◎）

解答・解説

【中学校】

【一】問一　a　滑(らか)　b　融和　c　差異　d　欠陥　問二　・読書練習初期のため、視覚の摂取と音声化を一致させて行うから。（三十字）　・読み慣れない子供は、読みものの親疎・難易の影響を受けるから。（三十字）　・読書に不慣れな子供は、大人より言葉の理解に時間がかかるから。（三十字）　・子供は、文字を捉えるための視覚的範囲が狭いから。（二十四字）　・読書経験が少なく、視覚単位を正直に音声化しようとするため。（二十九字）　から一つ。　問三　・スピーチは、自分を表現する活動なのでよどみなく話せるが、難解な文章の読書は、視覚の摂取はしていても瞬時に意味を捉えながら音声化することが難しく、たどたどしく声に出してしまうこと。(八十九字)　・スピーチは、自律的な言語表出であるため自然性に富んでいるが、読書は、ある程度を越すと、「音」と「意」の連合作用が得られず、音声化しても意味を分かっていないことがさらけ出されること。(九十字)　から一つ。　問四　A　読む　B　詠む　問五　・文脈や言葉の前後の言葉による約束事を考えずに、頭に浮かんだ言葉の心象で読みを補足してしまうから。(四十八字)　・大部分の注意力は文字に注がれているはずなのに、読み手の言葉のイメージを補って読んでしまうから。(四十七字)　から一つ。　問六　ウ

〈解説〉問一　「融」「陥」などの漢字は、字形に注意して書くこと。　問二　①の理由として、第三段落の後半に、「読書練習の初期にある児童は、その正直さをもって、視覚の摂取と音声化とをほとんど一致した姿において行っている」とあり、視覚が読書に働く状態は、読書に不慣れな子供は、視覚のよどみを音声に直接表すだけではなく、読む時間にも大人と異なり多くの時間を必要とするというのである。　問三　第三段落で筆者は、スイート氏の「音の移調」を引用し、「スピーチ」は、自律的な言葉表出だから、「流水」のごとく自然で流暢なものだが、初めて接する書きものを読む(読書)となると内容読解において、その内容(意味)を音声化する場合「その音調は恐らく楽譜を読み取るのと同様のホッピングとなろう」と述べている。「楽譜」を正しく読み取れないと、つかえつかえのたどたどしい音階になるように、少し難しい文章になると読みが「停頓」し、なめらかな「音声化」ができなくなり意味を入ってこなくというのである。　問四　空欄補充は、前後の語句や文と整合することがポイントである。空欄A・Bを含む文の後の部分に、前者は「他人の作をよむ」、後者は「自分の作をよむ」とあり、「後者は最初から音・意の連合をもって生まれ出たもの」、「前者は～新たに音・意の連合を行うもの」、さらに「『詠む』は『言う』と同じ」「『読む』は『話す』と同様に『聴く』の期待

語である」とある。これらから、前者Aには、「読む」、後者Bには「詠む」が入る。　問五　校正読みをする場合に、読み手に心理的な補足作用が介在し「誤植が見落とされる」ことがある。すなわち、傍線部③の前文に書かれている通り、校正読みの「注意力は文字に注がれ」るため、文脈とのつながりを意識しなくなり、頭に浮かんだ「心象」で読みを「補足」してしまう、ということである。　問六　アは、「限定した」以後、イは、「最初から」以後、エは、「視覚の摂取と音声化を区別させながら」が不適切である。

【二】問一　a　厳粛　b　老衰　c　拭(かされた)　d　隠居　問二　ア　問三　・死後の醜い姿を曝し物にされた祖母をかわいそうに感じる気持ち。(三十字)　・儀式としてみじめな曝し物にされた祖母を気の毒に感じる気持ち。(三十字)　・半公開の儀式に仕立てられた祖母を哀れに感じる気持ち。(二十六字)から一つ　問四　・死を現実として受けとめることができていないこと。(二十四字)　・死そのものに対する認識不足があったということ。(二十三字)　・祖母の死を現実として実感できていないこと。(二十一字)から一つ　問五　・素直に感情を表現できない自分と母親が似ていることに気づいたということ。(三十八字)　・母親と自分が同じような短所をもっていることに気づいたということ。(三十二字)　・母親の中に、素直に感情を表現できない自分の性格と似たものを感じていること。(三十七字)　・自分の嫌な性格と母親の性格が似ていることに気づいたということ。(三十一字)　から一つ　問六　・甘えられる存在がいなくなったという空虚感と感謝を示さなかったという自責の念に堪えられず、ふと口にした言葉を、母親は祖母への追慕の念から発した言葉であると誤解していること。(八十五字)　・不在の感覚や祖母に対する罪障感と自責の念に堪えられずに、思わず口に出した言葉であるにもかかわらず、母親は少年が祖母を慕う気持ちから発した言葉であると誤解していること。(八十三字)　・祖母のいない空虚さと祖母に対する罪障感から思わず口にした言葉を、祖母の死を実感できず、祖母を追い求める情愛の気持ちから口にした言葉であると母親が思い違いしていること。（八十三字）・甘えさせてくれる祖母がいなくなったという不在の感覚と祖母を避け続けてきたという自責の念から思わず発した言葉を、少年が祖母への追慕から言葉を発したのだと誤解していること。（八十四字）から一つ　問七　ウ

〈解説〉問一　漢字の表意性に従い、文脈に整合する漢字を同音(訓)異義語や類似の字形に注意して楷書で書くこと。　問二　少年は、教師の着物から不快なにおいをかぐことで、教師の生活ぶりに嫌悪感を抱くとともに、他者に同情する自分の気持ちを不快に思っている。　問三　少年は、祖母の死に対して同情していないが、祖母の口を拭くという死者への弔いの儀式をやらされたことによる心情(醜いものを半公開の葬式にした大人たちの愚かさを軽蔑した心情)を踏まえ、祖母を気の毒に思う少年の気持ちを説明する。　問四　「想像のへだてはとでも言うべき一皮かぶった気持ち」という表現は、非現実的とでもいうような一枚何かが被さり、直接は感じ取れない気持ちを表している。少年の「祖母の死を現実として受け止められない心情」である。　問五　「少年は母のなかに、自分の影を嗅ぎつけていた」の「母のなか」とは、「勝気で、無口で、そのくせ胸の奥に～情愛や智慧を、じっと包みこんでいる母」の性格のことであり、「自分の影」とは、「自分の性格」のことである。母の性格と自分の性格が似ていることに少年は気づいたのである。　問六　「少年は明らかな誤解の影をとらえたのである」の「誤解の影」は、母親の誤解した姿である。母親に少年が尋ねた「お祖母さんは？」の一言は少年が祖母に対する一種の罪障感と自責の念に耐えられず発したもので、祖母への追慕の念によるものではない。それを母親は誤解し涙ぐんだのである。　問七　この文章は、少年を主人公に、家庭での生活と少年の心情が抽象的語句を交えながら効果的に表現されている。祖母の死に対する少年の様々な心情、母親に対する少年の心情を抽象的語句を用いて表現しているが、「時」や「場所」・「出来事」での多様な心情

表現であって心の成長を描いたものではない。ア・エは、後半の説明、イは、前半の説明が不適切。ウが適切である。

【三】問一　A　カ行四段活用(四段活用)・未然形　B　サ行変格活用(サ変活用・サ変)・連体形
問二　・人間界のことは永久に不変であるという考え　・人や世の中はいつも同じ状態に落ち着いていて簡単には変化しないという考え　から一つ。　問三　・財産には限りがあるが、欲には限りがないから。(二十二字)　・欲をすべてかなえようとするとお金が足りなくなるから。(二十六字)　・限りのある財産で、限りのない願望に従うことはできるはずがないから。(三十三字)　から一つ。　問四　火が乾いているものに燃え移り(燃え盛り、燃え広がり、燃え上がり　など)水が低いところに向かって流れるようであるだろう(流れ落ちる、流れ込む　など)　問五　しかじ　問六　イ
〈解説〉問一　活用形の識別は接続関係を考える。Aの「つか」の終止形は「つく」。ここでは、意志の助動詞「む」に接続している。「む」は活用語の未然形につく。Bの「観ずる」の終止形は「観ず」。ここでは、形式名詞(体言)に接続しており、体言につく活用語は連体形である。　問二　「人間常住の思ひ」の「常住」とは、「人間界は永久に不変であること」をいう。「思ひ」は、「考え。観念。」。設問文の「無常観」の「無常」は「常住」の対語で、「すべての物は変化しつづけて、永久不変ではないこと」をいう。これは仏教用語である。問三　「万事の用をかなふべからず」とは、「何事によらず、用を果たしてはならない。」の意。その理由を「所願無量」(欲求は無限)、「百万の銭ありといふとも、暫くも住すべからず」(百万の財貨も、ほんの短い間も手もとに残らない)と述べ、さらに「限りある財をもちて、かぎりなき願ひにしたがふ事、得べからず」(限りのある財産で、限りのない願望に従うことは、できるはずがない)と述べ、人間の無限の願望を果たそうとし

てはならないことを説いている。　問四　「火のかわりるにつき」とは、「火は乾いているものに燃え移る」こと。「水のくだれるにしたがふ」は、「水が低い所に向かって流れる」の意。「ごとくなるべし」の「べし」は、推量の助動詞。「ようであろう」と訳す。　問五　空欄補充は、その前後の文と整合することが必要である。空欄アを含む文は、この後の文と対句的表現になっている。「欲を成じて楽しびとせんよりは」と「癰・疽を病む者、水に洗ひて楽しびとせんよりは」は対語。「しかじ、財なからんには」と「病まざらんにはしかじ」が対語。アには、「しかじ」が入る。前者は倒置法になっている。　問六　④の「大欲」とは、大福(大富豪)のような欲望のこと。この内容からア・ウ・エは不適切。「無欲」とは、「望みを断つ」ことをいう。③の後を見ると、大福長者は「銭積りて尽きざる時は、宴飲・声色を事とせず、居所を飾らず、所願を成ぜられども、心とこしなへに(永遠に)安く楽し」と述べ、財産を手にする欲望以外は「望みを断つ」(無欲)であることを「安らかで楽しい」という。イは、財産取得の願望以外は「望みを断つ」この大福長者の生き方を「無欲」と同じとしている。ア・ウ・エは前半とともに、後半の説明も不適切。

【四】問一　イ　　問二　イ　　問三　エ　　問四　季語…しぐれ　　季節…冬(または初冬)

問五

C　雲雀落ち天に金粉残りけり　平井照敏

空(天)に向かって鳴きながら飛んでいく雲雀が、頂点に達したあとふいに途切れて落ちていく。雲雀の鳴き声の余韻と太陽の輝きを感じた、まばゆいばかりの空の光景を詠んでいる。

D　枯山を水の抜け行く琴柱かな　吉田汀史

空に残った雲雀の鳴き声が聞こえてくるようで、晴れ渡った空ののどかさを感じる。

水(川)が抜けていく枯山の木々の姿は、弦を張り、しっかりと支えている琴柱のようである。寒さの中で、枯山の木々の枝の力強さを詠んでいる。

枯山の木々を琴柱に喩えたことにより、張り詰めるような厳しい寒さを一層感じる。

E　白光の天上天下那智の滝　　成田千空

天上から太陽が照らす白光がふりそそぎ、滝つぼには轟音とともに立ち込める滝の飛沫の白い霧が立ちのぼっている。その二つの白光を一気につないでいる、那智の滝の迫力に満ちた荘厳な光景を詠んでいる。

全体からまぶしいほどの光を放つ那智の滝が目に浮かび、圧倒されるような自然の迫力を感じる。

F　強霜の富士や力を裾までも　　飯田龍太

厳寒の冬にそびえる富士山。厳しい寒さの中において、その貫禄はまるで強霜によって力を得たかのように裾野まで及んでいる。富士の強靭な存在感と迫力を詠んでいる。

寒さの中でもひるむことなくそびえる富士山が目に浮かび、その迫力と偉大さを感じる。

〈解説〉問一　滝に流れて行く水は、やがて轟音になるが、流れを上流へとのぼると、水の流れは一層静かな流れになる、という印象を詠んでいる。　問二　聴覚と視覚による情景描写で、Aの句に類似する句として、これにプラスαとしての条件は、激しく「流れる」状況に類似した動的リズムと「静寂」である。アは聴覚のみの世界。ウは「水音」の停滞で、流動性がない。エは「激しさ」が欠如している。イは「枯草」を燃焼させる「激しさ」がAの句の「滝の激しさ」に共通し、さらに「火」の迫る前の静けさがある。　問三　山口草堂の滝は、「涸瀧」で、水がなくなり流れも弱く、水の厚みもみずみずしさもない寂しい情景を表している。

問四　「しぐれ」(時雨)は冬(初冬)の季語である。　問五　俳句は、五七五の十七音の形式に、作者の感動を瞬間的に凝縮した韻文で、世界最小単位の定型詩といわれる。また、「省略の文学」ともいわれる。韻文のように、思うがままを記述せず、「心の炎」(印象の核)を不必要な言葉を排除して、十七音(五七五)に表現するところに俳句の特質がある。いわば俳句は、作者の感動の氷山の一角である。そのために俳句の言葉の奥にある作者の心情を正しくとらえることが必要である。俳句を鑑賞するためには、自ら言語に対する知的認識を深めるだけでなく、言語に対する感覚を豊かにしておく必要がある。また、俳句の修辞法についても理解しておく必要がある。まず、「季語」は「季節感を表現するため、句の中に詠みこむように特に定められたことば」で、「季題」ともいう。次に「切れ字」は、「一句の途中や末尾に置いて言い切り、余情・余韻を残す技法」で、「や」「かな」の助詞や「ぬ」「き」「けり」などの助動詞がある。Cの季語は「雲雀」(春)、「切れ字」(けり)。Dの季語は「枯山」(夏)、「切れ字」(かな)。Eの季語は「白光」(秋)、「切れ字」(滝)。Fの季語は「強霜」(冬)、「切れ字」(や)。季語で季節感をつかみ、情景に作者の感動を読みとり、切れ字でその感動の余情・余韻の味わい、それを文章化する。「体言止め」は「名詞止め」ともいい、「切れ字」と同じく余情・余韻を表す。

【五】問一 明るさ　問二 エ　問三 ア　問四 二句切れ　問五 C エ　D ア

問六 E 浪の秀に裾洗はせて大き月ゆらりゆらりと遊ぶがごとし　大岡博

・雄大な満月を取り上げ、「裾洗はせて」「ゆらりゆらりと遊ぶがごとし」という二つの比喩表現を用いて、大きな月が、揺れ動く波とともに水平線からゆったりと昇ってくる様子を表している。・満月のもつ大きな生命や存在感に対する感動をこめている。

〈解説〉問一　音楽のとだえた一瞬(刹那)の後の語句「明るさ」があてはまる。問二　四、五句「ふるさとは春の雪解けなるべし」の「懐かしく清らかなイメージ」にかかわる適切な作者の心情は、「春の雪解け」への「憧憬」であろう。　問三　「一首の響き、韻律」が「きらめくような」リズムだというのだから、このリズムに相応な「生命感」を選ぶ。　問四　「句切れ」とは、結句以外で終止していることをいう。活用語の終止形や連体形・已然形(係り結び)、名詞等で句切れをつくる。Bは、「なほ寒し」(三句)で切れている。
問五　Cの「森の家の寂しき顔」は、「家」を「人間の顔」に似せた表現である。この技法を「擬態語」(オノマトペ)という。Dの「小松が原のおぼろ月夜は」は、「面白し」の主語である。主・述関係を逆にして、強意表現する技法を「倒置法」という。　問六　Eは、無句切れで、「浪の秀(穂)に裾洗はせて」「大き月ゆらりゆらりと」の擬態語を用い、自然の生命力を感動的に歌いあげている。浜辺から波立つ海の彼方を眺望する作者には、潮騒も心を動かしていることだろう。また、見上げる天空には星も輝いていよう。雄大な世界のただ中にいる自分の存在を改めて感じている姿である。

【六】問一　「表現の特徴」は文章の種類による叙述の特徴で、「表現の仕方」は書き手の目的や意図を踏まえた文体や述べ方、叙述に関わる表現全般。　問二　[2]・「『殺される』と『走るのだ』という言葉を作者の太宰治はどうして三回繰り返したのか、その目的や意図も考えてみよう。」・「三度繰り返す言葉として『殺される』と『走るのだ』を作者の太宰治が選んだのはどうしてだろう、その目的や意図も考えてみよう。」から一つ。　[3]「作者の太宰治はどうして濁流を擬人化して表現したのか、その目的や意図を考えてみよう。」

〈解説〉問一　「表現の特徴」とは、「説明、評論、物語、詩歌等、文章の種類による叙述の特徴」であり、手紙や案内等の様々な形態の文章も含まれる。「表現の仕方」とは、書き手の目的や意図を踏まえ、例えば、口語体と文語体、常体と敬体などの文章類型から叙述の方法、さらに説明的な文章での表現方法、文学的な文章での描写の仕方や比喩の用い方など、叙述にかかわる表現全般のことをいう。　問二　生徒のノートの第[2]段落の「走る理由の理不尽さ」について、それが理不尽でないことを「走れメロス」の文中の「身代わりの友を救うために走る」「王の奸佞邪知を打ち破るために走る」というメロスの独白を通じて考えさせる。「殺される」のは、メロスの「身代わりの友」であること、王に自らの奸佞邪知を自覚させるために王城に向かって走らなければならないメロスの心情を理解させる助言を考えてみよう。メロスの愛と誠の偉大な人間力を示すために筆者は、濁流の無慈悲と残酷さに勇敢に立ち向かうメロスの姿を描いている。この筆者(太宰治)の目的・意図と表現効果を指導することが大切である。生徒のノートの第 3 段落の「濁流の擬人化」した効果、文中の「必死の闘争」「満身の力」「獅子奮迅」と主人公メロスの友情と正義感の強さとの関わりを描写した筆者の意図と表現の仕方について助言指導する。

【七】問一 ①ソ ②カ ③ウ ④ア ⑤ケ 問二 ①コ ②イ ③ス ④エ ⑤キ ⑥ツ 問三 ①サ ②オ ③セ ④ク ⑤チ ⑥シ 問四 ③イ ②ウ ③ア

〈解説〉問一 新学習指導要領は、目標を改善し、国語科で育成を目指す資質・能力を「国語で正確に理解し適切に表現する資質・能力」と規程するとともに、(一)「知識及び技能」、(二)「思考力、判断力、表現力等」、(三)「学びに向かう力、人間性等」の三つの柱で整理した。また、このような資質・能力を育成するためには、生徒が「言葉による見方・考え方」を働かせることが必要であることを示している。 問二 問一の三つの柱に沿った資質・能力の整理を踏まえ、従前「話すこと・聞くこと」「書くこと」「読むこと」の三領域及び〔伝統的な言語文化と国語の特質に関する事項〕で構成していた内容を〔知識及び技能〕及び〔思考力、判断力、表現力等〕に構成し直し、設問の「情報の扱い方に関する事項」は、〔知識及び技能〕の(2)に指導内容が示されている。　問三　「A　話すこと・聞くこと」「B　書くこと」「C　読むこと」の三領域は、問二で述べた〔思考力、判断力、表現力等〕の教科目標の(2)の内容を構成する。「A　話すこと・聞くこと」のアは、「話題の設定、情報の収集、内容の検討」の指導事項である。「C　読むこと」のエは、「精査」の指導事項である。「C　書くこと」のウは、「考えの形成、記述」の指導事項である。　問四　中学校学習指導要領の第四章は、「指導計画の作成と内容の取扱い」である。一は、「指導計画の作成」である。(七)は、「他教科等との関連についての配慮事項」で、①には「外国語科」、二は「内容の取扱いについての配慮事項」で、(三)の②には「学校図書館」、三の「教材についての配慮事項」の(二)の③には、「創造的精神」を選ぶ。

【高等学校】

【一】問一　a　述懐　b　かくとく　c　普遍　d　いんぺい　e　遭遇　f　けんちょ
問二　ア　模倣や行動の学習　イ　手続き記憶に関係する　問三　1　科学上の発見や創造には、言葉で表現しえない暗黙知が内在していること。(三十四字)　2　ア　問四　ウ　問五　基本習得の途中段階にある歌舞伎役者が、感覚を言語化すると、記憶に歪みを生じさせ、芸の習得が妨げられるということ。(五十六字)　問六　A　イ　B　ウ　C　ア　問七　芸の目的は、型の模倣にとどまらず、型を破りつつも試行錯誤し技術を磨くことで、師から離れた独自の芸を確立させるものだから。(六十字)　問八　エ

〈解説〉問一　同音異義語に注意して文脈に整合する漢字を選ぶ。また、類似の字形に注意し楷書で書くこと。読みでは、二字熟語は音＋音が多いが、湯桶読みや重箱読みに注意すること。　問二　文脈を把握する。第二段落で動作の実行(行動)や他者の動作の観察(模倣)に関わる神経細胞(ミラニューロン)について述べ、第三段落～第十段落で、歌舞伎の例等を挙げ、「手続き記憶」に関して述べている。　問三　「このこと」は、その前の文の、科学上の発見や創造には言葉では表現できない体に染みついた知識(暗黙知・身体知)が内在しているこ

とを指している。 2 第三段落で、歌舞伎役者は、幼い頃から、特殊な環境の中で、何度も稽古を重ね、身体に身振りを染みこませ、芸事を身体に覚えさせると述べている。 問四 傍線部③を含む段落の最後の文で、筆者は「面白さや美しさといった芸術のメッセージの伝わり方が、個々の技術や表現の総和を超えたものであることに普遍性を与えてくれる」と述べている。これを「美術」にあてはめると、文中の「色彩や形や構図」さらに美学上の知識や理解は「部分」であるが、これが一つのアート(作品)として完成したとき、鑑賞者には「部分」の総和を超えた美を感受させるというのである。 問五 「言葉にすることによる弊害」について、犯罪捜査やワインの例を挙げ、第十三段落で、歌舞伎役者にあてはめて、熟練した歌舞伎役者は、身のこなし方や基本的な動きなどの仕方は言葉にしようと思えばできるが、その途中段階にある者が言語化すると妨げになり、スランプや失敗を招く可能性があると述べている。言葉にすることで記憶が歪み混同され、正しい記憶が妨害されるのである。 問六 空欄補充は、その前後の文や語句と整合するように適切な語を選ぶこと。二つ目の空欄Aの後に、「ワインに関する感覚的経験も言語的経験も乏しく」とある。また、その後の空欄Bに続く部分に、「両方の経験が豊富」とあることから、Aには、ワインをふだん飲まない人、Bには、ワインの製造や販売を生業とするプロが当てはまる。 問七 「型や様式の習得は基本に過ぎず」の後ろの文に、「その伝達は芸の目的ではない」とある。「芸」の真の目的は、「一人の演者の独自の芸」の確立だというのである。日本の伝統芸能などで「型や習得の基本」は独自の芸を確立するためのベースであり、そのベースを破り、試行錯誤して技を磨き、師を離れて自分独自の芸を確立させていくのである。この内容を六十字以内にまとめる。 問八 アは、「スペシャリストとして身体知を定着させる過程」以下、イは、「身体の特徴を認知しうるのは」、ウは、述部、オも述部が不適切。エは第十三段落の内容に合致する。

【二】問一　a　遠慮　b　かんまん　c　ちせつ　d　惜(しげ)　e　均衡　f　衝動
問二　美しい廃墟　問三　仲間との関わりができはじめたこと。(十七字)　問四　Ⅰ　イ　Ⅱ　オ
Ⅲ　エ　問五　エ　問六　この画には太郎がもっとも密着して暮らしていた世界が描かれているが、あとの四枚には根本的に書物の世界が描かれている点。(五十八字)　問七　ウ　問八　太郎に権力者の虚栄と愚劣という物語の本質を理解させたこと。(二十九字)　問九　太郎の中の生活世界を新たに見出すとともに、以前は感情を表に出さなかった太郎が、新たに興味を持つと、それまでのものに興味を示さなくなるという子どもらしさを身につけたことを感じたから。(九十字)
〈解説〉問一　「衡」「衝」は、それぞれ「偏」や「つくり」など字形に注意して書くこと。　問二　①「彼の家庭」では、両親は、太郎に対し何年もかかって「黙殺」か「扼殺」の状態で育てている。太郎以外の子は、生活があり友人がいて土の匂いがあるが、太郎にはそれがない。この状況を象徴的に表しているのは「美しい廃墟」という語句である。
問三　「太郎がすこしずつ流れはじめた」という比喩は、太郎の今までの生活に変化が見られはじめたことをいっている。他の子供と遊ぶようになったのである。　問四　Ⅰの「ボク、走ってるんだよ」は、点の仲間の群れの中に自分がいることを描いたもので、仲間に近づく姿を表している。Ⅱの「先生、ボクが走ってるんだよ」のあとに、「いちばんびりだったので～自分だけ描いたのである」の表現から、自分の存在感とともに劣等感もにじませている。Ⅲの「もっと走ったよ！」は、太郎の自信に満ちた声である。　問五　③は、太郎が自分の内部(心)世界を外界と結びつけて画にしはじめたことで画に彼の心の動きが分かる。太郎が描く画に彼の人間性が描写され始めた以上、画の技法・知識を彼にあえて教える(整形)は必要ないと考えたのである。
問六　太郎の五枚の画は、前日にぼくが太郎に話して聞かせた童話の画である。ところが、最後の画は越中フ

ンドシをつけた裸の男が松並木のお堀端を歩いている画であった。童話の『皇帝の新しい着物』の「皇帝」を太郎は「大名」ととらえている。これは、太郎が生母と一緒に見た村芝居の記憶を再現したもので、太郎の生活に密着した画であった。他の画と異質の画とはこのことをいう。　問七　空欄の後の文に「大声をあげて笑った」「～腹をかかえ、涙で太郎の顔がにじむほど笑った」とある。　問八　「実験」は、権力者の虚栄と愚劣という、物語の本質を太郎に理解させるため、物語の骨格だけを話したことをいう。そして、太郎がぼくの意図どおりに理解してくれたことを「成功した」といっているのである。　問九　太郎が今までの生活から新たな世界へ関心を持ち、未知なるものへ挑戦する姿に、ぼくは太郎の心の成長を感じている。孤独な世界で画を描く生活からライターに興味を抱き、無心になっている太郎は、これからの新しい現実にとびうつっている。その姿にぼくは太郎の「生きる力」を感じとりながら温かく太郎を見守っているのである。

【三】問一　a　エ　b　ア　c　ウ　問二　A　完了(存続)の助動詞「り」の連体形　B　ヤ行下二段活用の動詞「見ゆ」の連体形活用語尾の一部　問三　1　ウ　2　夜　問四　ア　問五　あの方が渡ったならば、帰って欲しくないから楫を隠してよ　問六　④　渡るような(渡ろうとする)ことに差し障りはないだろう。　⑤　どうして拒み申し上げるだろうか、いや拒まないだろう。　問七　彦星があまの河をわたらなかったこと。(十八字)　問八　逢っている時間が本当に少なくて、逢わないような気持ちがする場合、まだ逢っていないように詠むのが古歌のしきたりだから。(五十八字)　問九　ウ　問十　a　キ
b　オ　c　ア

〈解説〉問一　a　「かまへて」は「構へて」と書く。ここは「①　決して。②　心にかけて。なんとかして。」の②の意味の副詞。　B　「かなしみて」の「かなしみ」は「かなしむ」(マ行四段活用)の連用形で、「いとお

しいと思って」の意。Ｃ「中々にて」の「中々に」は、「中々なり」(形容動詞・ナリ活用)の連用形で、「中途半端で」の意。問二　Ａ「る」は完了(存続)の助動詞「り」の連体形(形式名詞「ほど」を修飾している)。Ｂ「見ゆる」は「見ゆ」(ヤ行下二段活用)の連体形。問三　1「しら波」の「しら」は、「知ら」と「白」を掛詞にしている。「あまの河あさせしら波たどりつつ」は「天の川の浅瀬がわからないので、川の白波をわけてたどりたどり行ったものだから」と訳す。2「あけぞしにける」は、「(夜が)明けてしまったことだ」と訳す。問四「たなばたと申す星宿には、おはせずや」の「たなばた」は「彦星と織姫星が年に一度だけ逢う七月七日の夕べ」のこと。「星宿」は、「星座」のことをいう。②の直前の「まして」は、前文の「ただの人すら、ひととせを、夜昼恋ひくらして～渡るらむものを」を踏まえている。普通の人でさえ、年に一度だけ逢う夜であれば、なんとしても逢おうとするはずだから、まして～」の筆者の心情をとらえる。問五「君渡りなば」の「な」は、完了の助動詞「ぬ」の未然形、「ば」は仮定条件を表す接続助詞で、「彦星を渡し守が天の川を渡り終えたならば」と訳す。「楫かくしてよ」は、「彦星が帰れないように楫をかくしてよ」と解釈する。問六　④「渡らむことは、さまたげあらじ」の「む」は、意志の助動詞の連体形、「じ」は打消推量の助動詞で「渡ろうとすることに支障はないだろう」と解釈する。⑤「などてか」は反語で「どうして～か」と訳す。「いなび申さむ」の「いなび」は、「いな(辞)ぶ」(バ行四段活用)の連用形で、「ことわる。拒否する。」の意。「申さむ」は「申す」の未然形＋推量の助動詞「む」の連体形、「などてか」と「む」は係り結びになっている。「どうして拒否申し上げるだろうか、拒否申し上げないだろう」と解釈する。問七「心得られぬことなり」は、「納得できないことである」の意。筆者は何を納得できないと言っているのか。文中の「あまの河、深しとて、かへり給ふべきにあらず」以下、彦星が織姫星に逢うための方法を、事実を挙げて示し、さらに渡し守が彦星が天の川を渡ることを拒むはずがないと言い、また、「河も、さまでや深からむ」と語り、彦星が天の川を渡らなかったことに対してである。　問八　「また、逢ひたれど、ひとへに、まだ逢はぬさまに詠めるなり」は、「また、実際には逢ったのだが、一向にまだ逢いもしない状態に詠んだのである」と解釈する。これを筆者は、古歌の表現方法(歌のならひ)の一つとしている。そして、「まことには、逢ひたれど(彦星が織姫星と)〜程(逢っている時間)のすくなきに、逢はぬ心ちこそすれと詠むべけれど」といい、これが本来歌にすべき内容であるが、とことわっている。　問九　原典では、⑧の前に「花を、白雲に似せ」とあるのを、本問題文では省略している。ウは、「古今集」に収められている。　問十　キ「ますらをぶり」の「ますらを」は、「益荒男」(勇ましくたけだけしい男)をいう。オ「たをやめぶり」の「たをやめ」は、「手弱女」(「たおやか」な女の意から)かよわい女)の意。「ますらを」の対語である。「幽玄」は、中世文学の理念で奥深い趣・余韻のあること。

【四】問一　a　ゆく　b　わかくして　c　すなはち(すなわち)　問二　温人が自分は周の国の人間だとうそを言っていると考えたから。(二十九字)　問三　君人をして之に問はしめて曰く　問四　あなたは周の人間でないのに、自分でよそ者ではないと言い張るのは、なぜか。　問五　故曰主人　問六　A　温人　B　周王(周君・君)　問七　エ　問八　莫シレ非ザルハ二王臣ニ一。　問九　詩経の句を引用し、天下の土地や民はすべて周王のものだから、温人である自分も王の臣であるとする主張を認めたから。(五十五字)

〈解説〉問一　a　「之」は「行」と同義。　b　「少」は、「わかし」を終止形にした形容詞。置き字「而」(〜シテ)があるために、「わかし」の連用形「わかく(シテ)」と読む。　c　「則」は条件を表す順接の接続詞。「君タレバ天下ニ、則〜」(天下に君たれば、すなわち)の形から「レバ則」という。　問二　温人が周に行き、入国の際、自分は周の人間だと答えたが、住所を問われると知らなかったため、役人に疑われたのである。問三　「君使メテ二人ヲシテ問一レハ之ニ曰ク」の書き下し文。使役系、「使ム二Aヲシテ一Bセ」の応用である。問四　「子非周人」の「子」は二人称代名詞。「あなたは周の人間ではないのに」と訳す。「而自謂非客」の「而」は置き字で逆接の接続詞。「自ら他国の者ではないと言うのは」の意。「何也」は、疑問形で「どうしてなのだ」。問五　「対曰」(たえていわく)は、温人の発言範囲で、自分が温人ではなく周の人間であることを実証した「故曰主人」までである。問六　A　「臣」は「民」の意。また、家来が君主に対する謙遜の自称。ここは温人の自称である。　B　「天子」は天命を受けて、天に代わって天下を治める者の称。周王(文中の君)のこと。問七　「大学」は「四書(大学・中庸・論語・孟子)」の一つ。　問八　返読文字「莫」「非」に注意し、(王臣に非ざるは莫し)の訓読に従って、送りがなと返り点をつける。　問九　「君乃使吏出之」は使役形。「君(周王)はそこで、吏(役人)に命じて「之」(温人)を出国(釈放)させた」と訳す。その理由は、温人が「臣少而誦詩」と言い詩経の中の、普天率土の支配者は周王であり、そのため自分もまた周の国民の一人だと釈明したことを周王が認めたからである。

【五】「情報化社会」をテーマにした評論文を読解した後、他の筆者による同テーマの評論文を読ませ、双方の文章の要点・主張を比較した上で、ワークシートを使用して共通点と相違点を整理させる。その後、少人数のグループを編成し、ワークシートに整理した内容についてグループ内で話し合いを通して比較させる。評価規準については、ワークシートから、双方の共通点と相違点を読み取れていたならば、「おおむね満足できる」状況であるとする。(二〇三字)

〈解説〉「国語総合」の「C　読むこと」の(1)のイは、中学校第三学年(学習指導要領(平成20年告示)第2章　第

1節　国語　第2　各学年の目標〔第3学年〕2　C　(1)の「イ　文章の論理の展開の仕方、場面や登場人物の設定の仕方をとらえ、内容の理解に役立てること」を受け、「叙述に即して的確に読み取ること」および「必要に応じて要約や詳述をすること」へ発展させたものである。また、問題文の(2)のエの「様々な文章を読み比べる」言語活動とは、古典や近代以降の文章を問わず、また文学的な文章、論理的な文章、実用的な文章を問わず、多種多様な文章を読み比べることである。授業では、アクティブ・ラーニングを計画し、ペアやグループで読み比べのための「本」の選定と読み比べ活動の成果について、他のペアとの話し合いや発表を行い、読む力の向上と学習意欲を高める活動を計画することが考えられる。「評価規準」は、観点別評価の「意欲・関心・態度」「読む力」「知識・技能」から評価基準を定め評価する。

●書籍内容の訂正等について

弊社では教員採用試験対策シリーズ（参考書，過去問，全国まるごと過去問題集），公務員試験対策シリーズ，公立幼稚園・保育士試験対策シリーズ，会社別就職試験対策シリーズについて，正誤表をホームページ（https://www.kyodo-s.jp）に掲載いたします。内容に訂正等，疑問点がございましたら，まずホームページをご確認ください。もし，正誤表に掲載されていない訂正等，疑問点がございましたら，下記項目をご記入の上，以下の送付先までお送りいただくようお願いいたします。

> ① **書籍名，都道府県（学校）名，年度**
> （例：教員採用試験過去問シリーズ　小学校教諭 過去問　2025 年度版）
> ② **ページ数**（書籍に記載されているページ数をご記入ください。）
> ③ **訂正等，疑問点**（内容は具体的にご記入ください。）
> （例：問題文では“ア～オの中から選べ”とあるが，選択肢はエまでしかない）

〔ご注意〕

○ 電話での質問や相談等につきましては，受付けておりません。ご注意ください。

○ 正誤表の更新は適宜行います。

○ いただいた疑問点につきましては，当社編集制作部で検討の上，正誤表への反映を決定させていただきます（個別回答は，原則行いませんのであしからずご了承ください）。

●情報提供のお願い

協同教育研究会では，これから教員採用試験を受験される方々に，より正確な問題を，より多くご提供できるよう情報の収集を行っております。つきましては，教員採用試験に関する次の項目の情報を，以下の送付先までお送りいただけますと幸いでございます。お送りいただきました方には謝礼を差し上げます。

（情報量があまりに少ない場合は，謝礼をご用意できかねる場合があります）。

◆あなたの受験された面接試験，論作文試験の実施方法や質問内容

◆教員採用試験の受験体験記

送付先		
送付先	○電子メール：edit@kyodo-s.jp ○FAX：03-3233-1233（協同出版株式会社　編集制作部 行） ○郵送：〒101-0054　東京都千代田区神田錦町2-5 協同出版株式会社　編集制作部 行 ○HP：https://kyodo-s.jp/provision（右記のQRコードからもアクセスできます）	

※謝礼をお送りする関係から，いずれの方法でお送りいただく際にも，「お名前」「ご住所」は，必ず明記いただきますよう，よろしくお願い申し上げます。

教員採用試験「過去問」シリーズ

岩手県の
国語科 過去問

編　集	© 協同教育研究会
発　行	令和6年2月25日
発行者	小貫　輝雄
発行所	協同出版株式会社
	〒101-0054　東京都千代田区神田錦町2 - 5
	電話　03－3295－1341
	振替　東京00190－4－94061
印刷所	協同出版・POD工場

落丁・乱丁はお取り替えいたします。